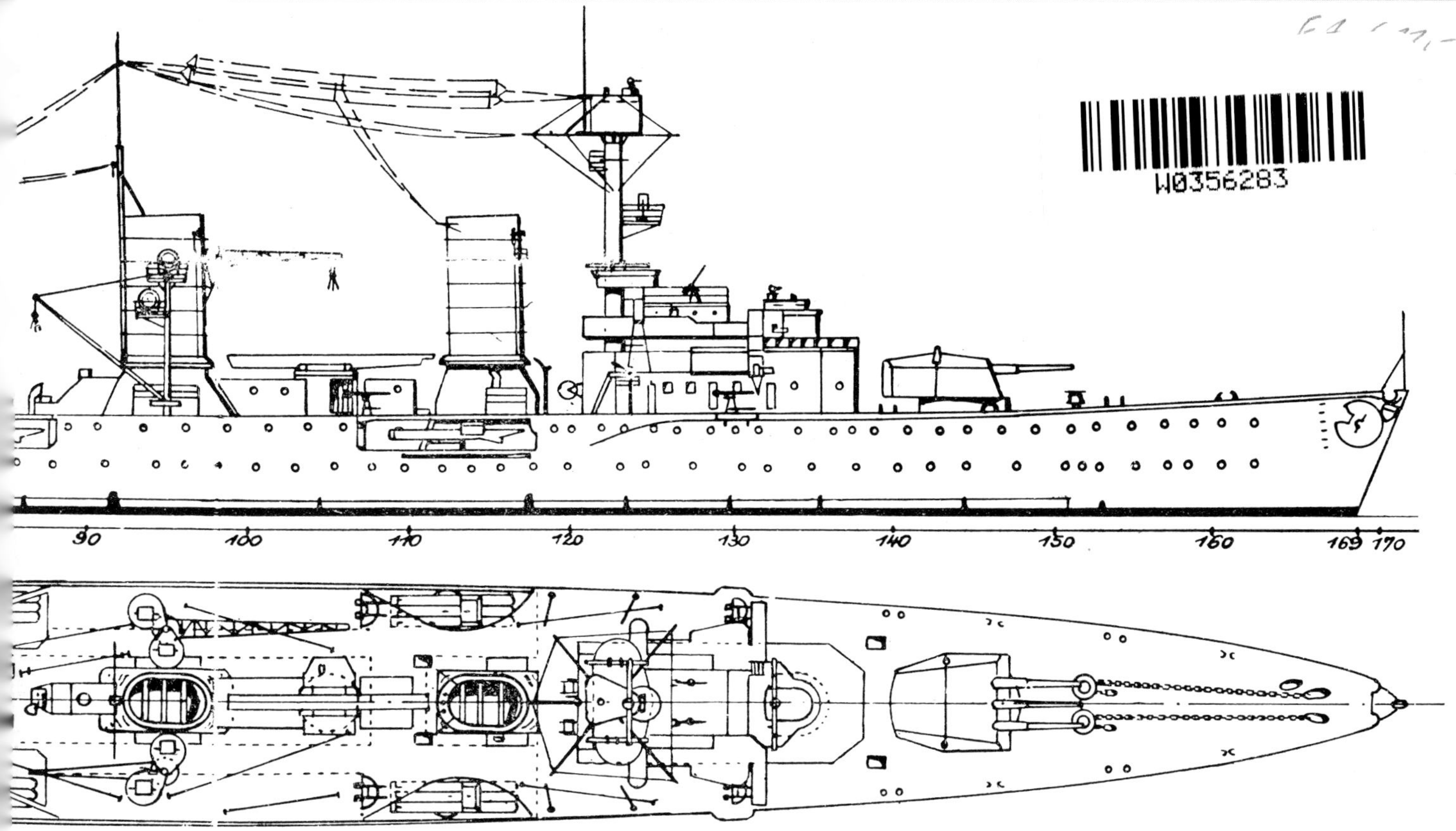
90
100
110
120
130
140
150
160
169
170

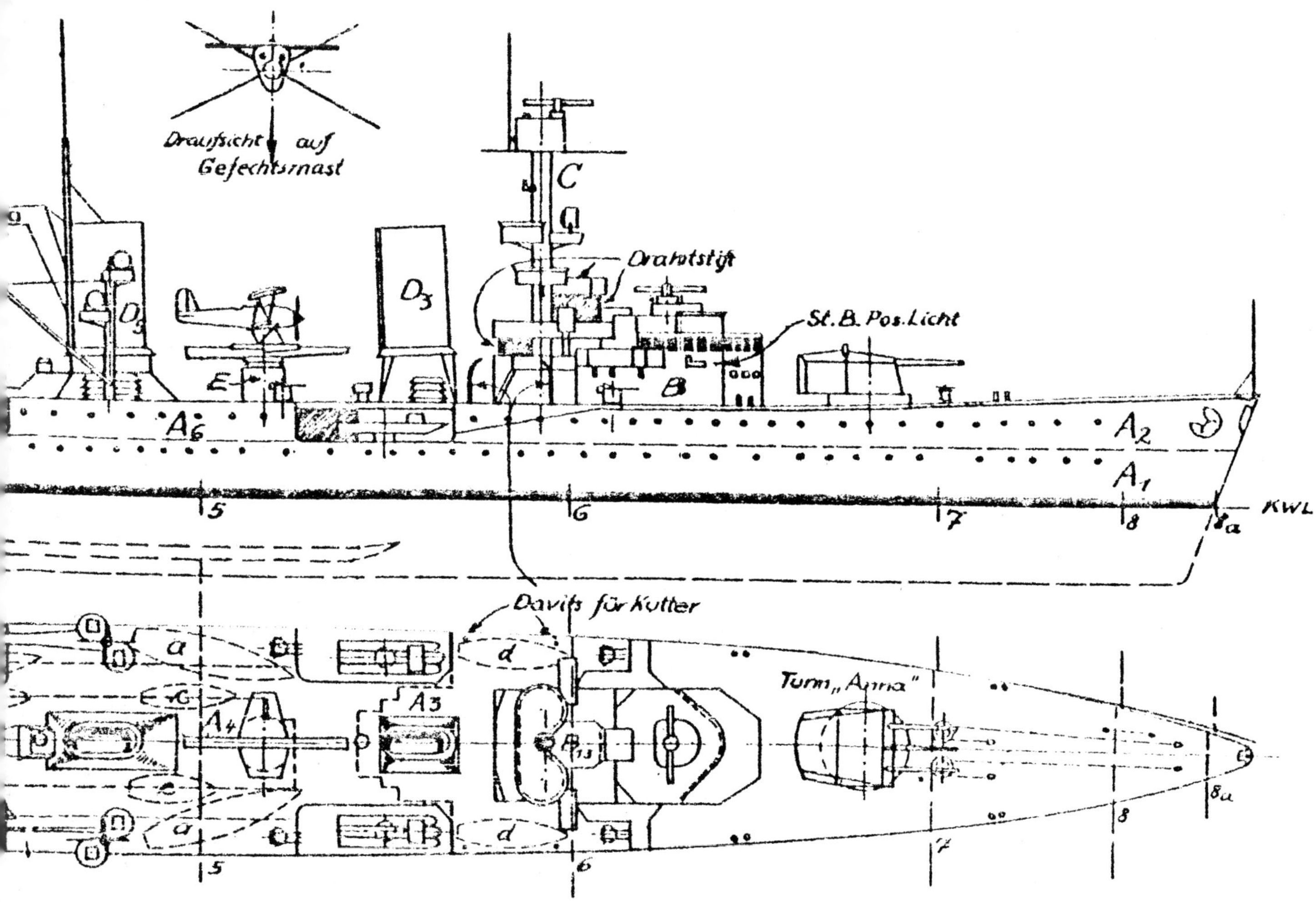
Draufsicht auf Gefechtsmast
C
Drahtstift
St. B. Pos. Licht
D_3
D_5
E
B
A_6
A_2
A_1
KWL
5
6
7
8
8a
Davits für Kutter
Turm „Anna"
A_3
A_4
a
d

W0356283

BAUM · DOLLHOFF

FÜNF SCHIFFE »CÖLN / KÖLN«

Karl-Josef Baum · Josef Dollhoff

FÜNF SCHIFFE CÖLN/KÖLN

Fahrten und Erlebnisse
in Krieg und Frieden

Jürgen Bruns

Koehlers Verlagsgesellschaft mbH · Herford

Bildnachweis
Schutzumschlag:
Dollhoff 2, Archiv Koehlers Verlagsgesellschaft, Herford 4, Foto Renard, Kiel 1

Vorsätze
Reproduktionen
aus Loefs Schiffsmodell-Baubriefe, Burg/Magdeburg

CIP-Titelaufnahme der Deutschen Bibliothek

Baum, Karl-Josef:
Fünf Schiffe *Cöln, Köln* : Fahrten u. Erlebnisse in Krieg u. Frieden / Karl-Josef Baum ; Josef Dollhoff. — Herford : Koehler, 1988
NE: Dollhoff, Josef:

ISBN 3-7822-0449-2

ISBN 3 7822 0449 2; Warengruppe 21

© 1988 by Koehlers Verlagsgesellschaft mbH, Herford
Alle Rechte, insbesondere das der Übersetzung, vorbehalten
Schutzumschlaggestaltung: Ernst A. Eberhard, Bad Salzuflen, unter Verwendung der obengenannten Abbildungen
Produktion: Heinz Kameier
Gesamtherstellung: Hans Kock Buch- und Offsetdruck GmbH, Bielefeld
Printed in Germany

Inhaltsverzeichnis

Zum Geleit

Seit dem Jahre 1825 taucht in den Schiffsregistern 160mal der Name *Köln* auf. Auf allen Weltmeeren und in allen Häfen auf den fünf Kontinenten wirbt der Name *Köln* am Bug eines deutschen Schiffes stets für die Domstadt am Rhein.
In der langen Reihe der Namensträger stehen auch fünf Schiffe der Kriegsmarine. Drei von ihnen haben den Krieg in seiner furchtbaren Auswirkung erlebt, die Kleinen Kreuzer *Cöln*, die 1914 und 1919 versanken sowie die *Köln*, die 1945 in Wilhelmshaven zerstört wurde.
So freue ich mich, daß die Fregatten *Köln*, die nach dem Kriege gebaut wurden, ihre Aufgabe in friedvollen Zeiten erfüllen konnten und können.
Schiffe sind den Seeleuten wie eine Geliebte, wie eine Braut. Sie können unendlich viel darüber erzählen, Wahres und Erdichtetes. Nüchtern und real dagegen ist die Schilderung der Geschichte dieser traditionsreichen Schiffe aber in der vorliegenden Dokumentation, die zu lesen sich ganz sicher viele Freunde der Schiffahrt und der Marine, ganz besonders aber alle alten und jungen Offiziere und Mannschaften gerade dieser Schiffe freuen werden.
Allzeit glückhafte Fahrt allen Schiffen, die den stolzen Namen *Köln* am Bug zeigen.

Norbert Burger
Oberbürgermeister der Stadt Köln

Vorwort

Von fünf Schiffen ist in diesem Buch die Rede, die eines verbindet: sie tragen alle den Namen der lebensfrohen und geschäftigen Rheinmetropole, der alten Römer- und Hansestadt Köln, die vor allem als Stadt des Handels in der Vergangenheit wie in der Gegenwart Beziehungen zur See und zur Schiffahrt pflegte. Diese Beziehungen waren und sind auch dadurch sinnfällig, daß Schiffe der Marine den Namen dieser Stadt trugen und tragen sowie dadurch, daß deren Besatzungen ihrer Patenstadt eng verbunden waren und auch heute wieder eng verbunden sind.

Die fünf Schiffe der alten Kaiserlichen, der Reichs-, später dann der Kriegsmarine und schließlich der Bundesmarine unserer Tage, die den Namen Cöln (nach der alten, vorübergehend gebräuchlichen Schreibweise) bzw. Köln trugen und tragen, erinnern an über siebzig Jahre deutsche Seefahrt- und Marinegeschichte.
Es ist dies die Zeit von 1910 bis in die heutigen achtziger Jahre. Die erste *Cöln* erlebte noch die letzten Friedensjahre des kaiserlichen Deutschland, das damals als europäische Großmacht mit imperialen Anspruch sich eine starke Kriegsflotte — quantitativ gesehen übrigens die zweitstärkste unter den großen Seemächten — leistete. Diese erste *Cöln* fand gleich zu Beginn des Ersten Weltkrieges im August des Jahres 1914 ihren Untergang. Noch während dieses Krieges, im Jahre 1916, wurde ein zweiter Kreuzer mit dem Namen *Cöln* in Dienst gestellt. Als dieser Krieg dann für Deutschland verloren war, dankte der deutsche Kaiser ab, und das bedeutete das Ende der kaiserlichen Flotte, deren beste Einheiten, darunter auch die zweite *Cöln*, auf Weisung der alliierten Siegermächte, an ihrer Spitze England, zunächst in der Bucht von Scapa Flow interniert wurden und die sich dann 1919 hier selbst versenkten.

Auf das Kaiserreich folgte eine erste deutsche, die Weimarer Republik, die eine — wenn auch bescheidene — Reichsmarine unterhielt. In ihr gab es dann auch wieder einen Kreuzer *Köln*, dem mit 17 Jahren eine wesentlich längere Lebenszeit beschieden war als seinen beiden Vorgängern. Doch auch diese *Köln* fand ihr Ende in einem Zweiten verheerenden Weltkrieg, den ein deutsches Unrechtsregime angezettelt hatte. Aus den Trümmern dieses Unrechtsstaates erwuchs dann die zweite deutsche, die Bundesrepublik. Die inzwischen mehr als vierzig Friedensjahre, die — zumindest für Europa — auf jenen Zweiten Weltkrieg folgten, blieben indes nicht frei von Spannungen. So blieb man gerüstet. Auch die Bundesrepublik unterhält zu ihrem Schutz und als Beitrag zur Friedenswahrung eine Bundeswehr, eine Bundesmarine. Freilich nicht mehr als ein Instrument eigenständiger Machtpolitik, sondern vielmehr eingebunden in das NATO-Bündnis, um zusammen mit den Flotteneinheiten der in diesem Verteidigungsbündnis zusammengeschlossenen Mächte zur Erhaltung des annähernd militärischen Gleichgewichts und damit zur Friedenssicherung und -erhaltung einen konstruktiven Beitrag zu leisten.
Zwei Einheiten dieser Bundesmarine, beides Fregatten, trugen und tragen wiederum den Namen *Köln*.

Vom Lebenslauf dieser fünf Schiffe, ihrem Wirken und ihrem Schicksal wie von dem ihrer Besatzungen soll im folgenden berichtet werden. Dabei sollen auch diejenigen zu Wort kommen, die diese Schiffe gefahren haben, die auf ihnen Dienst taten, sei es im Frieden auf erlebnisreichen Weltreisen oder im Alltag des Flottendienstes, der Ausbildung und der ständigen Einsatzbereitschaft, sei es schließlich in gefahrvollen kriegerischen Einsätzen und Unternehmungen. Ihre Erlebnisse, ihre Empfindungen stellen sie selbst dar. Den verbindenden Text sowie die notwendigen Fakten und Daten liefern die Autoren. Die beigefügten Bilddokumente werden dies soweit als möglich veranschaulichen.
So soll über die bloße Aneinanderreihung nüchterner Fakten und Daten hinaus ein möglichst lebensvolles Bild gezeichnet werden von fünf Schiffen, die den Namen der an pulsierenden Aktivitäten reichen Stadt Köln am Rhein führen und führten.

Köln, im Herbst 1988 *Die Autoren*

Einleitung

Die drei ersten Schiffe der deutschen Marine, die den Namen *Cöln* bzw. *Köln* (je nach der älteren oder aber neuen und bis heute gültigen Schreibweise des Städtenamens) trugen, gehörten zur Klasse der kleinen geschützten Kreuzer — so lautete die offizielle Typbezeichnung bis 1920 —, danach wurde diese Art von Schiffen allgemein kleine Kreuzer genannt.

Die kleinen geschützten Kreuzer hatten anfangs, d.h. in den endachtziger Jahren des 19. Jahrhunderts, eine Wasserverdrängung von rund 2.500 t. Diese wurde dann bis zum Ende des Ersten Weltkrieges gesteigert bis auf etwa 5.500 t. Die leichten Kreuzer, die dann nach 1920 gebaut wurden, hatten bereits eine Wasserverdrängung von rund 8.000 t. Die Hauptbewaffnung der älteren leichten geschützten Kreuzer in der alten Kaiserlichen Marine bis etwa 1915 bestand aus 10 - 12 10,5-cm-Geschützen. Dann erst wurde das 15-cm-Kaliber auf den Kriegsneubauten eingeführt. Die leichten Kreuzer der Reichs- und späteren Kriegsmarine trugen als Hauptbewaffnung acht bis neun 15-cm-Geschütze. Weitere Wesensmerkmale dieser Schiffe waren eine möglichst hohe Geschwindigkeit und ein weiter Aktionsradius bei relativ leichter Bauart und nur geringem Panzerschutz. Im Frieden gehörte zum Aufgabenbereich dieser geschützten kleinen Kreuzer die Interessenvertretung des eigenen Staates in Übersee als sog. Stationskreuzer in eigenen oder fremden überseeischen Stützpunkten. So war z.B. bis 1914 ein deutsches Kreuzergeschwader in Ostasien stationiert, dessen quasi Heimathafen dort draußen die ehemals deutsche Kolonie Tsingtau war. In der Heimat standen die kleinen geschützten Kreuzer im Flottendienst, meist bei den Aufklärungsschiffen der jeweiligen Hochseeflotten oder als Schulkreuzer zur Ausbildung von Fachpersonal, z.B. Artillerie- oder Torpedospezialisten sowie des Unteroffiziers- und Offiziersnachwuchses, aber auch als Führungsschiffe der Torpedobootsflottillen. Nach einer Zeit des Experimentierens mit verschiedenen Typen hatte man in der Kaiserlichen Marine etwa ab dem Jahre 1898 mit dem kleinen geschützten Kreuzer *Gazelle* eine Form gefunden, die in den Folgejahren systematisch weiterentwickelt wurde, sowohl hinsichtlich der Größe wie auch der Geschwindigkeit. Nur hinsichtlich der Bewaffnung hielt man bis in die Jahre 1915/16 am 10,5-cm-Geschütz fest, was später Anlaß zu heftigen Kontroversen unter den Marinefachleuten gab. Die so konstruierten Kreuzer wurden für beide Aufgabenbereiche — Flottendienst und als Auslandskreuzer — gebraucht und haben sich im wesentlichen auch in beiden Bereichen bewährt und als geeignet erwiesen. Hier noch ein Wort zur Namengebung dieser Kreuzer in der deutschen Marine. Seit 1903 wurde es in der Kaiserlichen Marine Gepflogenheit, die kleinen geschützten Kreuzer nach Städten des deutschen Reiches zu benennen. Die ersten Kreuzer, bei denen nach diesem Prinzip verfahren wurde, waren die 3.300 t großen sieben Schiffe der sog. Hamburg-Klasse, wobei allerdings keine klare Vorgehensweise für die Auswahl der Namen und damit der Patenstädte für die Schiffe zu erkennen ist. Es geht vielmehr hin und her und kreuz und quer im deutschen Vaterland. Nach den norddeutschen Hansestädten Hamburg, Bremen und Lübeck wird ein Kreuzer nach der Reichshauptstadt Berlin benannt, einer nach der bayerischen Residenzstadt München und zwei weitere nach den Städten Leipzig und Danzig. Zwar meinte Walter Vogel noch im Jahr 1912 in seinem Aufsatz über »Die Namen der Schiffe im Spiegel von Volks- und Zeitcharakter«[1] zunächst, daß diese Art der Namensgebung etwas nüchtern anmute, trifft dann aber weiter die Feststellung: »... Diese Namen (d.h. nach Städten und deutschen Bundesstaaten oder Landschaften) haben einen großen Vorteil, der in neuerer Zeit Anlaß gegeben hat, sie mit voller Absichtlichkeit zu bevorzugen. Sie erwecken in den Landschaften und Städten, die bei der Taufe Pate stehen, Interesse für das Schiff, ein Interesse, das sich noch stets bisher praktisch in allerhand Stiftungen und Geschenken für Mannschaften und Offiziere geäußert hat.« Diese Feststellung hat auch heute noch ihre Gültigkeit. Zwar übt man eine gewisse Vorsicht bei der Auswahl der Städte, die solche Paten für die Schiffe unserer Bundesmarine sein sollen — so werden Namen von Städten, die jenseits von Oder und Neiße oder auch von solchen, die in der Deutschen Demokratischen Republik liegen, als nicht mehr geeignet angesehen —, aber zwischen den Besatzungen der so benannten Schiffe und ihren Patenstädten hat sich genau das Verhältnis gegenseitiger Kontaktaufnahme sowie gegenseitigen Gebens und Nehmens entwickelt, wie es bereits Walter Vogel 1912 beschrieben hat. So tragen — oft schon zum vierten oder fünften Mal — Schiffe der Bundesmarine als Traditionsnamen den deutscher — bundesdeutscher — traditionsreicher Städte, darunter eben auch den des fast zweitausendjährigen Köln. Doch zurück zur Beschreibung der Aufgaben der kleinen geschützten Kreuzer. Neben den bereits genannten Friedensaufgaben sollten sie in Kriegszeiten entweder Kreuzerkrieg führen oder die vielfältigen Aufgaben des Flottenkreuzers wahrnehmen, entweder als Aufklärungsschiffe, als Führer der Torpedoboote oder als Schutz der eigenen schweren Einheiten vor feindlichen Torpedobooten oder auch den Unterseebooten, die im Ersten Weltkrieg sich mehr und mehr als eine ernstzunehmende Gefahr auch für die schweren Seestreitkräfte erwiesen. Unter Kreuzerkrieg versteht man Unternehmungen der kleinen geschützten Kreuzer — im Ersten Weltkrieg vornehmlich in den außereuropäischen Gewässern vor allem durch die Auslandskreuzer — gegen die Handelsschiffe des jeweiligen Gegners, die dessen Bedarf an Gütern und Rohstoffen auch in Kriegszeiten decken sollten. Ein hervorragender Vertreter dieser Art von Kriegsführung war der erste kleine geschützte Kreuzer *Emden* — vom Typ her übrigens der direkte Vorgänger der Klasse der kleinen geschützten Kreuzer, zu der auch die erste *Cöln* gehörte — der Kaiserlichen Marine, der durch die überaus faire und humane Handelskriegsführung seines Kommandanten Karl von Müller sich bei Freund und Feind Achtung und Anerkennung erwarb. Neben dem bereits genannten Aufklärungs- und Schutzdienst bei der heimischen Hochseeflotte wurden die kleinen geschützten Kreuzer zu Vorstößen, zum Minenlegen vor feindlichen Häfen und gegen Ende des Krieges auch gegen feindliche Geleitzüge eingesetzt. Im Gegensatz zur *Emden*, die als typisch für die Auslandskreuzer gelten kann, sind die beiden ersten Schiffe, die den Namen *Cöln* trugen, als ebenso typische Flottenkreuzer anzusehen.

Nach dem Ersten Weltkrieg hatte sich in den Vorstellungen der deutschen Marineleitung, auch zur Zeit der Weimarer Republik, als der Wiederaufbau einer Reichsmarine beträchtlichen Einschränkungen im Hinblick auf Größe und Bewaffnung der zu bauenden Schiffe unterworfen war, hinsichtlich der Wertschätzung des nun als kleiner Kreuzer bezeichneten Schiffstyps kaum etwas geändert. So gehörten kleine Kreuzer denn auch zu den ersten größeren Einheiten, die seit Mitte der zwanziger Jahre neu auf Stapel gelegt wurden. Einer dieser neuen Kreuzer erhielt dann auch wieder den Traditionsnamen *Köln* und wurde 1929 von der — damals noch — Reichsmarine in Dienst gestellt. Aus diesen klei-

---

1 In MEERESKUNDE, 6. Jahrgang, 10. Heft, Berlin 1912

nen Kreuzern wurde zwar wieder eine Aufklärungsgruppe gebildet, d.h. man wies diesen Schiffen Aufgaben eines Flottenkreuzers zu, obschon es im strengen Sinne gar keine Hochseeflotte mehr gab. So tat diese dritte *Köln* denn auch in den verschiedensten Bereichen Dienst. In den rund zehn Friedensjahren, die ihr beschieden waren, machte diese *Köln* eine große Auslandsreise und mehrere kleine, leistete Dienst im internationalen Flottenverband in spanischen Gewässern während des spanischen Bürgerkrieges oder tat Fischereischutzdienste in nördlichen Meeren.

Im Zweiten Weltkrieg dagegen, der Anfang September 1939 ausbrach, hatte diese Art Schiffe keine rechte Aufgabe mehr: um Handelskrieg zu führen, waren diese Kreuzer gegenüber der an Zahl weit überlegenen englischen und französischen Flotte hoffnungslos unterlegen. Zudem mangelte es auch an Stütztpunkten. Ein Einsatz als Flottenkreuzer kam aber auch nicht in Frage, weil es eben im Sinne einer kampffähigen Hochseeflotte, die die Auseinandersetzung mit größeren feindlichen Flottenverbänden hätte suchen können, einen Flottenverband auf deutscher Seite nicht gab. Zwar haben die wenigen Schlachtschiffe — zum Teil nicht ohne Erfolg — ozeanische Operationen, aber vorwiegend gegen die feindliche Handelsschiffahrt durchgeführt, die kleinen Kreuzer aber waren für die Teilnahme an solchen Unternehmungen nicht geeignet. So wurden die sechs kleinen Kreuzer, über die die Kriegsmarine bei Kriegsausbruch verfügte, in einer Reihe von Unternehmen, so z.B. bei der Besetzung Norwegens, geradezu verschlissen. Als dann die deutsche Bundesmarine aufgebaut wurde, stand der Bau von kleinen Kreuzern gar nicht mehr zur Debatte. Neben dem Zerstörer — einer größenmäßigen Weiterentwicklung der alten Torpedoboote —, der bereits während des Zweiten Weltkrieges viele Aufgaben übernommen hatte, die ursprünglich den kleinen oder leichten geschützten Kreuzern zugedacht waren, traten als größere Einheiten nun sog. Fregatten, die ebenfalls Aufgaben zugewiesen erhielten, die einst von den kleinen Kreuzern erledigt wurden. Übrigens, auch was die Größe der modernen Fregatten anbetrifft, so reicht diese tatsächlich an die der früheren Kreuzer, also auch der ersten *Cöln* heran.

Der erste kleine geschützte Kreuzer »Cöln« (1909 – 1914)

Der Lebenslauf des »Kleinen geschützten Kreuzers« — so die amtliche Typbezeichnung — *Cöln* — nach der durch allerhöchste Bestimmung festgelegten Schreibweise des Namens der Rheinmetropole mit C als Ableitung von dem lateinischen **colonia** — bis zum Kriegsausbruch im August 1914 läßt sich zunächst einmal anhand der Angaben in der offiziösen Publikation NAUTICUS des Reichsmarineamtes in Berlin kontinuierlich nachzeichnen.
Eine erste Erwähnung findet sich im Jahrbuch von 1909. Hier heißt es: In Bau gegeben wurde Ersatz *Schwalbe* am 15. Mai 1909 bei der Germania-Werft in Kiel. Die erste Rate der Baukosten für dieses Schiff war bereits im Etat von 1908 vorgesehen. Vom Stapel laufen sollte der neue Kreuzer Anfang Juni 1909. Vorgesehen war der Einbau von Turbinen nach dem System Zoelly. Ein Jahr später wird berichtet, daß der Neubau Ersatz *Schwalbe* am 05. Juni 1909 auf der Germania-Werft in Kiel vom Stapel gelaufen sei. Er erhielt bei der Schiffstaufe den Namen *Cöln*. Taufpate war der damalige Kölner Oberbürgermeister Wallraff. In der KÖLNISCHEN ZEITUNG vom 06. Juni 1909 findet sich der folgende Bericht über diesen Stapellauf:

Der Stapellauf des Kreuzers *Cöln*.
Kiel, 5. Juni. (Telegr.) Der Stapellauf des Turbinenkreuzers Ersatz *Schwalbe* gestaltete sich äußerst festlich. Die Germaniawerft war mit Flaggen und Girlanden reich geschmückt, das Erste Seebataillon stellte die Ehrenkompagnie und die Musik. Die Admiralität war stark vertreten. Aus Köln waren erschienen Oberbürgermeister Wallraf und die Stadtverordneten Kommerzienrat Dr. Neven DuMont und Ferdinand Thönnissen, Generalmajor Boehm und Bankier Deichmann vom Deutschen Flottenverein sowie Kommerzienrat Max v. Guilleaume vom Deutschen Schulschiffverein. Vizeadmiral Breufing, Direktor des Werftdepartements, vertrat den Staatssekretär des Reichsmarineamts. Prinz Heinrich landete mit den geladenen Gästen um 4 Uhr an der Nordseite des Hellings und schritt die Front der Ehrenkompagnie ab. Oberbürgermeister Wallraf bestieg, begleitet vom Vizeadmiral Breufing und Werftdirektor Steinike, die Taufkanzel und hielt folgende Taufrede:
Auf Allergnädigsten Befehl seiner Majestät des Kaisers und Königs trete ich an diese Stelle, um dir, du stolzes Schiff, dessen Gliederbau die Kunst deiner Meister preist, nach unseres Kaiserlichen Herrn Geheiß den Namen zu geben. Ich stehe hier als Vertreter der zweitausendjährigen Domstadt am Rhein, die auf uraltem Kulturboden durch das Allheilmittel der Arbeit sich blühende Jugend erhält, der, wie Seine Majestät sie einst in denkwürdiger Stunde genannt, ur- und ferndeutschen Stadt Köln. Viele Jahrhunderte sind vergangen, seit Kölnische Kaufleute zum ersten Male den Kiel ihrer Schiffe meerwärts gelenkt, seit die Banner von Köln die zu wichtigster Tagung entsandten Boten der Hansa begrüßten. Und heute, wie ehedem, trägt uns des Rheines Flut den frischen Atem des Meeres zu und schärft uns die Sinne für die Größe und Bedeutung der überseeischen Welt. Kein Wunder denn, daß der Gedanke, den weltumspannenden deutschen Handel mit des Reiches scharfer Wehr zu schirmen, am Rheine so begeisterten Widerhall fand, daß helle und dankbarste Freude in unserm ehrwürdigen Hansasaale herrschte, als ich den Vätern der Stadt verkünden durfte, welche besondere Ehrung der heutige Tag uns allen zu bringen bestimmt ward.
Ein neues Schiff will seewärts mit Gott für Kaiser und Vaterland. Unter Gottes Hut fahr hinaus, des Kaisers Ehre zu schützen, auf daß das Vaterland bleibe, was es ist: eine Mutter seinen Kindern, sieghaft im Kampf und kraftvoll im Frieden. Auf Allerhöchsten Befehl taufe ich dich *Cöln*!
Wir aber geleiten deine erste Meeresfahrt mit dem Rufe, in dem alle deutschen Herzen zusammenklingen:
Seine Majestät, unser Allergnädigster Kaiser, König und Herr hurra, hurra, hurra!
Prinz Heinrich und die geladenen Gäste begaben sich nun zur Ablaufstelle. Kurz darauf setzte sich der Kreuzer *Cöln* in Bewegung und glitt sicher ins Meer. Die Ehrenwache präsentierte, die Kapelle spielte die Nationalhymne. Die Zuschauer begleiteten den Ablauf mit brausenden Hurrarufen. Die Vertreter der Stadt Köln waren abends vom Vizeadmiral Breusing zum Diner geladen.

Doch folgen wir zunächst noch weiter den Angaben über die *Cöln* im NAUTICUS — Band von 1910. Hier wird darauf hingewiesen, daß die *Cöln* eine Weiterentwicklung des bewährten deutschen kleinen (geschützten) Kreuzer-Typs darstelle, dessen letzte Vertreter die später so berühmt gewordenen *Emden* und ihr Schwesterschiff *Dresden* waren. Die Vermehrung der Artillerie-Bewaffnung um zwei 10,5-cm-Geschütze sowie die notwendige Steigerung der Höchstgeschwindigkeit und damit auch des Kohlefassungsvermögens hatten eine Vergrößerung der Wasserverdrängung gegenüber den letzten Vorgängern gebracht.

Im angeführten NAUTICUS werden folgende technische Daten für die *Cöln* angegeben:

Wasserverdrängung: 4.350 to
Länge in der CWL (Construktionswasserlinie): 130 m
Breite: 14 m Konstruktionstiefgang: 5 m
Besatzungsstärke: 363 Mann

Turbinenmaschinen System Zoelly-Germania, Geschwindigkeit über 25 kn (=Knoten)
15 Kessel, Kohlenvorrat 400 to, möglicher Gesamtbunkerinhalt etwa 900 to
Und hier drei Rißzeichnungen aus unterschiedlichen zeitgenössischen Quellen:

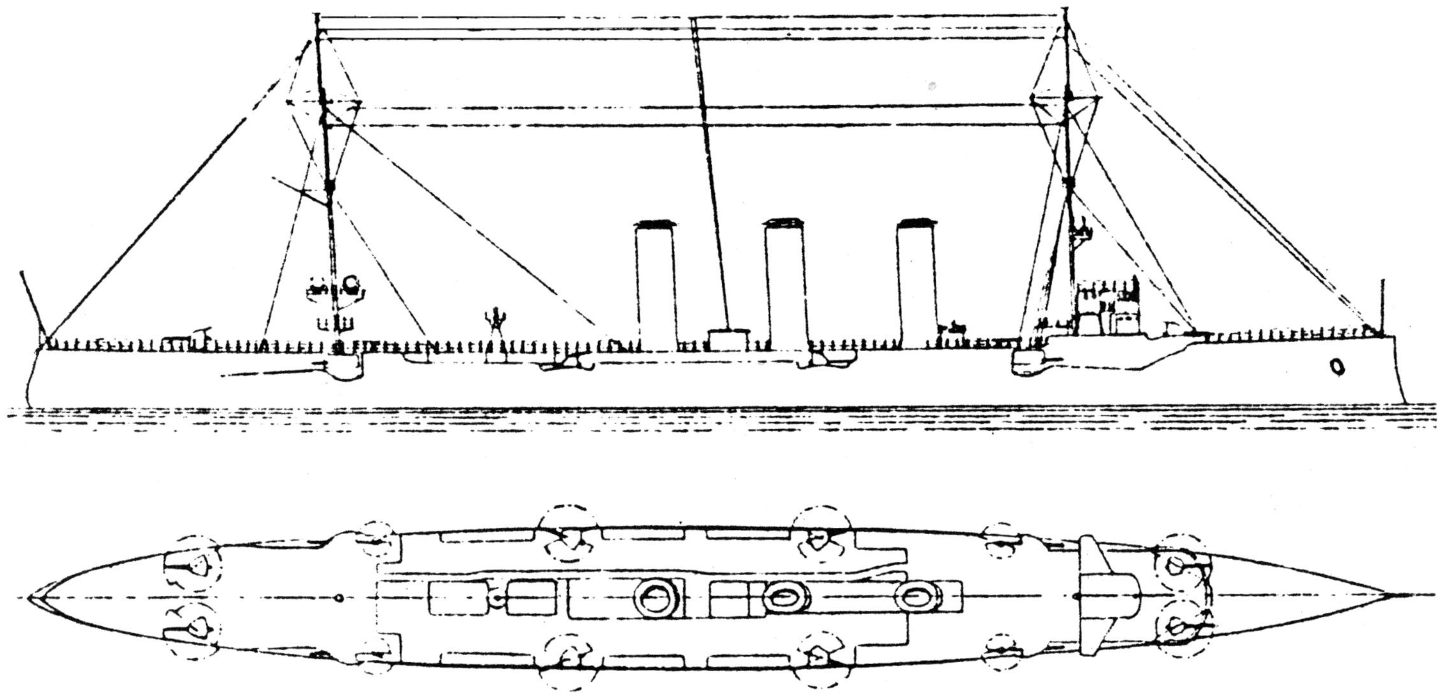

Kleiner geschützter Kreuzer *Cöln* nach Teutsch-Lerchenfeld, Deutschland zur See — 1913

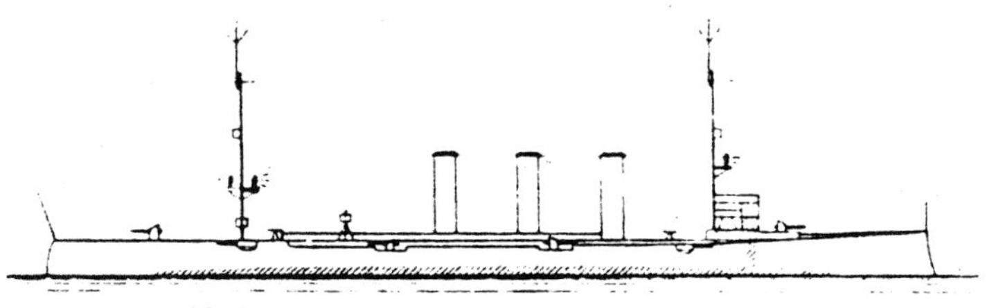

Nach Toeche-Mittler:
Die deutsche Kriegsflotte 1914

Kolberg, Mainz, Augsburg, Cöln (4 Schiffe). Stapellf. 1908 – 1909. Dpl. 4.350 t. L. 130,0, B 14,0. T 5,0. PS 20.000 (Turbinen). Etwa 27 Kn. Mrm. 12 10,5/40 cm, 4 5,2/55 cm, 2 M. 2 TL ↓. Kohlen 900 t. Bes. 379 Mann.
Nach Gröner, a.a.O., München/Berlin 1937

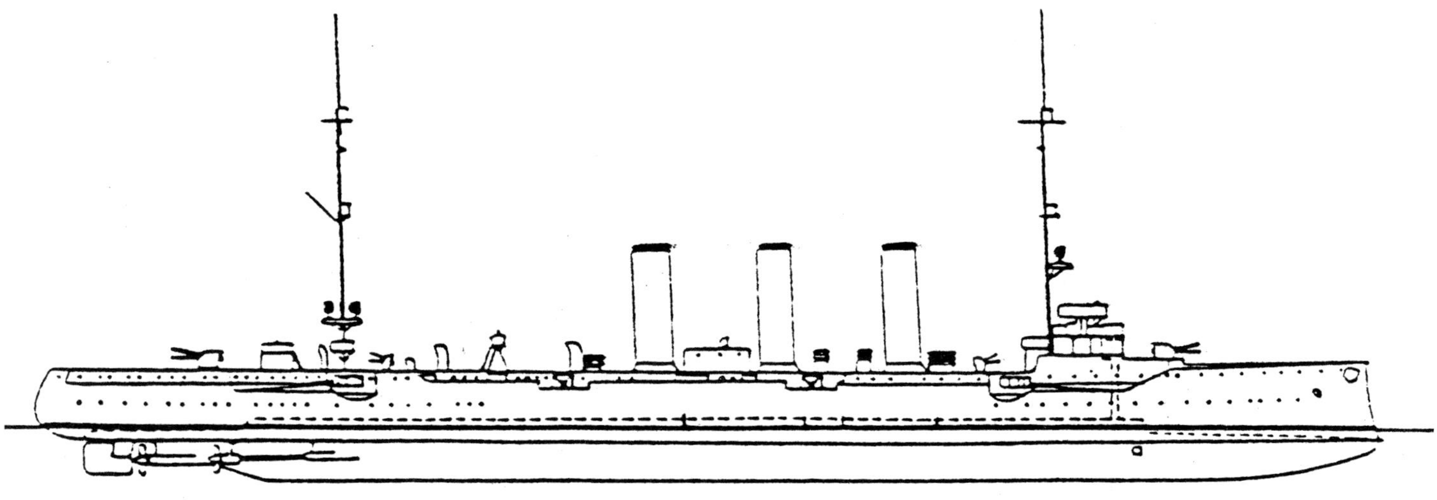

Als Vergleich zu diesen amtlichen, aber z.T. noch vorläufigen Angaben, nun die Daten zu unserem Kreuzer nach der jüngsten Auflage des grundlegenden Werkes von Erich Gröner über Die Deutschen Kriegsschiffe von 1815 – 1936, weitergeführt von den Bearbeitern Jung und Maas bis 1945[1].

Name: *Cöln* **Bauwerft:** Germania-Werft zu Kiel, Bau-Nr. 141 **Bauzeit:** 1908 – 1911 **Baukosten:** 8.356.000 Goldmark
Wasserverdrändung: (in Gewichtstonnen zu 1.000 kg):
standard: 4.362 to
maximal (voll ausgerüstet): 4.864 to
Länge: 130 m **Breite:** 14 m **Tiefgang:** 5.73 m / 5.56 m
Maschinen-Leistung: 29.036 w **Schraubenumdrehung:** 307 pro Minute
Geschwindigkeit: in Seemeilen (sm) bzw. Knoten (kn) pro Stunde: 26,8 sm bzw. kn
Kohlenvorrat: 960 to **Ölvorrat:** 115 to
Fahrstrecke bei einer Durchschnittsgeschwindigkeit von 14 kn: 3.500 Seemeilen

Weitere Angaben
Zum Schiffbau: Kleiner geschützter Kreuzer Ersatz *Schwalbe*, Amtsentwurf 1906 – 1907. Quer- und Längsspant-Stahlbau; 13 wasserdichte Abteilungen; 50% der Länge in der CWL des Schiffes Doppelboden. Die Panzerung besteht aus zwei Lagen Stahl, einer Lage Kruppstahl. Der Deckpanzer aus 20 – 40 mm waagerechten Lagen, 50 – 80 mm schrägen Lagen, Süllen (=Decksöffnungen) von 100 mm, der Panzer des Kommandoturms ist 20/100 mm stark, die Stärke der Geschütz-Schilde beträgt 50 mm.
Die Seitenhöhe der *Cöln* betrug 8,10 m.
Zum Antrieb: 2 Satz Germania-Turbinen; 2 dreiflügelige Schrauben ∅ 2,55 m und 2 dreiflügelige Schrauben ∅ 1.78 m.
Es stehen je zwei Maschinen nebeneinander in zwei hintereinanderliegenden Maschinenräumen. Die *Cöln* verfügte über 15 Marinekessel zu je 17 atü mit 28 Feuerungen, die eine Heizfläche von insgesamt 5.070 m^2 besaßen.

Der Stromerzeugung dienten 3 Turbinen-Dynamo-Maschinen mit einer Leistung von 220 Volt, 135 Kilowatt. Die *Cöln* besaß ein Ruder.
Und hier die Rißzeichnung aus Erich Gröner, Die Deutschen Kriegsschiffe 1815 – 1936 München 1937

Zur Bewaffnung: Die *Cöln* trug 12 Schnelladekanonen, Kaliber 10,5-cm, Rohrlänge 45 (=Kaliber mal Rohrlänge), 4 Schnelladekanonen, Kaliber 5,2-cm, Rohrlänge 55.
Für die 10,5-cm betrug die Munitionsausstattung 2.190 Schuß, für die 5,2-cm 2.000 Schuß. Weiter verfügte sie über 2 an den Seiten unter Wasser angebrachte Torpedorohre ∅ 45 cm mit je 5 Torpedos.

Bereits im Jahre 1912 hatte die kaiserliche Marine ein Wasserflugzeug entwickelt, das im Küstenvorfeld zur Aufklärung eingesetzt werden konnte.
Eine Verständigung zwischen Schiff und Flugzeug war, unter erschwerten Umständen, allerdings nur durch optische Signale möglich.

1 Gröner/Jung/Maas: Die deutschen Kriegsschiffe 1815 – 1945, Band 1, München 1982

S.M.S. *Cöln* am Ausrüstungspier der Germania-Werft in Kiel
Foto: Archiv Koehlers Verlagsgesellschaft mbH, Herford

»Der deutsche Kreuzer *Köln* begleitet von einem Wasserflugzeug;« (Aus BERLINER ILLUSTRIRTE ZEITUNG 1913.)
Die BERLINER ILLUSTRIRTE schreibt Köln schon mit »K«.

In der Broschüre von Toeche-Mittler, Die deutsche Kriegsflotte 1914, erschienen in Berlin 1914 findet sich auf S. 40 diese Übersicht

Das deutsche Schiffsartillerie-Material
(Firma Friedrich Krupp U. G.)

Da amtliche Angaben hierüber nicht veröffentlicht werden, sind die Zahlen nur bedingt richtig.

Kaliber in cm	Seelenlänge in Kalibern	Rohrlänge in m	Rohrgewicht in kg	Geschoßgewicht in kg	Geschützladung in kg	Mündungsgeschwindigkeit in m	Mündungsenergie in mt	Durchschlagener Panzer a. der Mündung in mm	
SK 5	40	2,13	201	1,75	0,49	836	62,4	132	Leichte Artillerie
SK 5,2	55								
	30		652	7		650	200		
	35								
SK 8,8	40	3,75	1 094	9,5	2,66	840	341,7	243	
	45	4,19	1 234	9,5	3,0	890	383,5	264	
	35		1 270	17,4		610	510		
SK 10,5	40	4,475	1 555	16	5,05	840	575	292	Mittlere Artillerie
	45	5,000	1 755	16	5,8	890	646	317	
	35		4 500	40		680	900		
	40	6,355	4 460	46	14,4	840	1 654	426	
SK 15	45	7,100	5 020	46	16,6	898	1 857	463	
	50	7,845	5 590	46	18,9	940	2 072	500	
SK 17	40	6,980	7 670	70	22,4	840	2 517	492	

als Ergänzung zu den vorgenannten Angaben.

Im übrigen galt die *Cöln* als gutes Seeschiff, zwar etwas steif und stark schlingernd, hatte aber bei Seegang angenehme Bewegungen. Allerdings manövrierte sie nicht besonders, drehte schlecht und driftete stark ab, so jedenfalls urteilt Erich Göner in seiner Darstellung der deutschen Kriegsschiffe über den Kreuzer *Cöln*.
Die Besatzung der ersten *Cöln* betrug in Kriegsstärke 23 Offiziere sowie 485 Unteroffiziere und Mannschaften.
Als Boote führte sie ein großes Dampfboot, ein Chefboot, eine Ruderbarkasse, zwei Ruderpinassen und zwei Ruderkutter.
Gemalen (d.i. die seemännische Bezeichnung für »angestrichen«) war die *Cöln* im sog. »96er« (d.h. hell-) grau.
Dann gab es bei der *Cöln* abweichend von ihren Schwesterschiffen, dem Typschiff *Kolberg* und den kleinen geschützten Kreuzern *Mainz* und *Augsburg* noch folgende bauliche Besonderheiten: Die untere Brücke der *Cöln* reichte bis etwa 4.00 m hinter den Fockmast und trug das Kartenhaus. Das Kompaßpodest war einfüßig. Die Bootsdavits schließlich waren aus gewalzten Doppel-U-Profilen hergestellt.
Folgen wir nun weiter den Angaben im alten Marinejahrbuch, so heißt hier, daß die *Cöln* bis zum Ende des Kalenderjahres 1910 ihre Probefahrten durchführen würde. Die Aufnahme der Probefahrten verzögerte sich indes bis in den Sommer des Jahres 1911. Die vorgesehenen Zoelly-Turbinen erwiesen sich als nicht brauchbar und mußten vor Aufnahme der Probefahrten durch die bewährten Germania-Turbinen ersetzt werden.

So konnte erst das NAUTICUS-Jahrbuch von 1912 über folgende Probefahrtergebnisse berichten:

Mittlere Höchstleistung an der Meile:

Knoten	Schraubenumdrehungen in der Minute	Gesamtleistung in WPS
26,8	507,5	29.036

Vorgesehen war, daß die *Cöln* nach Indienststellung den kleinen geschützten Kreuzer *Berlin* in der Gruppe der kleinen Kreuzer bei den Aufklärungsschiffen ersetzten sollte, wenn sie ihre Probefahrten und sonstigen Erprobungen erfolgreich abgeschlossen hat. Im Oktober 1911 erfolgte allerdings eine Umstellung in dieser Planung. So sollte die *Cöln* nunmehr nicht mehr die *Berlin* sondern die *Lübeck* ersetzen, den ersten Turbinenkreuzer der Kaiserlichen Marine, der bis dahin sechseinhalb Jahre im Verband der Aufklärungsschiffe Dienst getan hatte. So erscheint denn auch die *Cöln*« vom Sommer 1912 ab in der Aufstellung der Kreuzer im Verband der Aufklärungsschiffe, zunächst noch an fünfter Stelle. Im Sommer 1913 nahm die *Cöln* in diesem Verband bereits die Funktion eines dritten Flaggschiffes wahr, im Herbst 1914 rückte sie dann in den Rang des zweiten Flaggschiffes der Kreuzergruppe im Verband der Aufklärungsschiffe auf. Die bereits öfter angeführte Schrift von Toeche-Mittler über die Deutschen Kriegsschiffe gibt für 1914 folgende Übersicht über die Zusammenstellung der deutschen Hochseeflotte am Vorabend des Ersten Weltkrieges (a.a.O., S. 34):

Dienstbereitschaft der Schiffe.

(Sämtliche Kriegsschiffe sind grau gestrichen „über alles"; die Torpedoboote schwarz.)

I. In der Heimat.

A. Die Hochseeflotte.

Chef: V. Adm. v. Ingenohl.
Chef des Stabes: Kapt. z. S. Ritter v. Mann Edler v. Tiechler.
Friedrich der Große (Flottenflaggschiff).

I. Geschwader (V. Adm. v. Lans) N
2. Adm. (K. Adm. Gädeke)
1. Division
Ostfriesland, Thüringen, Helgoland, Oldenburg – Unterscheidung: 1–4 weiße Ringe an den beiden ersten Schornsteinen
2. Division
Posen, Rheinland, Nassau, Westfalen 1) – Unterscheidung: 1–4 rote Ringe an den Schornsteinen
Tender Blitz

II. Geschwader 2) (V. Adm. Scheer) O
2. Adm. (K. Adm. Mauve)
3. Division
Preußen, Schlesien, Hessen, Lothringen – Unterscheidung: 1–4 gelbe Ringe an den beiden ersten Schornsteinen
4. Division
Hannover, Schlesw.-Holst., Pommern, Deutschland – Unterscheidung: 1–4 blaue Ringe an den beiden ersten Schornsteinen
Tender Pfeil

III. Geschwader (m. d. F. b. K. Adm. Funke) O 3)
5. Division
Prinzregent Luitpold, Kaiserin, Kaiser 4), König Albert – Unterscheidung: 1–4 weiße Ringe an den Schornsteinen
6. Division (wird im Herbst gebildet durch Eintritt der 3 Neubauten)
König, Großer Kurfürst, Markgraf

Aufklärungsschiffe (K. Adm. Hipper) N

Pz.-Krz. Moltke
" " Seydlitz
" " Goeben 5)
" " von der Tann
– Unterscheidung: 1–4 weiße Ringe an den Schornstein.
3. Adm. (K. Adm. Tapken)
Pz.-Krz. Derfflinger

Gesch.-Krz. Cöln
2. Adm. (K. Adm. Maaß)
Gesch.-Krz. Mainz 6)
" " Stralsund
" " Kolberg
" " Rostock
" " Dresden
" " Breslau 5)
" " Straßburg
– Unterscheidung: 1–8 rote Ringe an den Schornsteinen

Als Tender Gesch.-Krz. Hela
Torpedodivisionsboot D 4, G 88, S 96 und 98.

Die Kaiserpreise für hervorragende Leistungen im Schießen mit der Schiffsartillerie erhielten für das Jahr 1912/13 folgende Schiffe der Hochseeflotte: Friedrich der Große, Ostfriesland, Schleswig-Holstein, Moltke und Cöln.

1) Tritt im Herbst als Flaggschiff zum II. Geschwader.
2) Beim II. Geschwader scheiden im Herbst Preußen, Hessen und Lothringen aus.
3) Gebildet am 1. X. 1913.
4) Zugleich Wohnschiff des Kaisers.
5) Z. Z. zur Bildung der Mittelmeerdivision herangezogen.
6) Wird im Herbst gegen Graudenz ausgetauscht.

Vorübergehend wurden die *Cöln* und ihr Schwesterschiff *Mainz* den Lehrgeschwader unter dem Befehl des Inspekteurs für das Torpedowesen zugewiesen, und zwar für die Frühjahrsübung im April 1913, wobei es um Erprobungen der Torpedowaffe ging. Für hervorragende Leistungen im Schießen mit Schiffsartillerie im Ausbildungsjahr 1912/13 wurde dem Kreuzer *Cöln* der Kaiserpreis zugesprochen. Soweit die — im ganzen sicher etwas spärlichen — Angaben über den Lebenslauf unseres Kreuzers in den NAUTICUS — Bänden 1908 – 1914. Der Aufstellung über die »Dienstbereitschaft der Schiffe« von 1914 ist zu entnehmen, das die *Cöln* nunmehr Flaggschiff des 2. Admirals der Aufklärungsschiffe geworden war. Zweiter Admiral war zu dieser Zeit Konteradmiral Leberecht Maaß. Als äußeres Kennzeichen für diese Position im Verband trug die *Cöln* — allerdings nur in Friedenszeiten — einen roten Ring an

Konteradmiral Leberecht Maaß
* 24.11.1863 Korkenhagen/Pommern; C/83; 1893/95, 1898/01, 1903/06 T-Komdt., Flott. Chef. Komp. Chef u. Abt. Kdr. i.d. Torpedowaffe; 10.06 – 3.09 Direktor MSchule; KzS 7.3.08; Komdt. *Freya* 4.08 – 3.09; Komdt. *Scharnhorst* 3.09 – 6.10; Komdt. *Weissenburg* 8.10 – 9.10; Kdr. II. Werftdiv. 10.10 – 9.13; 3. Adm. d. Aufkl.Schiffe 9.13 – 2.14; KAdm. 9.12. 13; 2. Adm. d. Aufkl.Schiffe 3.14 – 8.14; zugl. I.F. d.T. 8.14 ■ 28.8.1914.
Foto B.A.

den drei Schornsteinen. Es war damals in der Hochseeflotte üblich, die Position des einzelnen Schiffes in den jeweiligen Verbänden durch unterschiedliche farbige Ringe an den Schornsteinen zu kennzeichnen. Natürlich galt dies nur bis August 1914.

Über die weitere Friedensdienstzeit der ersten *Cöln* ist indes noch einiges nachzutragen. Gleich nach ihrer Indienststellung im September 1911 nahm sie an einer ersten Auslandsreise teil, die sie im Rahmen der Herbstreise der Flotte nach Norwegen führte, wo sie mit einigen anderen Schiffen der Flotte Anfang November 1911 im Hafen von Udevalla ankerte. Ein Jahr später lief die *Cöln* anläßlich einer Ostseereise ihres Verbandes den schwedischen Hafen Malmö an. 1913 war sie noch einmal an der Sommerreise der Flotte nach Norwegen beteiligt. Im gleichen Jahr errang sie — wie bereits erwähnt — den Kaiserpreis für ihre hervorragenden Leistungen im Schießen mit der Schiffsartillerie. Die Kieler Woche des Jahres 1914, mit dem letzten Besuch eines Verbandes modernster englischer Großlinienschiffe und Kreuzer vor Kriegsausbruch, sah auch die *Cöln* im Fördehafen. Die Nachricht vom Attentat auf den österreichischen Thronfolger Franz Ferdinand fiel als ein jäher Schatten auf das frohe Sommertreiben in Deutschlands wichtigstem Ostseehafen und Flottenstützpunkt. Zwar hißte Admiral Sir George Warrender sein — vor allem vor dem Hintergrund des bald darauf folgenden Kriegsausbruchs auch zwischen Deutschland und Großbritannien — berühmt gewordenes Abschiedssignal »Friends in past — friends for ever!«, zwar lief der Kaiser mit seiner Flotte noch einmal wie üblich im Anschluß an die Kieler Tage zum Besuch der norwegischen Häfen aus, aber die gefahrvollen drohenden Kriegswolken zogen sich immer dichter zusammen.

Am 02. August 1914, dem Tag des Kriegsausbruches, zunächst zwischen Deutschland und Frankreich, später auch mit Rußland und England, lag die *Cöln* wieder in Wilhelmshaven, dem Stützpunkt der Aufklärungsstreitkräfte. Sie führte nach wie vor die Flagge des zweiten Admirals der Aufklärungskreuzer, des Konteradmirals Maaß, der zugleich Führer der Torpedoboote war. Der Kreuzer lag in Bereitschaft, ihr Liegeplatz war Schillig-Reede, von wo aus sie in den nächsten Wochen gelegentlich kurze Fahrten in die nähere deutsche Bucht unternahm, ohne indes Feindberührung zu erleben. Am 20. August 1914, die Kriegserklärung Englands liegt inzwischen vor, nimmt die *Cöln* an einem Nachtvorstoß teil, der bis 120 Seemeilen südlich von Helgoland führen soll. Doch Konteradmiral Maaß bricht dieses Unternehmen vorzeitig ab, nachdem westlich Helgoland feindliche Unterseeboote gemeldet wurden. So rückt dann der Schicksalstag der *Cöln*, der 28. August 1914, unerbittlich

Das letzte Foto der *Cöln* vor ihrem Untergang in dem Gefecht bei Helgoland im August 1914, aufgenommen von einem begleitenden Torpedoboot.
Foto: Baum-Archiv

heran. Es war bekanntgeworden, daß englische Seestreitkräfte eine Angriffsbewegung gegen die Deutsche Bucht durchführen wollen, allerdings ohne nähere Angaben über die Stärke und Zusammensetzung des englichen Verbandes, weder über Zahl noch über die Art der Schiffe, leichte oder schwere Seestreitkräfte. Dies sollte der *Cöln* und später auch ihrem Schwesterschiff *Mainz* zum Verhängnis werden.

Noch liegt die *Cöln* in Wilhelmshaven, bereit zur Kohlenübernahme. Doch diese wird nicht mehr durchgeführt, nachdem Meldungen eingegangen sind, wonach die kleinen geschützten Kreuzer *Stettin* und *Frauenlob*, die im Vorpostendienst standen, sich bereits im Abwehrkampf gegen den Einbruch englischer Flotteneinheiten befanden.

Am 28. August 1914, um 9.30 Uhr, verläßt die *Cöln* zum letzten Mal ihren Stützpunkt. Mit dem lapidaren Funkspruch »›*Cöln*‹ kommt!« kündigte sie den bedrängten Kameraden ihr Kommen an. Die ebenfalls in Bereitschaft liegenden Schlachtkreuzer können wegen des zu dieser Zeit noch zu niedrigen Wasserstandes die Barre der Außenjade nicht passieren. Dies wird erst nach 1.00 Uhr mittags möglich sein. Um diese Zeit aber hatte sich das Schicksal der *Cöln* bereits erfüllt. Zunächst traf sie auf

S.M.S. *Cöln* Frühjahr 1914 in Wilhelmshaven
Foto: Archiv-Dollhoff

den britischen Kreuzer *Arethusa* sowie acht britische Zerstörer, die sich in einem heftigen Feuergefecht mit dem kleinen geschützten Kreuzer *Mainz* befinden. *Cöln* greift sofort in dieses Gefecht ein, als die feindlichen Schiffe in Sicht kommen. Da passiert das völlig Unerwartete: aus dem Dunst tauchen fünf englische Schlachtkreuzer auf, die die beiden deutschen kleinen Kreuzer mit einem vernichtenden Granathagel überschütten. Da die Geschwindigkeit der englischen Schlachtkreuzer höher ist als die der deutschen Kreuzer *Cöln* und *Mainz*, bleibt dem Versuch der beiden, sich mit äußerster Kraft der erdrückenden Übermacht zu entziehen, der Erfolg versagt. Um 2.30 Uhr nachmittags treibt die *Cöln* als brennendes Wrack bewegungslos auf den Wellen. Konteradmiral Maaß, die meisten Offiziere und der größte Teil Besatzung sind bereits gefallen. Etwa 200 von den fast 500 Mann der kriegsmäßigen Besatzung können noch dem Befehl »Alle Mann aus dem Schiff« folgen. Nur ein einziger, der Oberheizer Neumann aus Köln, überlebt und wird gerettet. Von ihm stammt der folgende, im Auszug wiedergegebene Bericht vom letzten Kampf und vom Untergang der *Cöln*[1].

Bei »Klar Schiff zum Gefecht!« war ich Befehlsübermittler im achteren Zwischendeck. Als solcher hatte ich alle Befehle, soweit sie nicht durch die elektrischen Apparate vermittelt wurden, und alle Nachrichten, die von der Kommandobrücke aus durchs Schiffe gegeben wurden, nach den achtersten Räumen weiterzuleiten. Von dem Platz, auf dem ich mich befand, führte eine schmale Treppe an Oberdeck, nicht weit von der Stelle, wo die fünften Geschütze standen. Wenn ich die Treppe emporstieg, konnte ich manches sehen; außerdem war in meiner Abteilung ein Bullauge (rundes Seitenfenster) eingebaut, das mir einigen Ausblick gestattete. Ich war insofern unendlich besser dran als die Leute, die im Schweiße ihres Angesichts vor den Kesseln und Maschinen standen und, bloß auf ihr Gehör angewiesen, sich eine nur unklare Vorstellung von dem, was oben vorging, machen konnten. Wenn ich auch meinen Dienst als Heizer stets gern versehen hatte; in diesem Augenblick war ich doch froh, daß ich nicht unten vor den Feuern zu stehen brauchte, sondern an einer Stelle, wo ich auch sehen konnte, was sich ereignete. —

Es war mittags zwischen 12 und 1 Uhr, das Wetter war sehr unsichtig. Ich hörte, wie »78 hundert« gerufen wurde. In demselben Augenblick schnarrten die Feuerglocken, und schon krachte die erste Salve. Die Aufschläge mußten offenbar gleich am Ziel gelegen haben, denn in raschester Aufeinanderfolge stürzte jetzt Salve auf Salve aus den Rohren.

Es schien mir, als würde unser Feuer zunächst noch nicht erwidert. Auch machte ich die Wahrnehmung, daß sich wohl die Zahl der Feinde vergrößert haben mußte, denn außer der Backbordseite war jetzt auch die Steuerbordseite in Tätigkeit. Die erste halbe Stunde verlief das Gefecht beinahe, als ob wir eine Schießübung in Friedenszeiten abhielten.

Als ich einmal durch das Bullauge hinausblickte, sah ich, wie mehrere hundert Meter vom Schiff entfernt gewaltige Wassersäulen von Aufschlägen schwerer Artillerie emporstiegen. Die feindlichen Schiffe selbst konnte ich nicht sehen. Es sollen zu der Zeit aber um uns herum zahlreiche englische Schiffe, darunter Schlachtkreuzer und viele Torpedoboote gewesen sein, während wir ganz allein standen.

Der Feind hatte sich bei der geringen Entfernung nach den ersten Fehlsalven rasch eingeschossen.

Im Innern des Schiffsrumpfes riß und barst es, daß ich glaubte, das Schiff müßte jeden Augenblick auseinanderfliegen.

Der Raum, in dem ich mich befand, blieb lange verschont. Ich wunderte mich selbst darüber. Aber gleich als ob ich es berufen hätte, merkte ich, wie es plötzlich unter meinen Füßen sonderbar heiß wurde. Aus der unter mir liegenden Munitionskammer riefen die Kameraden herauf: »Sofort fluten!« Ich wußte, was das bedeutete. Die Kammer mußte Feuer gefangen haben, und es bestand Gefahr, daß die Munition in die Luft flog. Soviel fühlte ich ganz instinktiv: hier war schleuniges Handeln geboten. Wenn ich erst nach Vorschrift die Meldung dem Ersten Offizier weitergab — und wer wußte, ob sie ihn überhaupt erreichte —, konnte das Unglück bereits geschehen sein. Ich riß ohne Zögern den Schlüssel von der Wand und drehte das Flutventil auf, ein Handgriff, den ich unzählige Male bei den Klarschiffübungen gemacht hatte.

Bald darauf kam von vorn die Meldung: »Brand in Abteilung X. Feuerlöschmundstück bringen!« Da niemand zur Stelle war, den ich hätte wegschicken können, schraubte ich das Mundstück des in meiner Abteilung angeschlagenen Schlauches ab und brachte es selbst nach vorn.

Ich gelangte glücklich in die vom Feuer gefährdete Abteilung, in der der Erste Offizier mit Leuten der Lecksicherungsgruppe des Brandes Herr zu werden suchte. Hastige Hände nahmen mir das Ersatzteil ab, und ich machte mich auf den Rückweg.

Nach kurzer Zeit kehrte ich wieder nach meiner Gefechtsstation zurück.

Das Schiff bebte in allen Fugen. Eine Granate zerstörte die Dampfruderanlage. Es dauerte eine geraume Zeit, bis das Handruder besetzt werden konnte, da das seemännische Personal zu viele Ausfälle gehabt hatte und Leute vom technischen Personal erst zur Hilfeleistung herangeholt werden mußten. Heiz- und Maschinenräume erhielten kurz nacheinander schwere Treffer, die Kessel- und Maschinenexplosionen zur Folge hatten.

Als auch der Kommandostand durch einen Volltreffer ausfiel, Admiral Maaß und Kommandant Fregattenkapitän Weidinger gefallen waren, war unser Schiff führerlos geworden.

Zu allem Überfluß jagte der Gegner noch ein paar Granaten durch das stilliegende rauchende Wrack der *Cöln*. Der letzte Treffer fuhr durch beide Bordwände hindurch ins Freie. Als keine Gegenwehr mehr zu befürchten war, stellte der Feind das Feuer ein.

Unheimlich still wurde es im Schiff. Was nun? Durch den Niedergang hörte ich die Stimme des Bootsmannes: »Alle Mann an Oberdeck!«

Viele waren es nicht mehr, die heraufkamen. In meiner nächsten Umgebung war ich der einzige. Auch von dem Personal in den Heizräumen war nur ein Mann übriggeblieben, ein Maschinienanwärter, der zufällig in einem Kohlenbunker gewesen war.

Aus allen Teilen des Schiffes kamen jetzt die noch Überlebenden auf der »Schanze« (Heck) zusammen. Es mochten noch etwa 150 Menschen sein. 470 Mann war die Besatzung stark gewesen! Von den Offi-

1 In E.v.Mantey: Auf See unbesiegt 1. Band, München 1922[2] S. 277 ff.

zieren waren noch zwei Leutnants am Leben, der Leitende Ingenieur Siepmann und der Oberzahlmeister Gelbke. Alle übrigen waren gefallen.
Wir standen dicht gedrängt zusammen und wußten nicht, was jetzt werden sollte.
Als wir verstört in Richtung des Feindes blickten, gewahrten wir zu unserem Erstaunen, daß er nur kaum 2000 m entfernt war. Es waren sechs Schlachtkreuzer und ein Kleiner Kreuzer, die in Kiellinie fast still lagen. Die Rohre waren noch auf uns gerichtet. In der Ferne sahen wir noch zahlreiche Rauchwolken.
Kurz bevor wir das Schiff verließen, wurde auf Veranlassung unseres beliebten Stabsingenieurs das Flaggenlied angestimmt.

76 Stunden in Seenot.

Der Stabsingenieur drückte jedem von uns die Hand, dann kamn der Befehl: »Alle Mann von Bord!« Er selbst blieb zurück, während wir anderen ins Wasser sprangen. Die Mehrzahl gehörte dem technischen Personal an.
Als wir etwa 300 m abgetrieben waren, stiegen plötzlich vorn und achtern im Schiff unter schweren Detonationen gewaltige Rauch- und Feuersäulen zum Himmel! Eisenteile und Splitter fielen in weitem Umkreise herab.
Das war wohl das Werk unseres an Bord zurückgebliebenen Stabsingenieurs, der unter Einsatz seines Lebens das Schiff gespregt haben wird, um es nicht in die Hand des Feindes fallen zu lassen. Das Schiff wurde buchstäblich aus dem Wasser gehoben; dann sank unsere *Cöln* schnell in die Tiefe und mit ihr die toten Helden. Die Flagge hatte bis zuletzt geweht. Eine träge Rauchwolke stand lange Zeit gleich einem Denkmal über der Untergangsstelle.
Es war gegen 2 Uhr nachmittags.
Wir trieben auf die Engländer zu und waren schon so nahe gekommen, daß wir die Leute drüben an Deck sehen konnten. Warum zögerten sie noch immer, ihre Boote auszusetzen, um uns zu retten?
Wie?
Endlich! — Die Maschinen gingen an. Am Heck wirbelte weißer Schaum empor, die Schiffe nahmen langsam Fahrt auf. Einige Schwimmen ließen schon die Gegenstände, an denen sie sich festgeklammert hatten, los, riefen und winkten.
»Ruhig, Freunde! Ihr seht doch, daß sie kommen, um uns aufzunehmen ... glaubt ihr etwa, Seeleute ließen einander im Stich?«
Doch was war das?!
Der Feind drehte ab! Dampfte gemächlich nach Westen, nachdem er sich den Untergang unseres Schiffes gleich einem Schauspiel angesehen hatte, und überließ uns unserem Schicksal.
So nahm denn unser Häuflein Menschen in banger Sorge und Pein den Kampf mit den Wellen auf.
Wir blieben zunächst gut zusammen. Allein oder zu mehreren hingen wir an zahlreichen umhertreibenden Wrackstücken. Hier und da wurden noch Worte gewechselt.
Doch bald stockte die Unterhaltung. Das Wasser war zwar nicht gerade kalt, aber man fror doch schon nach kurzer Zeit. Die Zähne schlugen hörbar aufeinander, und die Glieder starben allmählich ab. Man versuchte, durch lebhafte Schwimmbewegungen das Blut in Wallung zu bringen.
Nach einigen Stunden starben die ersten Kameraden an Wunden und Erschöpfung. Den Kopf im Wasser, trieben sie zwischen uns.
Langsam schlich der Abend heran. Es traf sich, daß ich mit einem Oberheizer, der an einem größeren Stück Holz hing, zusammenkam. Ihm schloß ich mich an, und bald hatten wir richtiges Gleichgewicht. Zum Unglück verließen ihn aber schon nach kurzer Zeit die Kräfte. Die Nacht brach an, die erste von den dreien, die ich treibend und schwimmend durchmachen sollte. Wir riefen einander zu, möglichst zusammenzubleiben, dann umfing uns undurchdringliche Finsternis. Weder Mond noch Sterne waren zu sehen. Jeder war allein mit seinen trüben Gedanken.
Die See war sehr unruhig.

In dieser Nacht starben viele Kameraden. Unendlich träge kamen und gingen die Stunden. Einen Maßstab für die Zeit hatte man überhaupt nicht, und Aussicht auf Rettung war jetzt nicht vorhanden. Trotzdem spähte man unablässig aus, ob nicht irgendwo in der trostlosen Dunkelheit ein Licht auftauchte.
Endlich ging die Nacht zur Neige. Ein fahler Lichtstreifen breitete sich über den östlichen Horizont aus. Die Dämmerung brach herein. Ich blickte um mich und gewahrte niemanden meiner Leidensgefährten. Ein grenzenloses Gefühl der Vereinsamung überkam mich.
Allmählich wurde es hell. Die Sonne tauchte flammend aus dem Meere. Das flößte mir Mut und neue Hoffnung ein. Ich legte meinen Kopf hintenüber und ließ mich von den milden Strahlen erwärmen. So lag ich wohl über eine Stunde. Ich glaube, ich habe geschlafen.

Eine überkommende See veranlaßte mich, aufzuschauen. Zu meiner Überraschung sah ich rechts und links von mir meine Kameraden. In der Dämmerung hatte ich sie nicht bemerkt. Es waren vielleicht noch 50 an der Zahl. Wir schlossen uns enger zusammen und beratschlagten uns. Viel zu raten gab es freilich nicht. Die einen hofften noch immer, daß Hilfe unterwegs sei. Nur zu gern gab man sich selber diesem Glauben hin. Andere meinten, wir müßten in der Nähe von Land sein und sollten versuchen, es schwimmend zu erreichen. Ich schloß mich dieser Partei an, obwohl ich einen Grund zu dieser Annahme nicht fand. Trotzdem sagte mir dieser Rat mehr zu, als untätig auf unsichere Hilfe zu warten. Wir schwammen wohl über zwei Stunden, doch sahen wir kein Land. Erschöpft ließen wir uns treiben und ruhten so vom Schwimmen aus. In der Strömung, in die wir nun gerieten, war das Wasser bedeutend kälter. Die Glieder wurden steif und gefühllos.
So wurde es Mittag. Die Sonne hatte ihren höchsten Punkt erreicht. Vor 24 Stunden wurde gerade »Klar Schiff zum Gefecht!« angeschlagen. Was hatten wir in dieser Zeit durchgemacht, und was würden wir noch erleben? Das Ende, das wir mit grausiger Deutlichkeit stündlich über die Kameraden hatten hereinbrechen sehen? Wenn uns schon der Tod bestimmt war, warum kam er nicht gleich?
Am Nachmittage sahen wir viele Möwen. Kündeten sie etwa die Nähe von Land an? Kreischend strichen sie dicht über unseren Häuptern hin, ließen sich aufs Wasser nieder oder setzten sich auf die umherschwimmenden Trümmer.
Die Stunden verrannen; es wurde abermals Abend und Nacht. Über uns flimmerten die Sterne in seltener Reinheit, halber Mond stand am Abendhimmel. Es war bitter kalt. In dieser Nacht hatten wir mit Seegang zu kämpfen. Auch diese Nacht nahm ein Ende. Die Sterne verblaßten allmählich vor der eintretenden Dämmerung. Als es vollends Tag wurde, ließ auch der Sturm nach.
Unser Häuflein Menschen war bis auf einen kläglichen Rest zusammengeschrumpft. Völlig apathisch geworden von den Anstrengungen der Nacht, hatten wir nicht mehr den Wunsch, uns zusammenzuschließen und uns durch Zurufe zu ermutigen. Wir trieben vereinzelt den Weg, den uns die Strömung davonführte.

Hunger und Durst peinigten den geschwächten Körper, waren doch jetzt zwei Tage und Nächte vergangen, seit ich die letzte Nahrung zu mir genommen hatte. Statt dessen hatte ich in Mengen bitteres Salzwasser geschluckt, das den Durst nur vermehrte. Aus Verzweiflung biß ich mir in die Arme und versuchte, Seetang und umherschwimmende Korkstücke zu essen, aber das Zeug blieb im Halse stecken.
Vor Müdigkeit schloß ich die brennenden Augen, doch an Schlaf war bei der bewegten See nicht zu denken. Zudem schmerzte meine Wunde. Das salzige Wasser hatte sie ausgespült und den Knochen bloßgelegt. Mit fiel ein, daß Sonntag war. Jetzt saßen sie wohl daheim in den Kirchen und empfahlen die Kämpfer dem Schutzes des Höchsten ... Ob denn heute keine Rettung kam? Nein — ich sah nicht einmal in der Ferne den Rauch eines Fahrzeuges. Langsam vergingen die Nachmittagsstunden, und es dunkelte bereits wieder. Tiefe Mutlosigkeit bemächtigte sich meiner Seele.
Als die Nacht anbrach, Mond und Sterne wieder am Himmel standen, glaubte ich den Morgen nicht mehr zu erleben.
Die Kälte war unerträglich, der Magen längst außer Tätigkeit, die Wunde schmerzte grimmig, lähmende Müdigkeit hatte mich befallen — und doch überstand ich die Nacht. Es wurde zum dritten Male Morgen. Heute mußte die Rettung kommen! Ich fühlte, daß dieser Tag über mein Schicksal entschied.
Wie ich mich nach allen Seiten umsah, bemerkte ich plötzlich in der Ferne einen dunklen Punkt. Wie ein heißer Strom drang diese Wahrnehmung durch meinen Körper. Alle Lebensgeister wurden mit einem Schlage wieder wach. Ein Schiff? Ich wagte kaum deutlicher hinzusehen, aus Furcht, etwa eine bittere Enttäuschung zu erleben. Doch sie sollte mir nicht erspart bleiben. Beim Näherkommen erkannte ich einen halb zerschossenen Kutter der *Cöln*, der achtern tief im Wasser lag und von zwei Menschen fortbewegt wurde. (Der Kutter ist später auf Sylt angeschwemmt worden und wird heute in Köln a.Rh. aufbewahrt.) Darin saßen der Oberzahlmeister und ein Maschinistenmaat. Sie zogen mich ins Boot hinein, das nun noch tiefer sank. Das Wasser ging uns wieder fast bis an den Hals. Es war aber immerhin ein schwacher Trost für mich, wieder bei Menschen zu sein und einmal, wenn auch schwankenden Boden unter den Füßen zu haben.
Als wir uns etwa drei Stunden abgemüht hatten, das Wrack mit Händen und Brettern vorwärts zu bringen, bekamen wir noch zwei Leidensgenossen. Sie riefen uns schon von weitem um Hilfe an. Es waren zwei Unteroffiziere. Wir nahmen sie auf und verteilten sie so, daß sich der achtere Teil des Bootes ein wenig hob; es bestand aber bei der übermäßigen Belastung und den ungleichen Ruderbewegungen andauernd die Gefahr des Kenterns.
Lange Zeit ruderten wir angeblich auf Helgoland zu.

Nach einigen Stunden verließen den einen der beiden Unteroffiziere, die wir zuletzt aufgenommen hatten, die Kräfte. Alles Blut wich plötzlich aus seinem Antlitz. Er redete irre Worte, die Augen wurden gläsern, und dann sank er in Ohnmacht, aus der er nicht mehr erwachte. Sein Gefährte, ein guter Freund und Bekannter seiner Familie, zog ihm noch den Trauring vom Finger, um ihn als letztes Andenken der Frau zu überbringen. Da ihm der Ring nicht paßte, zog er das nasse Portemonnaie aus der Tasche und legte ihn sorgfältig hinein. Er sollte diesen Freundschaftsdienst nicht zur Ausführung bringen! Kurze Zeit später ereilte ihn dasselbe Schicksal. Einige Stunden danach starb der dritte, und nun war ich mit dem Oberzahlmeister allein.
Er hielt noch etwa vier Stunden stand, dann brach bei ihm der Wahnsinn aus. Er sprang plötzlich schreiend aus dem Kutter und war weder durch Zuruf noch durch Bitten zu bewegen, wieder hineinzuklettern. Mit Gewalt zog ich ihn herauf, aber jedesmal, wenn ich ihn zurückgeholt hatte, schwamm er wieder von mir. Als ihn die Strömung zum sechsten Mal entführte, war ich nicht mehr imstande, ihm zu helfen, da ich nun selbst am Ende meiner Kräfte angelangt war. In stierem Hinbrüten trieb ich noch einige Stunden wie im Traum versunken umher. Der Körper war völlig erschöpft, der Wille gänzlich gebrochen, die Sinne waren kaum noch fähig, irgendwelche Einflüsse aufzunehmen. Ich gewahrte nicht mehr das Torpedoboot, das sich in rascher Fahrt mir näherte. Erst als es dicht neben mir lag, hörte ich das Fauchen der Maschine und Ventilatoren. Ich sah wie durch einen Schleier hindurch viele Leute an Deck, hörte aus endloser Ferne deutsche Kommandoworte und fühlte, wie ich plötzlich von kräftigen Armen emporgezogen wurde. Dann verlor ich die Besinnung.
Als ich aus meiner Ohnmacht erwachte, blickte ich verwundert um mich. Narrte mich eine unerhörte Täuschung? Ich lag in einem richtigen Bett, fest eingehüllt in wollende Decken. Ein paar Menschen umstanden mein Lager. Ungewiß, ob dies Traum oder Wirklichkeit, schloß ich die Augen und öffnete sie wieder: die Umgebung blieb; ich betastete zögernd Wand und Koje: sie hielten stand, ich rief die Leute an: sie antworteten; ich biß mir fest auf die Lippen und krallte die Nägel ins Fleisch: ganz deutlich spürte ich den Schmerz. Nein — das alles war kein Blendwerk der erschlafften Sinne!

Der Oberheizer Neumann, der einzige Überlebende der Besatzung des kleinen geschützten Kreuzers »*Cöln*«. Das Foto zeigt ihn nach dem Gefecht vom 28. August 1914. Foto: Neumann, Köln

Adolf Neumann im Alter von 40 Jahren. Er war Mitglied des Deutschen Marinebundes. Foto: Neumann, Köln

Englischerseits wurde das Ende der *Cöln* am 11. Oktober 1914 in der schwedischen Zeitung DAGENS NYHEDER wie folgt dargestellt: Das ganze Schiff stand in Flammen und war vollständig in dichte Rauchwolken gehüllt. Aber immer noch wollte die bewunderswert tapfere Besatzung den Kampf nicht aufgeben. Nur drei Kanonen waren noch verwendungsfähig, das Fahrzeug selbst bereits in ein vollständiges Wrack verwandelt. Aber die heldenmütigen deutschen Seeleute weigerten sich in jedem Falle, die Flagge zu streichen. Nachdem unsere Kreuzer auch die letzten Geschütze der *Cöln* zum Schweigen gebracht hatten, zogen sie sich zurück und schickten Zerstörer vor, um den noch an Bord befindlichen deutschen Überlebenden zu helfen. Aber da begannen die deutschen Geschütze wieder gegen uns zu spielen, so daß *Lion* sich gezwungen sah, unseren tüchtigen Feind zu versenken. Wir sahen es mit wirklichem Bedauern nach einer so hervorragenden Verteidigung gegen eine vielfache Übermacht. Gerade als wir bereit standen, unsere Boote zu Wasser zu fieren, zeigte sich ein U-Boot, so daß wir gezwungen waren, einige arme Teufel ihrem Schicksal zu überlassen. Wären wir an Ort und Stelle geblieben, so hätte uns unbedingt das U-Boot in den Grund gebohrt. Diese letzte Feststellung in dem englischen Bericht traf allerdings nicht zu; denn zur Zeit des Gefechtes befanden sich überhaupt keine deutschen U-Boote auf dem Gefechtsfeld. Das amtliche deutsche Seekriegswerk schließlich schildert dieses erste, für die deutsche Marine so unglücklich verlaufene Gefecht wie folgt[1] :

Langsam, ganz langsam, aus weiter Tiefe hergeholt, kehrte jetzt auch die Erinnerung zurück.
Plötzlich wußte ich's: ich war gerettet!
Bei rührender Pflege erholte ich mich im Lazarett in Helgoland bald. Bei der großen Fürsorge war es kein Wunder, daß ich mich bald kräftigte und das Bett verlassen konnte. Zunächst mußte ich mich freilich noch der Krücken bedienen, konnte sie aber schon nach einigen Tagen weglegen.
Am 9. September wurde die Leiche eines Matrosen angeschwemmt. Die Nachforschungen, die durch die in den Kleidungsstücken eingenähten Namenläppchen erleichtert wurden, ergaben, daß es sich um einen Angehörigen der *Cöln*« handelte. Er erhielt unter militärischen Ehren das erste Kriegerbegräbnis auf Helgoland. Als ich an seinem Grabe stand und die drei Hände Erde hinabwarf, beschlich mich ein sonderbares Gefühl. Hier stand ich, um als einziger Überlebender unseres Schiffes dem toten Kameraden die letzten Ehre zu erweisen. Ich allein von allen Anwesenden wußte, wie sein Kämpfen und Sterben war.

Für die Tätigkeit S.M.S. *Cöln* — Flaggschiff des I. Führers der Torpedoboote, Konteradmiral Maaß, Kommandant Fregattenkapitän Weidinger, Admiralstabsoffizier Kapitänleutnant Buggenberger — fehlen alle dienstlichen Unterlagen. Gegen 1 Uhr Nm. hat *Cöln* die letzte Standortsmeldung gemacht, das Schiff befand sich zu dieser Zeit 16.5 Seemeilen nordnordwestlich von Norderney-Feuerschiff mit nördlichem Kurse. Um 1.30 Uhr reißt ihr letzter Funkspruch ohne Standortangabe plötzlich ab. Nur ein einziger Überlebender von der *Cöln*, der Heizer Neuman, ist gerettet worden. Seine Aussage, die später bei Besprechung der Rettung der Schiffbrüchigen angeführt wird, kann natürlich über die Führung des Schiffes keinerlei Auskunft geben, da Neumann als Heizer erst an Deck kam, als das Schiff sich in sinkendem Zustande befand. Trotzdem läßt sich aus den vorhandenen Angaben in Übereinstimmung mit den übrigen Ereignissen fast lückenlos nachweisen, welche Kurse *Cöln* gesteuert haben muß und welche Schlüsse sich daraus für ihre Gefechtstätigkeit ergeben.
Cöln ist mit höchster Fahrt aus der Jade herausgedampft und folgt im Kurs der *Straßburg*, jedoch ohne diese bei dem unsichtigen Wetter in Sicht zu haben. Da *Straßburg* um 11.55 Uhr Nm. in das erste Gefecht mit Zerstörern gerät und einen Kreis beschreibt, wird der Abstand zwischen *Straßburg* und *Cöln* zusehends geringer. Für *Cöln* wird der Kanonendonner immer deutlicher vernehmbar. Dann bricht für

1 Der Krieg zur See. Hrsg. vom Marine-Archiv, Band 1 Berlin 1922 S. 173ff.

10 Minuten das Geschützfeuer auf *Straßburg* ab, um darauf von neuem auf *Cöln* gehört zu werden. *Cöln* stand zu dieser Zeit nur noch 7 Meilen hinter *Straßburg* und wußte aus den Meldungen S.M.S. *Mainz*, daß letztere etwa auf gleicher Höhe 20 Seemeilen westlich stand. Die Aussichten zu einer völligen Vernichtung des von drei deutschen Kreuzern umstellten Gegners waren hiermit gegeben. Es wird wohl auf *Cöln* der gleiche Gedanke geherrscht haben wie auf *Mainz*, wo um diese Zeit der Kommandant den Mannschaften bekanntgab, daß man in einer halben Stunde am Feind wäre. *Cöln* fährt nun bis 12.50 Uhr hinter *Straßburg* her. Von Zeit zu Zeit muß sie Kanonendonner voraus gehört haben, da *Straßburg* immer erneut mit Zerstörern zusammentraf. Da der Kurs von *Straßburg* infolge des Ausweichens vor Torpedoschüssen nicht ganz gerade war, ist *Cöln* um 12.50 Uhr höchstens 5 bis 6 Meilen hinter *Straßburg* gewesen. Um diese Zeit sichtet *Mainz*, die seit einer Viertelstunde im Gefecht mit Zerstörern ist, feindliche Kreuzer. Diesen Funkspruch von *Mainz* hat *Cöln* empfangen, denn *Cöln* hat ihn noch an den Befehlshaber der Aufklärungsschiffe weitergegeben.

Die Stellung der Kreuzer zwischen 1 und 2 Uhr mittags.

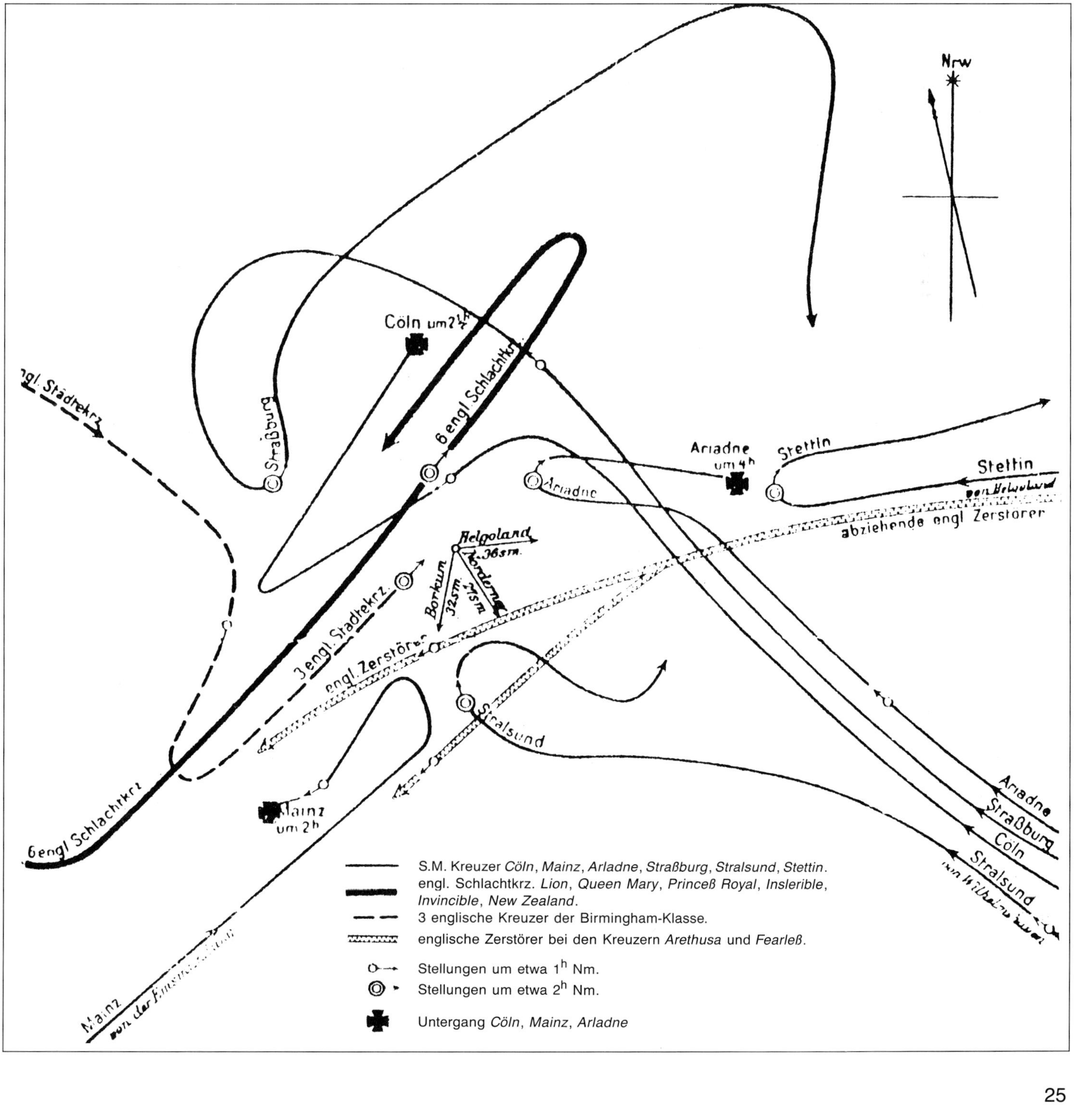

Zu dieser Zeit muß *Cöln* eine Kursänderung von etwa acht Strich auf Westsüdwest gemacht haben, denn sonst wäre es unmöglich, daß sie um 1.30 Uhr Nm. auf den Punkt gekommen wäre, wo sie später von Beatty gesichtet wurde. Diese Kursänderung erklärt sich, abgesehen von dem Funkspruch, militärisch sehr einfach dadurch, daß Backbord querab starker Kanonendonner von *Mainz*, die zu dieser Zeit 9 Seemeilen entfernt war, herüberklingen mußte, um so mehr, als die Ziele, die englischen Zerstörer und *Arethusa*, die *Mainz* beschoß, zwischen *Cöln* und *Mainz* standen und *Arethusa* mit 15-cm-Geschützen feuerte. Wenn *Cöln* also dort eingreifen wollte, und das war für einen Führer der Torpedoboote etwas Selbstverständliches, so m u ß t e er diese Kursänderung vornehmen. Etwa 20 Minuten, nachdem *Cöln* auf dem neuen Kurs liegt, auf welchem sie dauernd Kanonendonner, der näher kommt, rechts voraus hört, sichtet sie Backbord voraus die *Arethusa* mit den abziehenden Torpedobooten (Angabe der *Artehusa*). Die Geschwindigkeit der *Arethusa* war um diese Zeit schon bedenklich herabgesetzt, und es war daher für *Cöln* das Gegebene, den abziehenden Booten den Weg nach Westen zu verlegen, zumal die Kurse sehr günstig zueinander lagen. *Cöln* hat daher den Kurs ein wenig geändert, um *Mainz* zu entlasten und die abziehenden Zerstörer, die nun bereits in Sicht waren, zu umfassen.

Um 1.30 Uhr meldet *Cöln* mit Funkspruch, daß sie sich im Gefecht mit solchen befindet. Dieser Funkspruch reißt, wie schon erwähnt, plötzlich ab. Der Standort fehlt. — Dies war die letzte Nachricht von der *Cöln*. Ihr weiteres Schicksal wurde erst durch den britischen Bericht, auf den später zurückzukommen sein wird, bekannt.

Bisher hatten sich die englischen Schlachtkreuzer, und zwar *Lion, Prinzeß Royal*« und *Queen Mary*, vom ersten Schlachtkreuzergeschwader, verstärkt durch *Invincible* und *New Zealand*, etwa 30 Seemeilen nördlich der Ems in Aufnahmestellung bereitgehalten. Um 12.30 Uhr mittags stießen sie unter Führung ihres Admirals mit höchster Fahrt nach Osten vor. Damit nahte den deutschen Schiffen das Verhängnis.

Vizeadmiral Beatty holte sofort nach Osten aus, um diesen Kreuzer von Helgoland abzuschneiden und ließ um 1.37 Uhr das Feuer eröffnen. Gleichzeitig hatte *Cöln* kehrtgemacht und versuchte vor den Schlachtkreuzern her nach Helgoland zu entkommen, mußte aber bei der hohen Fahrt der 27 bis 28 Seemeilen laufenden Verfolger diesen Versuch bald aufgeben und drehte um 1.42 Uhr auf Nordwest ab. Noch hatte sie anscheinend Hoffnung, der Vernichtung zu entgehen, um so mehr, als 1.56 Uhr den Schlachtkreuzern ein weiterer deutscher Kreuzer mit 2 Schornsteinen recht voraus in den Kurs lief, welchem sich diese nunmehr zuwandten[1]. Es war die *Ariadne*, die bald darauf von zwei Salven des *Lion* erreicht und durch diese in Brand gesetzt wurde. Als sie brennend und anscheinend in sinkendem Zustand im Nebel verschwand, ließen die Engländer von ihr ab. Hierfür scheint der englische Admiral einen wichtigen Grund gehabt zu haben. Inzwischen hatten ihm nämlich seine Zerstörer gemeldet, daß weiter im Osten schwimmende Minen festgestellt worden wären. Dies beruhte aber auf einem Irrtum. Anscheinend hat man treibende Munitionsbuchsen, wie sie zur Unterbringung der Kartuschen auf den deutschen Schiffen in Gebrauch waren, für Minen gehalten. Schwimmende Minen sind während des ganzen Krieges von den deutschen Streitkräften niemals verwendet worden. Die Meldung genügte aber, um Beatty am weiteren Vorgehen nach Osten zu verhindern. Zur planmäßigen Wiedervereinigung aller Streitkräfte war es ohnehin an der Zeit, den Rückzug anzutreten. Vorher sollte noch der zuerst unter Feuer genommene Kreuzer vollständig vernichtet werden; daher schwenkten die Schlachtkreuzer in großem Bogen nach Backbord auf Gegenkurs. Bald kam «*Cöln*« n o c h m i t w e h e n d e r K r i e g s f l a g g e, geringe Fahrt laufend, auf Südostkurs in Sicht. Daraus geht hervor, daß *Cöln*, als sie merkte, daß die Engländer ihr Feuer nach der anderen Seite richteten, versucht hat, nach der entgegengesetzten Seite in dem unsichtigen Wetter zu verschwinden. Ihre Geschwindigkeit muß bereits heruntergesetzt gewesen sein, auch muß sie stark gelitten haben, denn sonst hätte der Admiral nicht besonders erwähnt, daß bei dem letzten Insichtkommen n o c h die Flagge wehte. Als das englische Geschwader für *Cöln* in nordöstlicher Richtung aus Sicht kam, hat der Kreuzer versucht, mit südöstlichem Kurs hinter dem Feind dessen Kurs zu kreuzen, ohne auf seine plötzliche Kehrtschwenkung gefaßt zu sein. Das Feuer zweier Geschütztürme des englischen Flaggschiffs auf nächste Entfernung genügte dann, um nach dem Einschlagen zweier Salven das Schiff um 2.35 Uhr Nm. zum Sinken zu bringen. Mit dem Untergang seines Flaggschiffs fand als erster deutscher Admiral Konteradmiral Leberecht Maaß den Heldentod. Er war bereits gefallen, als das Schiff sank. Mit ihm verlor die Torpedowaffe einen ihrer berufensten Führer, dem es leider nicht vergönnt gewesen ist, sie in der Schlacht oder im Nachtangriff an den Feind zu bringen. Während *Cöln* von ihrem Schicksal ereilt wurde, passierte fast gleichzeitig *Straßburg* nur vier Seemeilen entfernt die feindlichen Schlachtkreuzer. Ihr glückliches Entkommen ist wohl mit darauf zurückzuführen, daß die Aufmerksamkeit der englischen Schiffe zu dieser Zeit fast ausschließlich der untergehenden *Cöln* zugewandt war.

In der zeitgenössischen Presse wurde in folgender Form über das Seegefecht bei Helgoland und über das Schicksal des Kleinen Kreuzers *Cöln* — übrigens in beiden Fällen mit »K« geschrieben! — berichtet:

Neueste Nachrichten
Ein Kampf zur See.

WTB Berlin, 29. Aug. (Telegr.) Im Lauf des gestrigen Vormittags sind bei teilweise unsichtigem Wetter mehrere moderne englische Kleine Kreuzer und zwei englische Zerstörerflottillen (etwa 40 Zerstörer) in der deutschen Bucht der Nordsee nordwestlich Helgoland aufgetreten. Es kam zu hartnäckigen Einzelgefechten zwischen ihnen und unsern leichten Streitkräften. Die deutschen Kleinen Kreuzer drängten heftig nach Westen nach und gerieten dabei infolge der beschränkten Sichtweite ins Gefecht mit mehreren starken Panzerkreuzern. S.M.S. *Ariadne* sank, von zwei Schlachtschiffkreuzern der Lionklasse bei kurzer Entfernung mit schwerer Artillerie beschossen, nach ehrenvollem Kampf. Der weitaus größte Teil der Besatzung, voraussichtlich 250 Köpfe, konnte gerettet werden. Auch das Torpedoboot V 187 ging, von einem Kleinen Kreuzer und von zehn Zerstörern aufs heftigste beschossen, bis zuletzt feuernd, in die Tiefe. Flottillenchef und Kommandant sind gefallen. Ein beträchtlicher Teil der Besatzung wurde gerettet. Die Kleinen Kreuzer *Köln* und *Mainz* werden vermißt. Sie sind nach einer heutigen Reutermeldung aus London gleichfalls im Kampf mit überlegenen Gegnern gesunken. Ein Teil ihrer Besatzung (9 Offiziere,

1 Dies stimmt genau mit den Angaben des Kommandanten *Ariadne* überein: *Cöln* wurde zeitweilig entlastet und kam dem englischen Admiral aus Sicht, oder, wie es im Bericht heißt, »der deutsche Kreuzer, nördlich stehend, wurde von dem Gegner gejagt und ist zweifellos nur durch das Eingreifen von Ariadne‹ gerettet worden«.

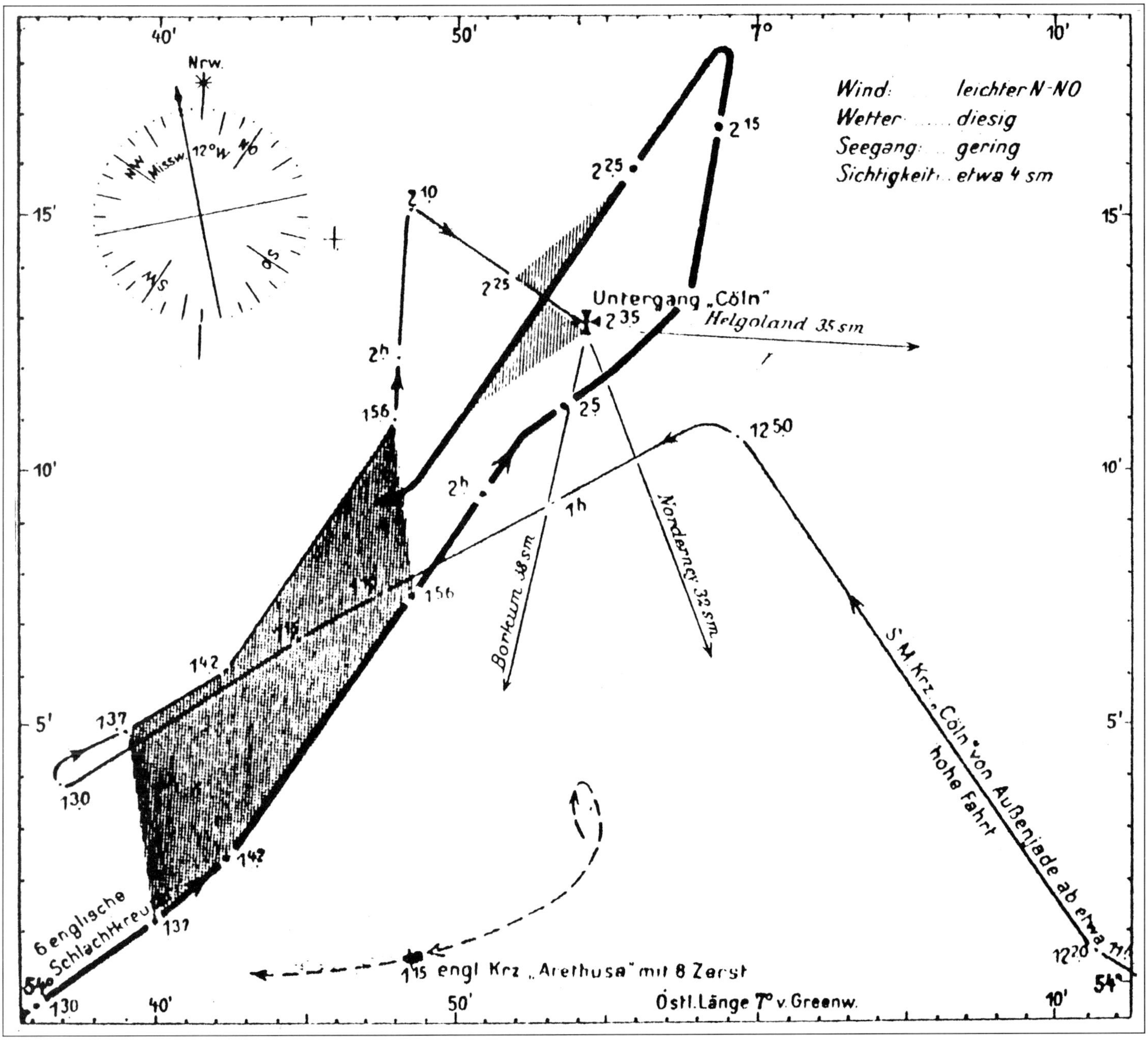

Die Vernichtung der *Cöln*.

S.M. Kzr. *Cöln* (1909)

Länge .... 130 m
Wasserverdrängung...... 4.350 t
Schnelligkeit .... 26,5 sm
Armierung .... 12-10,5; 2 Tpd.-R.
Besatzung 380

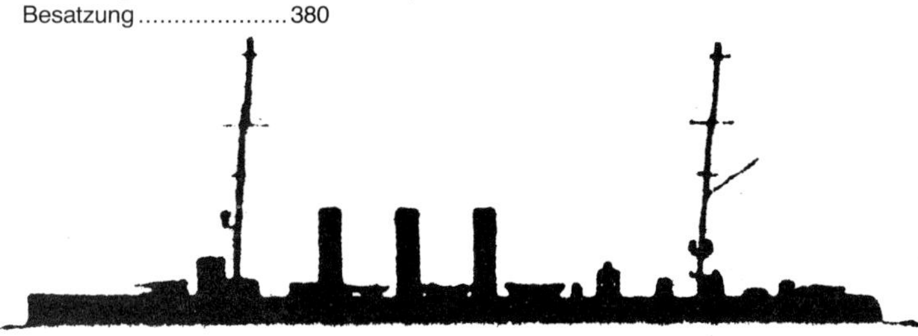

Engl. Pzkrz. *Lion* (1910)

Länge .... 213 m
Wasserverdrängung .... 30.000 t
Schnelligkeit .... 25 – 28 sm
Armierung....8-34,3; 16-10,2; 2 Tpd.-R.
Besatzung 1.000

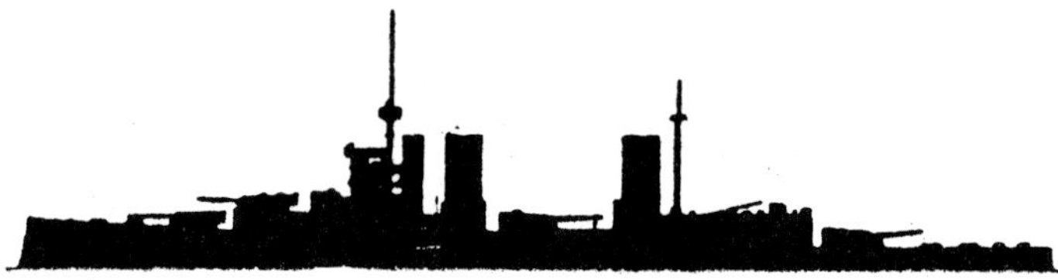

81 Mann) scheint durch englische Schiffe gerettet worden zu sein. Nach der gleichen englischen Quelle haben die englischen Schiffe schwere Beschädigungen erlitten.

Vom Kreuzer *Köln*

Berlin, 7. Sept. (Telegr.) Bezüglich des Schicksals des Kleinen Kreuzers *Köln* wird uns mitgeteilt, daß ein Mann der Besatzung aufgefischt wurde, der bestätigt, daß das Schiff im Kampf mit überlegenen englischen Panzerkreuzern untergegangen ist.

Entsprechend den Schiffsverlusten waren auch unsere Personalverluste erheblich höher als die der Engländer. Allein mit der *Cöln* verloren wir außer dem Ersten Führer der Torpedoboote, Kontreadmiral Leberecht Maaß, 22 Offiziere und 484 Unteroffiziere und Mannschaften, und von der *Mainz* gerieten 12 Offiziere und 336 Mann in Gefangenschaft, die Gesamtverluste des Tages aber ergaben folgende Zahlen: Gefallen 712, verwundet 149, in englischer Gefangenschaft 381, und auch unter letzteren zahlreiche Verwundete. Die Einzelheiten enthält die nachstehende Tabelle:

Schiff	Offiziere			Deckoffiziere, Fähnriche, Aspiranten			Unteroffiziere und Mannschaften		
	tot	gefangen	verwundet	tot	gefangen	verwundet	tot	gefangen	verwundet
Ariadne	3	—	2	—	—	3	61	—	60
Cöln	22	—	—	17	—	—	467	—	—
Mainz	6	12	—	9	5	—	74	331	—
Frauenlob	—	—	2	1	—	—	8	—	26
Stettin	1	—	1	1	—	—	2	—	13
V 187	—	3	—	1	—	—	23	30	14
V 1	—	—	—	—	—	—	1	—	2
T 33	—	—	—	—	—	—	2	—	6
D 8	2	—	1	—	—	—	11	—	19
Im ganzen	34	15	6	29	5	3	649	361	140

Sie bietet das typische Bild, wie sich die Verluste in Seegefechten zusammensetzen, nämlich starkes Überwiegen der Zahl der Gefallenen gegenüber der der Verwundeten und ebenso starkes Überwiegen der Verluste des seemännischen Personals über die des technischen, sehr hoher Prozentsatz der gefallenen und verwundeten Offiziere und schließlich häufig Verlust der gesamten Besatzung, sobald der Untergang des Schiffes eintritt. Die Zahl der Gefangenen am 28. August ist ausnahmsweise groß, da der Feind in der Rettung der *Mainz*-Besatzung nicht durch Hinzukommen weiterer deutscher Streitkräfte gestört wurde.

Letzte Telegramme.

Kiel, 9. Sept. (Telegr.) Die Leiche des Kommandanten des Kleinen Kreuzers Köln, Fregattenkapitäns **Meidinger**, der beim Seegefecht in der Nordsee mit einer englischen Übermacht den Heldentod fand, ist zur Beisetzung nach Kiel übergeführt worden. Der Gebliebene gehörte der Marine seit fast $24^{1}/_{2}$ Jahren an. Davon entfielen zwei Drittel auf Bordkommandos. Meidinger wurde im März 1908 Korvettenkapitän, im November 1912 Fregattenkapitän.

Über das Schicksal des Kommandanten der *Cöln* brachte erst diese Meldung vom 09. September 1914 Klarheit.

Hiermit die traurige Nachricht, daß unser innigstgeliebter Sohn, Bruder und Vetter

Jos. Saubert

Matrose S. M. S. Cöln

am 28. August den Heldentod fürs Vaterland gestorben ist. **Die trauernden Hinterbliebenen.**

Die heil. Exequien werden am Samstag in der St. Nikolauskirche, Sülz, $8^{1}/_{2}$ Uhr gehalten.

So gedachten diese beiden Kölner Familien ihrer auf dem Kleinen Kreuzer *Cöln* gefallenen Angehörigen.

Nach Gottes Ratschluß starb am 28. August 1914, nachmittags $4^{1}/_{2}$ Uhr, den Heldentod fürs Vaterland unser innigstgeliebter Sohn, Bruder und Neffe, mein lieber Bräutigam

Peter Lang

Matrose S. M. S. Cöln

im Alter von 22 Jahren.

Um stille Teilnahme und Gebet für den Verstorbenen bitten

Die trauernden Hinterbliebenen.

Köln-Nippes, den 14. September 1914.
Xantener Straße 22.

Eine Seelenmesse wird am Donnerstag, den 17. September, morgens $7^{1}/_{4}$ Uhr, in der St. Bonifaziuskirche zu Köln-Nippes gehalten. Die feierlichen Exequien sind am selben Tage und in derselben Kirche morgens $9^{1}/_{2}$ Uhr.

Am 17. September 1914 machte der Kölner Oberbürgermeister Wallraff in der Stadtverordnetenversammlung folgende Mitteilung: »Sie wissen, daß das Schiff, das ich auf Befehl des Kaisers auf den Namen der Stadt Köln habe taufen dürfen, wie seinerzeit von amtlichen Stellen mitgeteilt worden ist, mitbeteiligt war an dem Seegefecht bei Helgoland, und amtlich wurde der Kreuzer als vermißt gemeldet. Nach einer nun amtlich übermittelten Quelle ist der Kreuzer *Cöln* untergegangen.
Vor etwa acht Tagen ist bei Norderney das Wrack eines Kutters, des großen Bootes des Kreuzers *Cöln* angetrieben. Nach dem Strandrecht gehört das Boot demjenigen, der es an Land bringt.

Der Inselkommandant, Freiherr von Solemacher-Antweiler hat das Wrack von dem Erwerber gekauft und schenkt es der Stadt Köln. Ich habe die Schenkung dankbar angenommen, den Transport bewerkstelligt, und der Kutter des Kreuzers *Cöln* ist bereits hier angelangt. Wir werden uns überlegen, an welcher Stelle wir ihn aufstellen werden.
Ich nehme an, wenn es auch keine Siegesbeute ist, daß es doch ein Stück sein wird, das uns allen lieb und wert ist und in würdiger Weise aufgestellt werden muß. Die Spuren des Kampfes, den der Kreuzer geführt hat, sind bei dem Kutter deutlich zu sehen. Eine Reihe von Kugeln und Granaten haben ihn durchlöchert. Der Kutter ist ein stummer Zeuge für die heldenmütige Tapferkeit, mit der die Besatzung der *Cöln* gefochten hat.«
Am 21. September 1914 schließlich stand in den »Kleinen Nachrichten aus Köln«: Das Wrack des Kutters von SMS *Cöln* , das in einem Hofraum des Neuen Rathauses am Elogiusplatz aufgestellt und mit Flaggen und Girlanden verziert ist, hat am gestrigen Sonntag eine lebhafte Anziehungskraft ausgeübt, so daß das kleine Eintrittsgeld von 10 Pfennig vom Roten Kreuz wohl ein schönes Scherflein ausgemacht haben wird.

Einen endgültigen Platz fand der Kutter dann in der alten Kölner Eigelsteintorburg. Die nebenstehende Abbildung zeigt diese Gedenkstätte so, wie sie sich vor dem Zweiten Weltkrieg darbot.
Im Zusammenhang mit dem Ausgang dieses ersten größeren Gefechtes wird im Deutschen Admiralstabswerk eine Kontroverse aufgegriffen, die damals zwischen der »Front«, d.h. den im Flottendienst tätigen Offizieren, und dem Reichsmarineamt bestand, das ja die Richtlinien für den Bau und die Bewaffnung der Schiffe, also auch der Kleinen Geschützen Kreuzer erließ. Dabei ging es speziell um die Kaliberstärke bei der Bewaffnung dieser Kleinen Kreuzer, d.h. die »Front« bevorzugte das 15-cm-Kaliber, das Reichsmarineamt aber hatte sich für das 10,5-cm-Kaliber entschieden.

Im 1. Band des Marinearchivs wird dies wie folgt abgehandelt (a.a.O., S. 206/207):

Im deutschen Schiffbau hat das Bestreben vorgeherrscht, den notwendigen Ausgleich unter den einzubauenden Gewichten und Kosten der Größe des Geschützkalibers herzustellen, und zwar zugunsten der Schwimmsicherheit und Widerstandskraft, sowie die Zahl der Geschütze. Hierzu hatte bei den Kleinen Kreuzern die Forderung der Flotte in den Jahren 1909 bis 1912 beigetragen, daß der Kleine Kreuzer imstande sein müsse, zur Abwehr feindlicher Torpedobootsangriffe in der Nacht gleichzeitig auf jeder Seite zwei Torpedoboote unter Feuer zu nehmen. Aus diesem Grunde wurde im Sommer 1911 die erwünschte und vielfach erörterte Kalibersteigerung zurückgestellt und erst auf Grund weiterer Erwägungen im Sommer 1912 angenommen. Auch die britische Marine hatte den Übergang vom 10,2 zum 15 cm für die Kleinen Kreuzer erst im Jahre 1910 vollzogen, und zwar unter erheblicher Steigerung der Wasserverdrängung und der Kosten. Die gemischte Armierung von zwei 15 cm und zehn 10,2 cm der Bristol-Klasse (1909) war wegen der damit verbundenen artilleristischen Nachteile nicht nachgeahmt worden. Die gleichzeitige Feuerleitung für zwei verschiedene Kaliber erwies sich als unzweckmäßig. Den Forderungen der Flotte auf vorläufige Beibehaltung des kleineren Kalibers konnte um so unbedenklicher entsprochen werden, als für die Mehrzahl aller Gefechtsfälle auf ein enges taktisches Zusammenarbeiten der Kleinen Kreuzer mit den Schlachtkreuzern gerechnet wurde. Die Kampfkraft der stärkeren Schiffe sollte die geringere der leichten Streitkräfte ergänzen.

Foto: Rhein. Bildarchiv; Köln

Freilich hätten den deutschen Kreuzern bei ihrem Zusammentreffen mit den britischen Schlachtkreuzern deren Hauptkaliber immerhin aus 34-cm-Geschützen bestand, auch 15-cm-Geschütze wenig genützt. Die britische Überlegenheit war erdrückend. Immerhin fand der langjährige Staatssekretär des kaiserlichen Reichsmarineamtes, Alfred v. Tirpitz, der unbestritten hohes Verdienst um den Aufbau der kaiserlichen Marine besitzt, diese Frage so gewichtig, daß er im zweiten Band seiner Dokumentensammlung, den er »Deutsche Ohnmachtspolitik im Weltkrieg« nannte[1], sehr ausführlich auf diese »Kaliberfrage« eingeht, um zu zeigen, daß er für die nach Ansicht vieler Seeoffiziere zu schwache Bewaffnung der Kleinen geschützten Kreuzer nicht verantwortlich zu machen sei. Und hier nun die Tirpitzschen Äußerungen zu dem angesprochenen Problem[2]:

Am 28. August kam es zu einem Vorpostengefecht, das weniger durch den dabei eingetretenen Verlust von drei kleinen Kreuzern als durch die psychologische Wirkung auf den Kaiser und die Leiter der Seekriegsführung von verhängnisvollster Bedeutung war. Ich erblickte darin von Anfang an den »dies ater« der Flotte. Der Verlust der Kreuzer war dadurch eingetreten, daß der Feind in die seit Wochen nicht geänderte und daher genau bekannte Vorpostenlinie mit örtlicher Überlegenheit eingebrochen war. Ferner hatte der Befehlshaber der Aufklärungsschiffe den Befehl zur Verfolgung durch kleine Kreuzer gegeben, ohne sich darüber Rechenschaft zu geben, daß die Engländer ihre kleinen Kreuzer und Torpedoboote nicht ohne Unterstützung durch schwere Streitkräfte, die eine strategische Selbstverständlichkeit bedeutete, vorgehen lassen würden. Ich bin mir über diese Ursache der von uns erlittenen Schlappe sofort im Klaren gewesen und habe meine Ansicht zum Ausdruck gebracht, stand aber damit im Hauptquartier allein. Dem Kaiser wurde die Sache so dargestellt, als sei alles so gekommen, weil die kleinen Kreuzer keine genügende Armierung hätten. Man zog sich aus der Klemme, indem man das Material schlecht machte.

Es wurde dabei übersehen, daß der Feind bei einem solchen Vorstoß seine besten Schiffe ansetzte, während bei uns nur ältere Schiffe zum Tragen kamen, so wie sie gerade zur Stelle waren. Ferner hatte der Engländer bei der großen Anzahl der jährlich von Stapel gelegten leichten Streitkräfte, die für die Bedürfnisse des Weltreiches notwendig waren, 2 Typen von kleinen Kreuzern entwickeln können, den kleineren schnellen und schwächeren armierten Flottenkreuzer und den größeren mit 15-cm-Geschützen armierten leichten Kreuzer.

Wir dagegen konnten bei den uns gesteckten engen finanziellen Grenzen jährlich nur 2 kleine Kreuzer bauen und mußten uns auf die Entwicklung eines einzigen Typs beschränken, der für den Flotten- und Auslandsdienst gleichzeitig geeignet sein mußte. Gerade die Anforderungen des Kreuzerkrieges in den Tropen verringerten die Möglichkeit der Armierung, zumal es auf hohe Geschwindigkeit ankam. Hinzu trat, daß unsere Kreuzer zugleich Torpedobootsabwehrer sein sollten, wobei es weniger auf die Größe des Kalibers als auf die Möglichkeit ankommt, mehrere Torpedoboote gleichzeitig unter Feuer nehmen zu können, bzw. unter Schnellfeuer nehmen zukönnen. So waren denn unsere kleinen Kreuzer bis zu den Schiffen des Etats 1912 mit 12 10,5-cm-Geschützen bestückt, während die Engländer für die kleinen Flottenkreuzer bis 1911 ebenfalls an dem 10,5-cm-Geschütz festhielten, aber für den größeren Typ nach einem mit gemischter Armierung (1908) zu einer Bestückung mit 8 – 15-cm-Geschützen übergegangen waren. (1909). In den Jahren 1912 und 1913 legten sie dann die kleinen Flottenkreuzer der *Arethusa*- und *Calliope*-Klasse mit gemischter Armierung auf Stapel. Bei Kriegsausbruch besaßen sie 10 15-cm-Kreuzer, dazu 5 größere Kreuzer mit gemischter Armierung. Kurz vor der Fertigstellung standen die Schiffe der Arethusaklasse mit 2 – 15-c, und 6 – 10, 2-cm-Geschützen.

Um 1911 gingen ferner die Engländer dazu über, den kleinen Kreuzer mit einem leichten Seitenpanzer zu versehen, den unser 10,5-cm-Geschoß nicht mehr durchschlagen konnte. Jetzt entschloß ich mich, auf 15-cm heraufzugehen. Ich hatte vorher bei der Flotte (Admirale von Holtzendorff und Bachmann) angefragt, ob sie ein Verbleiben beim 10,5-cm-Kaliber oder das Hinaufgehen auf 15-cm befürworteten. Beide antworteten, es komme auf die Torpedobootsabwehr an, wofür eine größere Anzahl von 10,5-cm mehr geeignet sei. Das größere Kaliber der englischen Kreuzer lasse sich auf unserer Seite durch Beigabe eines großen Kreuzers ausgleichen. Im Mai 1912 lehnte der Kaiser das 15-cm-Kaliber schroff ab, weil er die Kreuzer nicht so groß haben wolle. Als wir auf einer Bootsfahrt während der Kieler Woche 1912 einen kleinen Kreuzer passierten, machte ich ihn nochmals darauf aufmerksam, daß die Armierung unter den jetzigen Verhältnissen ungenügend sei.

Aber wieder lehnte des Kaisers ab. Trotzdem ließ ich das Projekt für einen kleinen Kreuzer mit 15-cm-Geschützen ausarbeiten und legte es dem Kaiser in Rominten Ende September vor. Hier, wo er leichter zugänglich war, gab er nach.

Dieser Vorgang war in Vergessenheit geraten und Admiral von Müller wurde ganz blass, als ich bei der Sühneaudienz in Pless am 14. September 1915 darauf hinwies, daß der Kaiser noch am 2. Mai 1912 den Übergang zum höheren Kaliber abgelehnt hatt.«

Indes, wie schon gesagt, nicht allein das 10,5-cm-Geschützkaliber wurde den deutschen Kreuzern am 28. August 1914 zum Verhängnis. Es war sicher auch der strenge Befehl des Kaisers an die Flottenführung, die kostbaren Linienschiffe und Schlachtkreuzer keinem Risiko auszusetzen, was wohl dazu geführt hat, daß hinter den deutschen Kreuzern keine schweren Sicherheitskräfte standen, die die zurückweichenden Kreuzer hätten aufnehmen und sich den englischen Schlachtkreuzern entgegenstellen können. (siehe auch nebenstehende Abbildungen). Damit hat der Bericht über den ersten Kreuzer *Cöln* und sein bitteres Ende seinen Abschluß gefunden. Am Eingang des Friedhofes in Nebel auf der Insel Amrum befindet sich, umgeben von Grabsteinen der Walfangkapitäne, ein kleiner Ehrenfriedhof für die Gefallenen des Ersten und des Zweiten Weltkrieges.

Unter 50 cm großen Steinplatten in Kreuzform liegen sterbliche Überreste der an den Strand von Amrum angetriebenen Gefallenen der *Cöln*. Die kleinen Gedenksteine tragen die Namen Thiele, Evers, Richter, Wichmann, Ketscher und Schneider. Ferner stehen hier zwei Kreuze mit der Aufschrift »Unbekannter Marinesoldat«. Daneben ließ der »Westerlandföhrer Kriegerverein« einen weiteren

1 Alfred v. Tirpitz: Deutsche Ohnmachtspolitik im Weltkrieg, Hamburg u. Berlin 1926

2 a.a.O. S. 73ff.

Gedenkstein errichten. Nach neuesten Feststellungen sind unter den hier Bestatteten auch einige Besatzungsmitglieder des ebenfalls am 28. August 1914 gesunkenen Kleinen Geschützten Kreuzers *Mainz* beigesetzt.

Die Gedenkstätte für die Gefallenen der ersten *»Cöln«* in der Eigelsteintorburg in der Nähe des Ebertplatzes überstand den Feuersturm der Luftangriffe, der während des Zweiten Weltkrieges auf Köln niederging. Die beiden Aufnahmen zeigen noch einmal den Rest des Kutters der alten *»Cöln«* und eine Gedenktafel aus dem Jahre 1984.
Foto: Dollhoff

Auch 50 Jahre nach dem Untergang der ersten *Cöln* wird ihrer und der Männer, die auf ihr fuhren, kämpften und starben gedacht: 1964, beim Internationalen Marinetreffen in Köln sind auch Zeitzeugen der ersten *Cöln* anwesend. Die Dame im dunklen Kleid in der ersten Reihe ist die Witwe des am 28. August 1914 vor Helgoland gebliebenen Kommandanten der ersten *Cöln*, Frau Meidinger. Direkt hinter ihr steht der damalige Bundesminister der Verteidigung Kai Uwe von Hassel. Als zweiter von rechts hinter v. Hassel in der dritten Reihe steht der damalige Oberstadtdirektor von Köln, Axel Adenauer, ein Sohn des ehemaligen Oberbürgermeisters von Köln, Konrad Adenauer der einen dritten kleinen Kreuzer auf den Namen *Köln* taufte. Und ganz links in der zweiten Reihe neben dem damals amtierenden Oberbürgermeister der Stadt Köln, Theo Burauen, steht der Oberheizer Neumann mit Ordensschnalle und Marinebundmütze, der einzige Überlebende der *Cöln* aus dem Seegefecht bei Helgoland am 28. August 1914.
Foto: BAK

Im Jahre 1979 schließlich machte die erste *Cöln* noch einmal Schlagzeilen in der Kölner Tagespresse. In einem Bericht, überschrieben »Zufällig *Cöln* entdeckt« im KÖLNER STADT-ANZEIGER Nr. 202 vom 20. März 1979 hieß es u.a.:

65 Jahre nach jenem 28. August 1914 erhält das kleine Bergungsschiff *Eutin* den Auftrag, die Überreste des während dieses Seegefechtes versenkten Kreuzers *Ariadne* aus dem Fahrwasser eines Großschiffahrtsweges zu räumen. Mit fünfzehn Tonnen hochbrisantem Sprengstoff an Bord läuft die *Eutin* aus Wilhelmshaven aus. Dreißig Seemeilen westlich Helgoland, 54 Grad 8 Minuten 36 Sekunden nördliche Breite und 6 Grad 58 Minuten 57 Sekunden östliche Länge, erreicht sie die in amtlichen Unterlagen verzeichnete Position des Wracks. Als die Taucher hinabsteigen, um Sprengladungen an dem störenden Objekt anzubringen, stellen sie fest, daß es nicht die *Ariadne* ist, die den Supertankern im Weg liegt, sondern die verschollene *Cöln*, deren allerletzte Position bisher unbekannt war. Bevor das Schiff auseinandergesprengt wird, bergen die Seeleute aus dem zerfetzten Rumpf verbogene und verbeulte Teile wie Taucherhelme und Geschoßhülsen oder Deckel von Kohlenlöchern. Im Wrackmuseum von Cuxhaven werden sie an das Schicksal des Schiffes und seiner Besatzung erinnern ... Soweit der Auszug aus dem Zeitungsbericht.

Im Zusammenhang mit den oben genannten Arbeiten wurde auch das abgebildete 10,5-cm-Geschütz der ersten *Cöln* geborgen. Es wiegt etwa 2,7 Tonnen. Auch dieser stumme Zeuge wird seinen Platz im Wrackmuseum von Cuxhaven erhalten, als Mahnung und zum Gedenken.

Das 10,5-cm-Geschütz der ersten *Cöln* kurz nach der Bergung
Foto: Dollhoff

Eine zeitgenössische Darstellung des Untergangs der *Cöln* am 28. August 1914. Foto: Archiv Dollhoff

Kommandanten und Offiziere der ersten *Cöln* von ihrer Indienststellung bis zu ihrem Untergang

November 1911: – Mai 1912

Kmdt.	F.Kpt.	Zenker	L.z.S.	Degetau
I.O.	Kptlt.	Batsch	Fähnrich z.S.	v. Forell
N.O.	Pptlt.	Hoffert	Fähnrich z.S.	Popescu
	Kptlt.	Schumacher	Mar.Ob.Ing.	Schönmuth
	Oblt.z.S.	v. Müller (Bernh.)	Mar.Ob.Ing.	Schulte
	Oblt.z.S.	Sittenfeld	Mar. Ing.	Szitnick
	Oblt.z.S.	Stieler	Mar. St.Arzt	Dr. Technau
	L.z.S.	Loder	Mar. Ob.Zahlm.	Schlösser
	L.z.S.	Bertram (Ludolf)		

Mai 1912: – November 1912

Kmdt.	F.Kpt.	Zenker	L.z.S.	Degetau
I.O.	Kplt.	Batsch	Fähnrich z.S.	v. Forell
N.O.	Kplt.	Hoffert	Fähnrich z.S.	Popescu
	Kplt.	Schumacher	Mar. St. Ing.	Schönmuth
	Oblt.z.S.	v. Müller (Bernh.)	Mar. Ob. Ing.	Schulte
	Oblt.z.S.	Sittenfeld	Mar. Ing.	Scitnick
	Oblt.z.S.	Stieler	Mar. St. Arzt	Dr. Techau
	L.z.S.	Loder	M.Ob. Zahlm.	Geldmacher
	L.z.S.	Bertram (Ludolf)		

November 1912: – Mai 1913

Kmdt.	F.Kpt.	Zenker	L.z.S.	v. Forell
I.O.	Kplt.	Batsch	L.z.S.	Völker
N.O.	Kplt.	Adalbert Prinz von Preußen	Fähnrich z.S.	Wagner
		K. Hoheit	Fähnrich z.S.	Heiligenstaedt
	Kplt.	Schumacher	Mar. Ob. Ing.	Röhl
	OL.z.S.	Stieler	Mar. Ob. Ing.	Schulter
	OL.z.S.	Engelking (Rudolf)	Mar. Ing.	Schmale
	OL.z.S.	v. Seydlitz-Kurzbach	Mar. St.Arzt	Dr. Weispfennig
	L.z.S.	Bertram (Ludolf)	Mar. Ob. Zahlm.	Hentze

Mai 1913: –

Kmdt.	Kpt.z.S.	Zenker	L.z.S.	Bertram (Ludolf)
I.O.	Kptlt.	v. Blanc	L.z.S.	v. Forell
N.O.	Kptlt.	Adalbert Prinz von Preußen	Fähnrich z.S.	Wagner
		K. Hoheit	Fähnrich z.S.	Heiligenstaedt
	Kptlt.	Schumacher	Mar.St.Ing.	Röhl
	OL.z.S.	Stieler	Mar.Ing.	Schmale
	OL.z.S.	Engelking (Rudolf)	Mar.St.Arzt	Dr. Weispfennig
	OL.z.S.	v. Seydlitz-Kurzbach	M.Ob.Zahlm.	Hentze

November 1913: – Mai 1914

Kmdt.	Fkpt.	Meidinger	L.z.S.	v. Forell
I.O.	Kptlt.	v. Blanc	L.z.S.	Heiligenstaedt
N.O.	Kptlt.	Prinz Adalbert von Preußen	Fähnrich z.S.	Steinhauer
		K. Hoheit	Fähnrich z.S.	Mania
	Kptlt.	Witte (Max)	Mar.St.Ing.	Siepmann
	OL.z.S.	Engelking (Rudolf)	Mar.Ing.	Schmale
	OL.z.S.	v. Seydlitz-Kurzbach	Mar.St.Arzt	Dr. Weispfennig
	OL.z.S.	Braun (Alfred)	M.Ob.Zahlm.	Hentze
	L.z.S.	Bertram (Ludolf)		

Mai 1914: – 28. August 1914

Kmdt.	F.Kpt.	Meidinger	L.z.S.	Heiligenstaedt
I.O.	Kptlt.	v. Blanc	Fähnrich z.S.	Steinhauer
N.O.	Kptlt.	Walter (Erich)	Fähnrich z.S.	Mania
	Kptlt.	Witte (Max)	Mar.St.Ing.	Siepmann
	OL.z.S.	Engelking (Rudolf)	Mar.Ing.	Schmale
	OL.z.S.	v. Seydlitz-Kurzbach	Mar.St.Arzt	Dr. Strassner
	OL.z.S.	Braun (Alfred)	M.Ob.Zahlm.	Gelbke
	L.z.S.	Bertram (Ludolf)		
	L.z.S.	v. Forell		

Der zweite Kleine Kreuzer mit Namen »Cöln« (1916 – 1919)

Während der Lebenslauf des Kreuzers *Cöln*(I) u.a. anhand des offiziösen deutschen Marinehandbuches NAUTICUS ziemlich von Angang an entwickelt und verfolgt werden konnte, ist dies so bei dem zweiten Kleinen Kreuzer *Cöln* (immer noch offiziell mit C geschrieben) nicht der Fall. Natürlich läßt sich aus den Unterlagen im deutschen Marinearchiv das Werden auch dieses Kreuzers nachzeichnen, aber diese Angaben wurden nie in der Weise veröffentlicht, wie bei der ersten *Cöln*, weil es sich bei der zweiten um einen Kriegsneubau handelt. Während des Ersten Weltkrieges unterlagen solche Angaben strenger Geheimhaltung. So sucht man also vergeblich nach Angaben über den zweiten Kreuzer *Cöln* in den offiziellen und offiziösen Veröffentlichungen. Wesentliche Angaben finden sich zunächst auf einem Plan, der dem geheimen Archiv K.I. des Reichsmarineamtes entstammt. Danach ist dieser Kreuzer als Ersatz des veralteten Kleinen Kreuzers *Ariadne* am 14.04.1915 der Werft Blohm & Voss in Auftrag gegeben worden, am 12.08. 1915 — das erste Kriegsjahr war also schon vorüber — erfolgte die Kiellegung und über ein Jahr später erst, nach fast 14 Monaten, lief der Kreuzerneubau vom Stapel und wurde dabei auf den Namen *Cöln* getauft, in Erinnerung an den ersten Kreuzer dieses Namens, der ziemlich zu Beginn des ersten Weltkrieges ja bereits verloren gegangen war, freilich diesmal ohne Austausch der Grußadressen und ohne einen Vertreter der Patenstadt.

Weiter macht der Plan aus dem Archiv des Reichsmarineamtes noch folgende technische Angaben:
Die Wasserverdrängung betrug 5.600 t;
die Länge in der CWL belief sich auf 149,85 m;
die größte Breite auf 14,32 m.

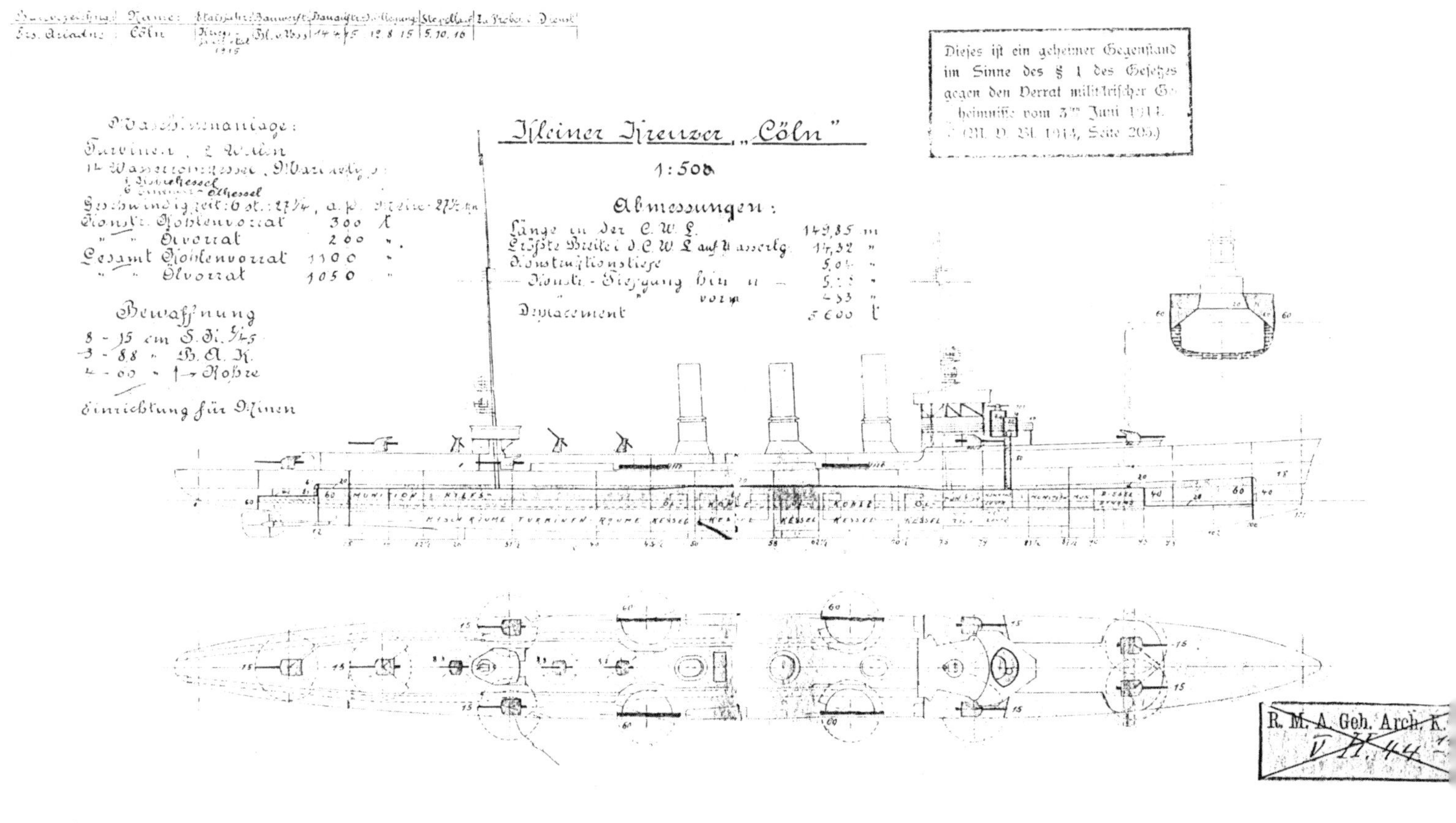

Der Konstruktionstiefgang betrug 5,04 m, ein Durchschnittswert; denn weiter wird angegeben, daß der Konstruktionstiefgang hinten 5,28 m und vorne nur 4,83 m betragen habe.
Dann werden noch Angaben zur Antriebsanlage, zum Heizstoffvorrat und zur Bewaffnung gemacht. Danach bestand die Maschineanlage aus Turbinen, die zwei Wellen antrieben.
Insgesamt 14 Wasserrohrkessel vom Marinetyp lieferten den notwendigen Dampf: 8 mit Kohle beheizte und 6 Eisenerz-Ölkessel. Als Geschwindigkeit wurden erreicht bei sechsstündiger Höchstfahrt 27 ¼ Knoten, auf der Meile gemessen sogar 27,5 Knoten.
Daß es sich um einen — zumindest von der Kesselanlage her — moderneren Kreuzertyp handelt, zeigt sich bei den Angaben zum Brennstoffvorrat: der Gesamtkohlenvorrat betrug 1.100 t, der Gesamtölvorrat fast ebensoviel, nämlich 1.050 t.

Auch die Hauptbewaffnung wird den Ansprüchen, die die Front nun an eine Kreuzerbewaffnung stellt, eher gerecht: sie besteht aus 8-15-cm-Schnelladegeschützen mit einer Rohrlänge von L/45, das sind 6,85 m, sowie 3-8,8-cm-Flieger-Abwehr-Geschützen.
Hier wird die Einkalkulierung des neuen Kriegsmittels Flugzeug erkennbar. Hinzu kamen 4 Torpedoausstoßrohre von 60 cm ∅.
Alle Waffen sind in Einzellafetten aufgestellt und zwar so, daß nach jeder Bordseite fünf 15-cm-Geschütze und nach vorn und achtern je vier Geschütze einsatzbereit waren, weiter je zwei Torpedorohre auf jeder Bordseite.
Außerdem besaß der Kreuzer Einrichtungen zum Minenlegen.
Soweit die zeitgenössischen Angaben.
Die Bauzeit für diesen Kreuzer war unverhältnismäßig lang; fast zweieinhalb Jahre!
Erst im Januar 1918 konnte er in Dienst gestellt werden.
Hier zeigt sich u.a., welche Schwierigkeiten das von jeder Überseezufuhr von Rohstoffen durch die überaus wirksame Blockade der Entente-Mächte, vor allem durch die englische Flotte, abgeschnittene kaiserliche Deutschland damals hatte, alle Materialien, die zum Bau eines größeren Kriegsschiffes erforderlich sind, immer wieder rechtzeitig herbeizuschaffen.
Doch zunächst noch einmal alle bekannten Daten über die zweite *Cöln*, diesmal nach dem bekannten Standardwerk von Erich Gröner:[1]
Danach ist die *Cöln* als Ersatz für den alten Kreuzer *Ariadne* unter der Baunummer 247 im Jahre 1915 bei Blohm & Voss in Hamburg in Bau gegeben worden. Die Bauzeit währte von 1915 bis 1918, über die Höhe der Baukosten werden keine Angaben gemacht.
Als Standardwasserverdrängung werden 5.620 to. (zu je 1000 kg) angegeben.
Voll ausgerüstet, d.h. mit voller Zuladung Kohle und Heizöl, Treiböl, Schmieröl, Trink-, Wasch- und Kesselspeisewasser sowie allen Materialreserven und kompletter Ausrüstung hatte die *Cöln* allerdings eine maximale Wasserverdrängung von 7.486 to.
Die Länge des Schiffes wird einmal mit 155,5 m (gemessen über alles) zum anderen mit 149,8 m in der CWL (=Construktionswasserlinie bzw. zwischen den Loten) angegeben.
Die Breite beträgt 14,20 m. Der Tiefgang wird allerdings vorne mit 6,01 m, achtern mit 6,43 m angegeben.
Die Differenz zu den Angaben des Marineamtes erklärt sich daraus, daß der höhere Tiefgang sich auf das vollausgerüstete Schiff bezieht. Zur Bauart wird gesagt, es handele sich um einen Amtsentwurf, nur geringfügig verändert gegenüber der vorhergehenden Baureihe mit dem Typschiff *Königsberg (II)* von 1914.

1 Gröner/Jung/Maas: Die deutschen Kriegsschiffe 1815 – 1945, Band 1, München 1982

Die zweite *Cöln* (1918)

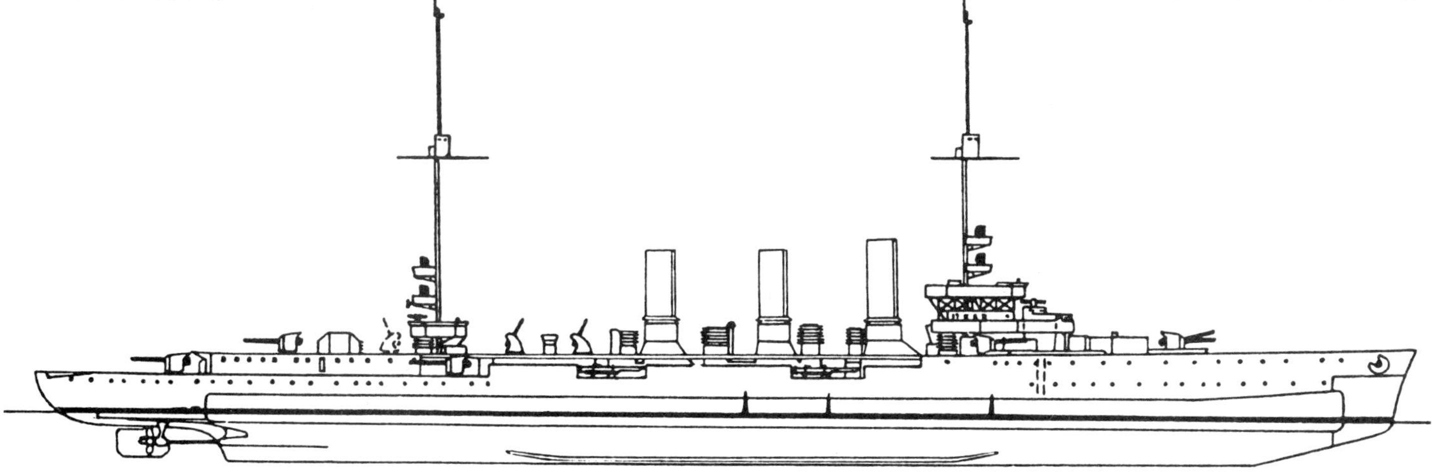

Nach Gröner, a.a.O., München/Berlin 1937

Der Rumpf war ein Längsspant-Bänder-Stahlbau mit 24 wasserdichten Abteilungen. 45% der CWL-Länge waren Doppelboden. Der Deckspanzer bestand mittschiffs aus 20 – 24 mm dicken, waagerechten Krupp-Stahl-Lagen und aus 40 – 60 mm starken schrägen Lagen (zu den Bordwänden hin). Das Kollisionsschott war durch 40 mm Krupp-Stahl geschützt, die Munitionsschachtsülle durch 20 mm, der Bug schließlich durch einen 30 mm starken Panzer.

In der CWL trug der Kreuzer einen Seitenpanzer von 60 mm Krupp-Stahl, der sich zu den Enden hin auf 18 mm verjüngte. Der Kommandoturm war bis zu 100 mm stark gepanzert, die Geschützschilde 50 mm.

Die Seitenhöhe des Kreuzers wird mit 8,76 m angegeben. Den Antrieb besorgten 2 Satz Marine-Turbinen, die zwei dreiflügelige Schrauben von 3,50 m Durchmesser antrieben.

Die Maschinen waren in zwei nebeneinander liegenden Maschinenräumen aufgestellt. Acht Kohle- und sechs Öl-Marine-Kessel sorgten für den nötigen Dampf in einer Stärke von 16 Atü. Sie hatten insgesamt 5.700 m^2 Heizfläche und waren über fünf Kesselräume verteilt.

Die Stromversorgung erfolgte über 2 Turbinen- und einen Diesel-Dynamo, die bis zu 220 Volt und 300 KW Leistung brachten.

Die Cöln (2) im Bau auf der Helling bei Blohm & Voss in Hamburg Foto: BAK

Im Vergleich zur ersten *Cöln* gab es auf dem zweiten Kreuzer gleichen Namens bereits erheblich mehr elektrische Anlagen.
Schließlich war die zweite *Cöln* mit einem Kreuzer-Normalruder versehen.
Für die acht mit Mittelpivotlafette vom Typ C/1916 aufgestellten 15-cm-Geschütze mit einer Rohrlänge von 6.85 m wurden insgesamt 1.040 Schuß Munition bereitgehalten. Zur Beschleunigung des Zielauffassens erhielt der Seitenrichtmann einen Geschützstellungsanzeiger vor sich. Die linken und rechten Visiere wurden lösbar verbunden. Der Artillerietelegraph wurde erstmals mit der Aufsatztrommel verbunden, wodurch ein Mann eingespart wurde. Die Visiermittel wurden durch Gummi-Augenmuscheln an den Okularen, Spritzwasserableiter an den Objektiven, farbige Böendgläser und die ausschließliche Verwendung nicht-rostenden Materials verbessert.
Für jedes der vier Decktorpedorohre waren zwei Torpedos vorhanden.
Außerdem konnte der Kreuzer noch zusätzlich 200 Minen laden.
Die auf der zweiten *Cöln* aufgestellte JTO-Flak mit dem Kaliber 8,8 cm /L 45 der Rheinmetallwerke auf der Mittelpivotlafette C/13 (von 1913) war für die deutsche Marine das erste zur Flugzeugabwehr konstruierte Geschütz des Ersten Weltkrieges.

Diese *Cöln* galt als ein gutes Seeschiff, zwar etwas luvgierig, aber doch von kleinen und langsamen Bewegungen im Seegang.
Die *Cöln* hatte zwar eine beträchtliche Abdrift, manövrierte aber durchaus gut, sie drehte bei Ruderlegen schwer an, dann aber gut weiter. Ihre Fahrtverluste bei Gegensee waren gering.
Das Schiff trug insgesamt sieben Boote, und zwar ein großes Dampfbeiboot, ein Chefboot, eine Barkasse und jeweils zwei Pinassen und Kutter.
Ihre Besatzung in Kriegsstärke betrug 17 Offiziere sowie 542 Unteroffiziere und Mannschaften.
Am 17. Januar 1918 stellte der damalige Fregattenkapitän Erich Raeder diese *Cöln* in Dienst. Er stellt diese Zeit in seinem Erinnerungsbuch MEIN LEBEN, 1. Band, Tübingen 1956 wie folgt dar:

Kommandant der S.M.S.Cöln

Im Herbst 1917 befand ich mich fünf Jahre in meiner Stabsstellung beim Befehlshaber der Aufklärungsschiffe. Ich war einige Monate vorher zum Chef des Stabes ernannt worden, nachdem ich im April meine Beförderung zum Fregattenkapitän erhalten hatte. Wie ich erwähnt habe, war der Stab des B.d.A. so organisiert, daß der Erste Admiralstabsoffizier schon in Friedenszeiten die Befugnisse eines Stabschefs ausübte; meine Ernennung bestätigte daher nur den schon bestehenden Zustand. Korvettenkapitän Prentzel wurde Erster Admiralstabsoffizier. Nach einer so langen Stabstätigkeit lag es im dringenden Interesse meiner weiteren praktischen Ausbildung und Bewährung, daß ich nunmehr baldigst Kommandant eines Schiffes wurde. Mit diesem Gedanken einer Trennung von seinem Ersten Admiralstabsoffizier und Stabschef vermochte sich aber Admiral von Hipper lange Zeit nicht zu befreunden. Meine Umkommandierung wurde daher immer wieder hinausgeschoben. Als jedoch im Winter 1917/18 mehrere neue Kleine Kreuzer frontbereit wurden, erfolgte schließlich auch meine Ernennung zum Kommandanten, und zwar des Kleinen Kreuzers *Cöln*, der am 10. Januar 1918 auf der Bauwerft von Blohm & Voss in Hamburg in Dienst gestellt werden sollte. Dieses Schiff war das zweite seines Namens; der erste Kreuzer *Cöln* war am 28. August 1914 mit Konteradmiral Maaß an Bord im Kampf untergegangen.
Im Stabe erlebte ich noch den Eintritt des Schlachtkreuzers *Hindenburg* als Flaggschiff in die I. Aufklärungsgruppe. Auf seinem neuen Flaggschiff gab mir Admiral von Hipper ein Abschiedsessen, bei dem er mir in mich tief rührenden Worten seinen Dank und sein aufrichtiges Bedauern über mein Scheiden aus dem Stabe aussprach. Auch mir fiel die Trennung von dem von mir hochverehrten Admiral, mit dem ich in Frieden und Krieg so hervorragend zusammengearbeitet hatte, und der Abschied von den Kameraden des Stabes sehr schwer. Aber ich hatte doch zugleich die Vorfreude auf meine zukünftige Tätigkeit als Kommandant eines schönen, neuen Schiffes.

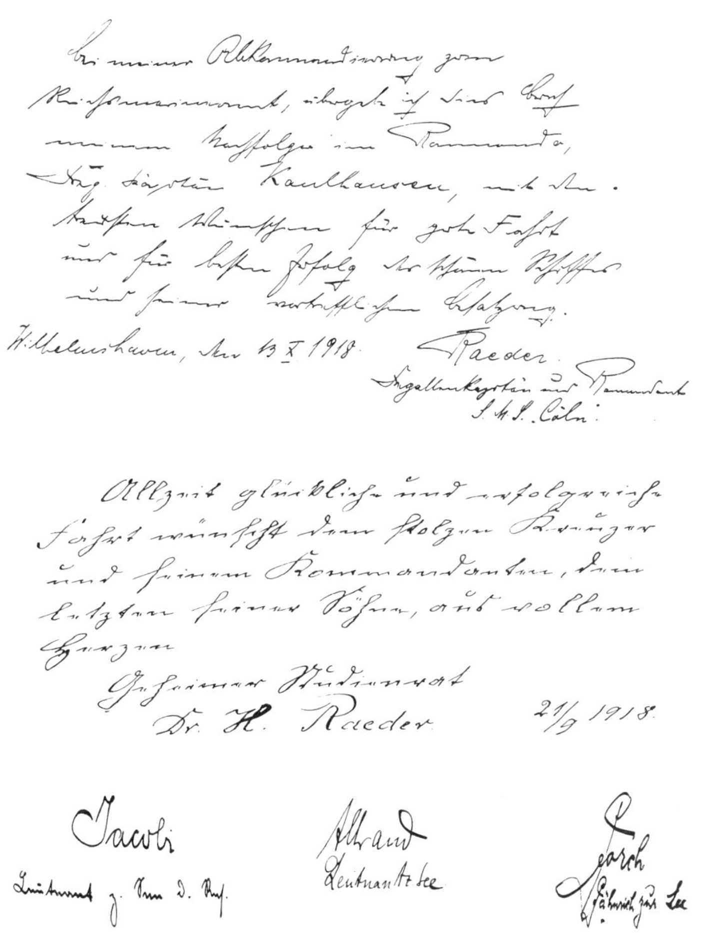

Und hier zwei Faksimiles von Eintragungen ins Gästebuch der zweiten *Cöln*, das übrigens später vom dritten Kreuzer dieses Namens, der *Köln* der Reichsmarine weitergeführt wurde. Die erste ist verfaßt vom Vater des ersten Kommandanten der zweiten *Cöln*, dem Geheimen Studienrat Dr. Raeder, die zweite von Raeder selbst aus Anlaß seiner Abkommandierung.

Das letzte Kriegsjahr

Nach Übergabe meines Dienstes beim B.d.A. an meinen Nachfolger, Korvettenkapitän Prentzel, und herzlicher Verabschiedung von meinen langjährigen treuen Mitarbeitern fuhr ich zur Indienststellung des Kreuzers *Cöln* nach Hamburg. Es war damals die Zeit der Friedensverhandlungen mit Rußland, so daß die Hoffnung auf einen günstigen Abschluß des Krieges nicht unbegründet erschien. Damit war die Atmosphäre, in der sich die Indienststellung meines Kreuzers im Januar 1918 vollzog, von Zuversicht und Tatendrang erfüllt.

Den Kern der Besatzung bildete die schon in den Nachtgefechten der Skagerrakschlacht bewährte Besatzung des außerdienstgestellten Kleinen Kreuzers *Hamburg*, des langjährigen Flaggschiffes des Führers der U-Boote, die in disziplinarer Hinsicht einen guten Ruf genoß. Auch mit dem Offizierkorps konnte ich in Anbetracht der starken Auskämmung der Flotte für die Besetzung der U-Boote zufrieden sein. Die Indienststellung und Ausrüstung des Schiffes verlief reibungslos, wie es auf der Werft von Blohm & Voss nicht anders zu erwarten war. An der Feier der ersten Flaggenparade am 10. Januar 1918 nahm Herr Blohm junior teil, mit dem ich in späterer Zeit als Oberbefehlshaber der Kriegsmarine eng und intensiv zusammenarbeiten sollte.

Natürlich drängte ich stark auf Beschleunigung, um so bald wie möglich in die Front eintreten zu können. Schon nach wenigen Tagen konnten wir die Fahrt elbeabwärts und durch den Kaiser-Wilhelm-Kanal nach Kiel antreten. Vom ersten Augenblick an fühlte ich mich auf der Brücke des Kreuzers dank meiner langjährigen Tätigkeit als Navigationsoffizier völlig sicher. Die Probefahrten mit dem Schiff verliefen planmäßig; man hatte deren Umfang im Hinblick auf den Kriegszustand bereits stark verringert. Darüber hinaus lehnte ich verschiedene Erprobungen ab, die bis an die Grenze der Leistungsfähigkeit des Materials herangehen sollten, da sie für die Praxis im allgemeinen keine besondere Bedeutung hatten, aber bei ihrer Durchführung eine schwere Havarie herbeiführen konnten. Kam das Schiff wirklich einmal in eine Lage, in der schärfste Anforderungen an das Material gestellt wurden, so mochte es sich dann zeigen, ob es solche Beanspruchungen aushielt. Meine Absicht, neben den Probefahrten bereits die Ausbildung der Besatzung intensiv zu betreiben, konnte leider nur in beschränktem Umfang verwirklicht werden, da stets Teile der Besatzung für die Durchführung der Erprobung benötigt wurden und der gesamte Dienstplan des Schiffes auf die Erprobung selbst zugeschnitten sein mußte. Ich ließ aber keine Gelegenheit vorübergehen, ohne persönlich oder durch die dafür in Frage kommenden Offiziere die allgemeine Erziehung der Besatzung zu fördern. Da im sogenannten »vaterländischen Unterricht« mancherlei ungeeignetes Material zur Verwendung kam, ordnete ich die Art der Vorträge durch die Offiziere selbst an und nahm Einfluß auf den Inhalt der Belehrungen. Auch richtete ich oft persönlich das Wort an die Besatzung und hielt in der Regel den Sonntagsgottesdienst ab, wenn kein Geistlicher an Bord kommen konnte.

Einen starken Eindruck auf die Besatzung machte zweifellos eine im März 1918 abgehaltene Gedenkfeier für die Gefallenen des ersten Kreuzers *Cöln*. Unser schlachterprobter B.d.A.-Pfarrer Fenger, der mir von der *Seydlitz* her eng befreundet war, hielt dabei eine schöne und ergreifende Gedächtnisrede, bei der auch die Hinterbliebenen der Gefallenen sowie viele Familienangehörige unserer Besatzung zugegen waren.

Es war für die ganze Besatzung eine Freude, als wir Ende März endlich aus dem Probefahrtverhältnis entlassen wurden und nun Herr im eigenen Hause waren. Nach einem auf etwa sechs Wochen berechneten Plan begann ich die Ausbildung mit größtem Nachdruch systematisch zu betreiben. Großen Wert legte ich unter anderem auf eine sehr sorgfältige Durchführung zahlreicher Lecksicherungsübungen, die ich nach den bei vielen Gefechtsbesichtigungen in Friedenszeiten gemachten und in der Praxis des Krieges erhärteten Erfahrungen vorbereiten ließ.

Die zweite Cöln (1918) Foto: Baum-Archiv

Der frisch-fröhliche Dienst und die günstigen Nachrichten über die Erfolge unserer Frühjahrsoffensive an der Westfront hielten die gute Stimmung an Bord aufrecht. Kurze Erholungspausen für Landausflüge der Besatzung sorgten für notwendige Abwechslung in den angespannten Ausbildungswochen.
Anfang Mai 1918 wurde *Cöln* nach der Nordsee berufen, wo sie nunmehr in die von Kommodore von Levetzow befehligte II. Aufklärungsgruppe eintrat. Diese Gruppe bestand damals aus den Kleinen Kreuzern *Königsberg* als Flaggschiff, *Frankfurt, Karlsruhe, Nürnberg* und *Cöln.* Im Sommer sollte Kreuzer *Dresden* hinzutreten, der unter dem Kommando des Korvettenkapitäns Adalbert Prinz von Preußen bereits in Dienst gestellt war und mit den Probefahrten begonnen hatte. Auch die IV. Aufklärungsgruppe war inzwischen modernisiert worden. Als Hauptzuwachs waren die Linienschiffe *Baden* und *Bayern* — die ersten Schiffe mit je acht 38-cm-Geschützen — in die Flotte eingereiht worden.

Unsere II. Aufklärungsgruppe hatte den Auftrag, am äußeren Rande der von den Engländern im Laufe der letzten Jahre gelegten Minenfelder eine Anzahl von Sperren zu werfen, die eine weitere Minentätigkeit des Gegners in den vorhandenen Sperrlücken verhindern sollten. Durch die Teilnahme an diesen Operationen fügten wir uns mit der *Cöln* schnell in den Verband ein. Der Führer der II. Aufklärungsgruppe benutzte die Unternehmungen gleichzeitig zu eingehenden Übungen, die unter den Kommandanten einen gesunden Wettbewerb und sehr bald ein Gefühl der Zusammengehörigkeit herbeiführten. Am Abend solcher Ausbildungstage wurde im allgemeinen auf flachem Wasser nördlich der Einfahrt der Elbe geankert, worauf die Übungen durch Kommodore von Levetzow besprochen wurden. Seine hierbei in Erscheinung tretende großzügige und meisterhafte Art, Kritiken durchzuführen, und das vielfach sich anschließende kameradschaftliche Beisammensein trugen viel dazu bei, einen ausgezeichneten Geist in der Gruppe lebendig zu halten.
Nachdem die vorgesehenen Minensperren gelegt waren, hatten unsere Kreuzer wieder an der Sicherung der auf den Auslaufwegen tätigen Minensuchflottillen teilzunehmen. Dieser Dienst spielte sich so ab, daß je nach der herrschenden Sicht die ganze Gruppe oder auch einzelne Kreuzer unmittelbar bei den arbeitendenn Minensuchdivisionen standen, während zwei Linienschiffe oder Schlachtkreuzer in guter Sichtweite dahinter sicherten. U-Bootsgefahr bestand für die Kreuzer hierbei nicht, da die feindlichen U-Boote natürlich nicht in das Minengebiet hineingingen. Der Dienst war daher unter normalen Verhältnissen recht eintönig, so daß ich mich in jener Zeit damit beschäftigte, im Kartenhaus auf der Kommandobrücke Schillers Werke noch einmal systematisch durchzulesen.

Wenn eine größere Gruppe von U-Booten auf einem der minenfreien Wege nach Westen auslief, wurde sie außer von einer U-Bootsgeleitflottille durch eine Torpedobootsflottille gesichert, der bei weiterer Ausdehnung der Geleitfahrt einige Kleine Kreuzer folgten. Bei einer solchen Sicherungsfahrt im Sommer 1918,. an der ich auch mit der *Cöln* teilnahm, geriet die geleitende Torpedobootsflottille in ein bis dahin unbekanntes Minenfeld, wobei mehrere Torpedoboote verlorengingen, während die U-Boote unbeschädigt hinauskamen. Der größte Teil der Besatzungen konnte hierbei gerettet werden, da die Torpedoboote gut mit Rettungsgerät, wie Flößen, Schwimmwesten und Beibooten, ausgestattet waren. Jedoch kam eines der Boote mit Überlebenden, das von einem Offizier und einigen Mannschaften besetzt war, in der Dunkelheit außer Sicht der mit der Rettungsaktion beschäftigten anderen unbeschädigten Torpedoboote. Es trieb etwa zwei Wochen in der Nordsee und wurde schließlich in der Nähe von Sylt mit der völlig erschöpften Besatzung aufgenommen. Der junge Offizier, der das Boot führte, Leutnant zur See Rollmann, hatte durch energische, klare Rationierung der geringen im Boot befindlichen Proviant- und Wasservorräte die Rettung seiner Leute ermöglicht.
Auch mit den Kreuzern gerieten wir einmal in ein solches neues Minengebit. Wir hatten eine weitere Schutzsperre bei Terschelling gelegt und mußten auf der Rückfahrt wegen dichten Nebels ankern. Obgleich während unserer Anwesenheit dort mehrere Minen hochgingen, wurde kein Kreuzer dabei havariert. Als *Cöln* Anfang August 1918, vom Vorpostendienst zurückkehrend, in die Schleuse von Wilhelmshaven einlief und dort einige Zeit auf einen zweiten Kreuzer zu warten hatte, benutzte ich die Gelegenheit, um Admiral von Hipper auf dem Büroschiff *«Niobe«*, das in der Nähe lag, zu besuchen. Der Admiral teilte mir voller Freude die neuesten Organisationsänderungen und Ernennungen mit: Admiral Scheer wurde Chef des Admiralstabes und gleichzeitig Chef der Seekriegsleitung, als der er Befehle an das Flottenkommando erteilen konnte; Kommodore von Levetzow wurde sein Chef des Stabes. Der bisherige Chef des Admiralstabes, Großadmiral von Holtzendorff, trat zurück, er war schwer erkrankt. Admiral von Hipper wurde zum Flottenchef und Konteradmiral von Reuter zum B.d.A. ernannt. Außerdem wurde als besonderer »Leiter der Sicherung« Kapitän zur See Zenker kommandiert, der sich in der Skagerrakschlacht als Kommandant des Schlachtkreuzers *von der Tann* ausgezeichnet hatte.

Abschied von Schiff und Besatzung

Anfang Oktober 1918 wurde ich durch die Nachricht überrascht, daß ich für die Stellung als Chef der Zentralabteilung des Reichsmarineamtes vorgesehen sei und daß ich das Kommando S.M.S. *Cöln* (2) an meinen Jahrgangskameraden Fregattenkapitän Kaulhausen, abzugeben habe. Ich stellte meine Abschiedsansprache, die ich in Gegenwart des neuen Kommandanten hielt, ganz auf das Ziel ein, das Vertrauen der Besatzung zu stärken und sie davon zu überzeugen, daß nur Treue und Gehorsam eines jeden Mannes in dieser schwierigen Zeit unsere Lage verbessern könne. Ich hatte den bestimmten Eindruck, daß meine Leute, deren Mienen ich während meiner Rede aufmerksam beobachtete, diese richtig verstanden und guten Willens waren, meiner Mahnung zu folgen.
Als ich nach Übergabe des Kommandos an meinen Nachfolger am Abend des 11. Oktober 1918 in der Werft Wilhelmshaven von Bord meines Schiffes ging und als die Besatzung mir die beim Abschied des Kommandanten üblichen drei »Hurras« ausbrachte, war ich innerlich aufs tiefste bewegt. Lange Jahre hindurch hatte ich auf die Kommandantenstellung gehofft und mich mit allen meinen Gedanken darauf vorbereitet, und nun mußte ich mich schweren Herzens von meinem Schiff und seiner trefflichen Besatzung trennen, die — wie ich voraussah — vor ihrer Bewährungsprobe stand und mit deren Offizieren, Unteroffizieren und Mannschaften ich mich eng verbunden fühlte.

Die *Cöln* einmal in voller Fahrt und vor Anker, aber bei »Dampf auf« Fotos: Archiv Koehlers Verlagsgesellschaft, Herford

Soweit also die Erinnerungen Erich Raeders über die kurze Zeit als Kommandant der *Cöln* (2). Fregattenkapitän Kaulhausen führte das Schiff bis Kriegsende, bzw. bis zur Überführung der *Cöln* (2) in den Internierungsverband nach Scapa Flow. Ihm folgte bis zur Selbstversenkung auch dieses Schiffes in Scapa Flow am 21. Juni 1919 Kapitänleutnant Johann Heinemann. Wie wir schon aus den Erinnerungen Raeders erfahren haben, trat die *Cöln* (2) nach Beendigung der Probefahrten sowie der Ausbildung der Besatzung zur zweiten Aufklärungsgruppe, deren Flaggschiff der Kleine Kreuzer *Königsberg* (ebenfalls das zweite Schiff dieses Namens) war und die von Konteradmiral von Reuter, dem späteren Befehlshaber des Internierungsverbandes in Scapa Flow, befehligt wurde.
Die Logbücher dieser Zeit vermerken keine besonderen Ereignisse mehr, was ja durch Raeders Ausführungen bestätigt wurde. Es war Kreuzerdienst, oft hart und aufreibend für die Besatzung, in jedem Fall aber meist eintönig und ohne sonderliche Höhepunkte. Es wurden Sicherungsfahrten für die eigenen Minensucher durchgeführt, es wurden Minensperren gelegt, und es gab — den allerdings erfolglosen — Vorstoß, um einen Verband englischer schneller, leichter Schlachtkreuzer-Flugzeugträger vom Typ *Furious* abzufangen, deren Unternehmen sich gegen die deutschen Luftschiffhallen von Tondern richtete. Am 11. Oktober 1918 wurde die aktive Dienstzeit der *Cöln* durch eine bis Ende Oktober 1918 dauernde Werftliegezeit unterbrochen, wo ein Schraubenschaden behoben werden mußte. Kurz nach Wiederindienststellung gab Fregattenkapitän Raeder endgültig das Kommando über den Kreuzer ab, um fortan im Reichsmarineamt Dienst zu tun. Er wurde später Oberbefehlshaber der Kriegsmarine —. Immerhin sei festgehalten, daß er nur knapp 10 Monate lang ein selbständiges Kommando als Führer eines Schiffes innehatte.
Nach vollendeter Reparatur stieß die *Cöln* wieder zur II. Aufklärungsgruppe.
Am 9. November 1918 meuterten die Matrosen der kaiserlichen Marine, indem sie den Dienst verweigerten, als ein letzter großer Vorstoß der Hochseeflotte befohlen worden war. Es wurde — wie sich später herausstellte irrtümlich — das Nahen britischer Seestreitkräfte gemeldet. Nur zwei Kreuzer, die *Graudenz* und die *Cöln* sowie einige Torpedoboote, liefen damals noch aus, um diese abzufangen.
Die Besatungen der beiden Schiffe hatten sich dem allgemeinen Aufstand nicht angeschlossen und folgten den Befehlen ihrer Offiziere.

Noch am 12. November 1918 lief die *Cöln* mit der kaiserlichen Kriegsflagge in Wilhelmshaven ein, wo der Arbeiter- und Soldatenrat das Sagen hatte.

Eine Woche später lief auch die *Cöln* nach Scapa Flow aus, das sie erst am 22. November erreichte, weil die Fahrt durch eine Maschinenhavarie unterbrochen wurde und die *Cöln* den Firth of Forth als Reparaturhafen anlaufen mußte.

Gemäß dem Versenkungsbefehl des Konteradmirals von Reuter für den 21.06.1919 versenkte auch die Besatzung der *Cöln* ihr Schiff, das um 13.50 Uhr in den Fluten versank.
In den zwanziger und dreißiger Jahren wurden die meisten Schiffe des Internierungsverbandes gehoben. Die *Cöln* konnte nicht gehoben werden.
Damit endete auch diese *Cöln* nach relativ kurzer Dienstzeit auf dem Grunde des Meeres, ohne allerdings je Personalverlust erlitten zu haben. —
Ein Torso *Ersatz Köln* wurde 13 Monate vor Fertigstellung, am 17.11.1919 aus der Flottenliste gestrichen und im Juni 1922 für etwa 400.000 Mark in Hamburg versteigert. In Hamburg-Altenwerder wurde der Schiffstorso dann abgebrochen. —
Es sollte noch elf Jahre dauern, bis ein neuer Kreuzer, der wieder den Namen der alten Hansestadt am Rhein trug, in Dienst gestellt wurde.—
Ein Auszug aus dem Tagebuch des damaligen Kapitänleutnants Johann Heinemann, der den Kreuzer in Scapa Flow befehligte und versenkte, schildert die mutige Tat der Leute, die das Schiff nicht in die Hände des Gegners fallen lassen wollten.

Kapitänleutnant Johann Heinemanm, zunächst 1. Offizier auf der *Cöln* (2) wurde nach Ablösung des bisherigen Kommandanten Kaulhausen letzter Kommandant der *Cöln* (2). Heinemann war in Argentinien geboren und in Buenos Aires zur Schule gegangen. 1901 bestand er die Seeoffiziersprüfung an der Marineschule Mürwik. Er hatte u.a. am 9. November 1918 zusammen mit den Kreuzern *Königsberg* (2) und *Graudenz*, begleitet von einer Torpedobootsflottille, den letzten Vorstoß deutscher Kriegsschiffe im Ersten Weltkrieg mitgemacht. Die Besatzungen der genannten Schiffe gehorchten noch den Befehlen ihrer Offiziere, auf ihnen war die Disziplin noch intakt. Nach Wilhelmshaven zurückgekehrt begann die *Cöln* (2), gemäß den Bestimmungen des inzwischen erfolgten Waffenstillstandes, mit der hier geforderten Entwaffnung. Am Nachmittag des 19. November 1918 sammelte der Internierungsverband auf Schillingreede und und lief aus der Jade Richtung Firth of Forth aus. (siehe umstehende Liste):

Liste der in Scapa Flow internierten Schiffe und Torpedoboote

Linienschiffe:

1.	*Friedrich der Große*	gesunken	12.16 Uhr
2.	*König Albert*	gesunken	12.54 Uhr
3.	*Kronprinz Wilhelm*	gesunken	13.15 Uhr
4.	*Kaiser*	gesunken	13.15 Uhr
5.	*Großer Kurfürst*	gesunken	13.30 Uhr
6.	*Prinzregent Luitpold*	*gesunken*	*13.30 Uhr*
7.	*König*	gesunken	14.00 Uhr
8.	*Kaiserin*	gesunken	14.00 Uhr
9.	*Bayern*	gesunken	14.30 Uhr
10.	*Markgraf*	gesunken	16.45 Uhr
11	*Baden*		sinkend auf Grund gesetzt

Schlachtkreuzer:

1.	*Moltke*	gesunken	13.10 Uhr
2.	*Seydlitz*	gesunken	13.50 Uhr
3.	*von der Tann*	gesunken	14.15 Uhr
4.	*Derfflinger*	gesunken	14.45 Uhr
5.	*Hindenburg*	gesunken	17.00 Uhr

Kleine Kreuzer:

1.	*Brummer*	gesunken	13.05 Uhr
2.	*Dresden*	gesunken	13.30 Uhr
3.	*Köln*	gesunken	13.50 Uhr
4.	*Bremse*	gesunken	14.30 Uhr
5.	*Karlsruhe*	gesunken	15.50 Uhr
6.	*Emden*	auf Grund	
7.	*Frankfurt*	auf Grund	
8.	*Nürnberg*	auf Grund	

Torpedoboote:

(*β* Flottillenchef, *A* Halbflottillenchef)

I. Flottille

G	40	*β*	an der Boje gesunken	
G	86		an der Boje gesunken	
G	39		an der Boje gesunken	
G	38		an der Boje gesunken	
V	129		an der Boje gesunken	
S	32		an der Boje gesunken	

II. Flottille:

3. Halbflottille

G	101	*A*	an der Boje gesunken	
G	102		schwimmend geborgen	
G	103		an der Boje gesunken	
G	104		an der Boje gesunken	
V	100		auf Grund	

4. Halbflottille

B	110	*β*	an der Boje gesunken	
B	112		an der Boje gesunken Torpedoboot	etwa 13 Uhr als erstes
B	109		an der Boje gesunken	
B	111		an der Boje gesunken	

III. Flottille

S	54	*β*	auf Grund
S	53		an der Boje gesunken
S	55		an der Boje gesunken
V	70		an der Boje gesunken
V	73		auf Grund
V	81		an der Boje gesunken
V	82		auf Grund
G	91		an der Boje gesunken

VI. Flottille

11. Halbflottille

S	131	*A*	an der Boje gesunken
S	132		schwimmend geborgen
V	125		auf Grund
V	126		auf Grund
V	127		auf Grund
V	128		auf Grund

12. Halbflottille

V	44	*β*	auf Grund
V	43		auf Grund
V	45		an der Boje gesunken
V	46		auf Grund
S	49		an der Boje gesunken
S	50		an der Boje gesunken

VII. Flottille

13. Halbflottille

S	56	*A*	an der Boje gesunken
S	65		an der Boje gesunken
V	78		an der Boje gesunken
V	83		an der Boje gesunken
G	92		an der Boje gesunken

14. Halbflottille

S	136	*A*	an der Boje gesunken
S	137		auf Grund
S	138	*β*	an der Boje gesunken (F.d.T.)
H	145		an der Boje gesunken
G	89		auf Grund

IX. Flottille

17. Halbflottille

V	80	*A*	auf Grund
S	36		an der Boje gesunken
S	51		auf Grund
S	52		an der Boje gesunken
S	60		auf Grund

Heinemann berichtet darüber in seinen Tagebuchaufzeichnungen:

Am 20.11., als unser Verband mit Kurs WNW über die Nordsee marschierte, konnte die *Cöln* (2) die Position in der Linie nicht mehr halten, mußte ausscheren und die Fahrt erheblich verlangsamen. Die Kondensatoren waren leck geworden und zwangen uns, die Geschwindigkeit erheblich herabzusetzen. Immerhin gelang die Behebung des Schadens ziemlich rasch und wir konnten wieder aufholen.

Am Morgen des 21.11.1919 näherten unsere Schiffe sich der Einfahrt zum Firth of Forth. Aus dem grauen Dunst tauchten englische und amerikanische sowie auch einige französische Schiffe auf. Lange Reihen schwerer Schlachtschiffe und Kreuzer kamen in Sicht. Ein Leichter Kreuzer, auf dessen Heck in leuchtenden goldenden Buchstaben der Name *Chester* prangte, setzte sich in weitem Bogen an die Spitze des deutschen Verbandes und geleitete ihn auf seinen Ankerplatz. Am nächsten Tag kam eine Kommission an Bord, die den Stand der Abrüstung überprüfte. Am 26.11. hieß es wieder »Anker lichten«. Geleitet von englischen Kriegsschiffen liefen wir durch die enge, immer noch durch Minen und Netzsperren sowie bewaffnete Fischdampfer gesicherte Einfahrt in die weite Bucht von Scapa Flow ein. Die Schiffe wurden auf ihre Ankerplätze geführt. Die *Cöln* (2) machte nach Anweisung eines englischen Seeoffiziers, der als Lotse an Bord gekommen war, zwischen den Inseln Cava und Hoy an einer Boje fest, wo unser Schiff gegen die manchmal sehr stark aus West wehenden Winde geschützt war. Aber bereits einige Tage später wurden wir auf einen neuen Ankerplatz geschleppt, der weit außerhalb des Schutzes durch die beiden kleinen Inseln lag, indes auch weitab von den Kontrollen durch die Bewacher, was sich später als sehr vorteilhaft für uns erweisen sollte.

Da für die Kleinen Kreuzer als Kommandanten nur Offiziere im Range eines Kapitänleutnants gestattet waren, wurde unser bisheriger Kommandant, Kapitän zur See Kaulhausen abgelöst, und ich mußte nun in die Dienststellung eines Kommandanten einrücken. Auch wurde die Mannschaft der *Cöln* (2) gemäß den alliierten Waffenstillstandsbedingungen auf insgesamt 80 Mann einschließlich von drei Offizieren reduziert. Es blieben nur Freiwillige an Bord. So wurde ich denn Kommandant der *Cöln* (2), ohne die geringste Freude oder Stolz zu empfinden. Am 6. Dezember 1918 stand ich mit meinen zurückgebliebenen Offizieren auf der Schanz und sah nicht ohne Neid der Abfahrt des großen Transportdampfers zu. Wir mußten uns nun auf eine unbestimmte Zeit und Dauer der Internierung einrichten.

Wir feierten die erste Weihnacht in der Internierung. Im übrigen taten wir Dienst nach den Bedürfnissen. Instandhaltung der Maschinen-und Kesselanlagen, Reinigungsdienst und was sonst für die Aufrechterhaltung des Schiffsbetriebs nötig war. Die Leute machten nachmittags Sport oder konnten sich selbst beschäftigen. In die leeren Kammern der Deckoffiziere zogen die Unteroffiziere ein, und die Mannschaft konnte es sich in den leeren Wohnräumen bequem machen. Es wurde ein trister Heiliger Abend, ohne Tannenbaum, ohne Geschenke, ohne Leckereien. Lediglich Briefe aus der Heimat hatten wir erhalten, deren Inhalt unsere trübe Stimmung auch nicht sonderlich aufhellte. Immerhin, nach alter Marinetradition hatte ich als Anzug Blaues Zeug befohlen und hielt einen Gottesdienst ab. Im übrigen mußte ich mich mit einem Verzicht auf vorzeitige Abkommandierung abfinden, und allmählich besserte sich die Stimmung wieder.

Höhepunkte jeden Tages waren das Längsseitskommen des englischen Drifters vormittags gegen 10.00 Uhr und nachmittags gegen 18.00 Uhr, auf das wir alle mit fieberhafter Spannung warteten. Ein Sack, manchmal auch zwei Sack mit Post wurde von englischen Matrosen zu uns an Bord gereicht, während das schwerfällige Fahrzeug, ächzend und knirschend, ohne die Fahrt zu verringern an unserer Bordwand entlangschor, daß die See schäumend aufspritzte und sich dann wie ein Betrunkener torkelnd zum nächsten Schiff entfernte. Mit Heißhunger stürzten wir uns auf die Heimatpost und die meist Wochen alten Zeitungen, die alle den Umweg über die Zensur in London zurücklegen mußten, wogegen Admiral von Reuter bei den Engländern vergeblich protestiert hatte. Der dicke Packen englischer Zeitungen blieb aber keinen Tag aus, sie waren meist nur ein oder zwei Tage alt. So vergingen die Tage ohne viel Abwechslung.

Vor dem dunklen hügeligen Hintergrund der Insel Flotta hoben sich die grauen Shilhouetten der englischen Linienschiffsdivision ab, die mit einer Zerstörerflottille die Bewachung bildete und allmonatlich abgelöst wurde. Befehle vom englischen Admiral erhielten wir nicht mehr, wie es anfangs noch der Fall gewesen war. Befehle kamen nur noch von unserem Verbandschef. In der Offiziersmesse unserer *Cöln* (2) waren seit Januar 1919 folgende Veränderungen eingetreten: am 13. Januar wurde Kapitänleutnant Ehlers Kommandant des Kleinen Kreuzers *Emden* (2). Als Ersatz kam Kapitänleutnant von Ruville aus der Heimat zu uns an Bord. Leider nur für zehn Tage; denn am 26. Februar wurde er zum Kommandanten des Kleinen Kreuzers *Karlsruhe* ernannt. Unser Schiffsarzt Dr. Lachmund kehrte wegen Krankheit in die Heimat zurück, statt seiner traf am 26. Februar Leutnant zur See Breunig bei uns an Bord ein. Auch er kam aus der Heimat, aus Wilhelmshaven. Am 11. Mai 1919 erfuhren wir aus englischen Zeitungen den Inhalt des Friedensdiktates. Was würde nun aus unserem Internierungsverband werden? Der Bestand an Kriegsschiffen war in dem Diktat festgelegt: sechs Linienschiffe, nicht größer als 10.000 Tonnen, sechs Kleine Kreuzer, nicht größer als 6.000 Tonnen, etliche Torpedoboote und kleinere Fahrzeuge, aber keine U-Boote mehr. Versuche der deutschen Regierung, eine Verlängerung des Waffenstillstandes zu erwirken, um noch weiter Verhandlungen führen zu können, blieben erfolglos. Binnen fünf Tagen müsse die deutsche Regierung über Annahme oder Ablehnung des Vertrages entscheiden. Der Ablauf dieser Frist fiel auf den 21. Juni 1919.

In den Tagen zwischen dem 15. und 17. Juni trafen noch einmal Transporterdampfer ein, die nach nochmaliger Reduzierung der Besatzungen die ausgemusterten Leute heimbefördern sollten. Die Männer der *Cöln* (2) wurden auf dem Damper *Badenia* eingeschifft, der noch am selben Abend auslief. Der Postsack, den am folgenden Tag, dem 18. Juni, der vorbeischerende Drifter uns an Bord gab, enthielt u.a. ein Schreiben des Internierungsverbandes, an mich persönlich adressiert. In dem äußeren Umschlag lag ein zweiter mit der Weisung »Nur vom Offizier zu öffnen!« Kaum hatte ich die ersten Zeilen gelesen, mußte ich mich setzen, um die plötzliche Aufregung zu meistern. Klipp und klar stand in dem Schreiben, daß mit den Vorbereitungen zur Versenkung sofort zu beginnen sei. Es handelte sich zunächst nur um Vorbereitungen, die zu treffen waren für den Fall, daß die Engländer versuchen sollten, sich ohne Einverständnis der deutschen Regierung oder unseres Admirals in den Besitz der deutschen Schiffe zu setzen. Es blieb dem Ermessen der Kommandanten überlassen, wie weit sie die Besatzung einweihen und inwieweit sie einen ständigen Wachdienst einrichten wollten, bei dem dafür Sorge zu tragen war, daß, ob bei Tag oder bei Nacht, eine mögliche Versenkung jederzeit gewährleistet sei. Ein oder zwei Rettungsboote, jedenfalls nicht mehr als zur Aufnahme der ganzen Besatzung nötig waren, sollten stets klar zum sofortigen Aussetzen gehalten werden. Auch das notwendigste Gepäck, das die Leute mitnehmen wollten, war bereit zu halten. Bestimmte Signale waren festgesetzt für den Fall, daß das Schiff sofort oder zu einem bestimmten Zeitpunkt versenkt werden sollte. Bei Versenkung zu einem bestimmten Zeitpunkt lautete es: »An alle Kommandanten und Führer der Torpedoboote. Paragraph Null, Neun, Drei bestätigen. Chef I.T.« Die beiden ersten Zahlen standen für das Datum, die beiden letzten für die Stunde der Versenkung. Lautete das Signal aber ganz kurz: »Paragraph Elf bestätigen«, so hieß das »Schiff sofort versenken!«.
Was gab es jetzt noch lange zu überlegen? Ich rief meine Offiziere, Leutnant z.S. Breunig, den Oberzahlmeister Kirchner und den Leitenden Ingenieur Marineingenieuraspiranten Senneberg in meine Kammer. Meine Stimme zitterte vor Aufregung, als ich ihnen das Schreiben vorlas. Wir beschlossen zunächst, die zuverlässigsten Unteroffiziere einzuweihen, allen übrigen Besatzungsmitgliedern aber den eigentlichen Zweck der Maßnahmen, wie das Packen der Seesäcke usw. noch vorzuenthalten. Ich setzte dann eine Musterung an und teilte meinen Leuten mit, daß das Ende der Internierung bevorstehe und wir wahrscheinlich schnell von Bord müßten. Dazu sei es nötig, daß jeder seine Sachen zusammengepackt hätte, und das sollte jetzt geschehen. Aber es sollte nur das nötigste gepackt werden. Ich überließ es ihrer Phantasie, wie sie meinen Befehl deuten wollten. Das geheimnisvolle Treiben der in den Plan Eingeweihten konnte aber auch den Begriffsstutzigsten nicht darüber im unklaren lassen, worum es ging. Mit dem Leitenden Ingenieur und dem Pumpmeister ging ich durch das Schiff, um mich davon zu überzeugen, daß nichts versäumt wurde. Vor allen Dingen waren sämtliche Ventile und Schieber der Flutleitungen bis auf die Bodenventile zu öffnen. In den Turbinenräumen mühten sich Maate und Heizer fluchend damit ab, die mächtigen Krümmer, durch die Kühlwasser von See durch die Kondensatoren genommen wird, loszuschrauben und zu entfernen, eine äußerst schwierige Arbeit. Die große

Sinksicherheit des Schiffes, das ja nach den letzten Kriegserfahrungen konstruiert worden war — z.B. waren die Schotten bei einer sehr weitgehenden Unterteilung des Schiffes ohne jede Unterbrechung bis zum Panzerdeck durchgeführt, und es befanden sich alle Mannlochdeckel und Schottüren über der Wasserlinie —, machten mir jetzt die größte Sorge. Um das Schiff schnell auf Grund zu schicken, befahl ich, die Schotten zwischen den Turbinen- und Heizräumen anzubohren und möglichst große Löcher herauszustemmen. Alle an Bord befindlichen Kriegsflaggen hatte ich durch Zerschneiden vernichtet. Nur die Adler hatte ich in meine Mappe gesteckt. Bootsmaat Philippsen war mir bei dieser traurigen Arbeit zur Hand gegangen. Eine Rollenverteilung wies jedem Mann einen bestimmten Platz zu, auf den er sich bei Alarm sofort zu begeben hatte. Die *Cöln* (2) war durch all diese vorbereitenden Maßnahmen zu einem »Rühr mich nicht an« Schiff geworden. Am 19. Juni 1919 wurde unser Schiffzahlmeister auf die *Emden* kommandiert. In der Messe waren jetzt nur noch Breunig und ich. Aus den bruchstückhaften F.T.-Nachrichten glaubten wir herauslesen zu können, daß der Ablauf des Waffenstillstandes um zwei Tage verschoben war, also auf den nächsten Montag.

Der 20. Juni 1919 verlief in gewohnter Eintönigkeit. Die Ruderpinaß und der Backbord-Kutter hingen ausgeschwungen in ihren Davits, klar zum Fieren. Die Kleidersäcke standen griffbereit im Zwischendeck. Ich stand wieder an Deck und ließ meine Augen umherschweifen. Die weite Bucht von Scapa Flow lag da vor mir, ruhig und fast unbewegt. Ein Bild scheinbaren Friedens. Die Silhouetten der britischen Schlachtschiffe hoben sich in der Ferne gegen den grauen Hintergrund des hügeligen Landes ab. Ob sie wohl etwas ahnten? Sommersonnenwende 1919!

Nach dem Frühstück war ich, wie ich es täglich zu tun pflegte, in die Zentrale des Schiffes hinuntergestiegen, um die Chronometerstände zu bestimmen. Wieder an Deck, ließ ich erneut meinen Blick über das Wasser und den Himmel schweifen. Der Platz, wo gestern noch die Kriegsschiffe lagen, war leer. Zu einer so kritischen Stunde überließen unsere Bewacher uns selbst? Doch dann fiel mir ein, daß der Waffenstillstand ja um zwei Tage verlängert worden war. Ein kurzer Blick auf die Uhr, es war halb elf. Kaum hatte ich einige Schritte getan, als der Signalgast auf die Brücke gelaufen kam und mir die Signalkladde hinhielt. Da stand schwarz auf weiß in unmißverständlicher Klarheit: »Paragraph elf bestätigen, I.T.«

Es stand außer Zweifel, dies war der Versenkungsbefehl! Ein Blick zur *Emden*, da wehte das Signal klar im frischen Wind an der Signalrah aus. Also los! Im nächsten Augenblick lief mein Befehl durch das Schiff. Keine Minute war vergangen, und jeder stand auf seinem Posten, an dem ihm zugewiesenen Platz und kurbelte die Ventile, Schieber und Flutleitungen auf. Die Leute kamen an Deck und zerrten ihrer Seesäcke hinter sich her. Sie machten sich daran, Kutter und Pinaß zu Wasser zu lassen. An den Schiffen, die still in der Bucht lagen, war noch nichts Ungewöhnliches zu entdecken. Da rief plötzlich jemand: »*Friedrich der Große* sackt weg!« Das ehemalige Flottenflaggschiff, dessen Besatzung sich durch besondere Disziplinlosigkeit einen üblen Ruf verschafft und damit den Admiral veranlaßt hatte, auf die *Emden* überzusteigen, ging jetzt mit gutem Beispiel voran. Das Schiff lag mit schwerer Schlagseite da, die Boote mit der Besatzung hatten abgelegt und pullten vom Schiff weg. Mehr und mehr neigte sich der Koloß nach Steuerbord und kenterte schließlich schwerfällig, bis er unter der Wasseroberfläche verschwand, kochende, weiß gischtende Strudel abwerfend. Wir stiegen in unsere Boote, ließen sie zu Wasser, und ich wies Bootsmaat Philippsen an, sich mit dem bemannten Kutter ans Heck zu legen. Ich ging zur Kontrolle noch einmal durchs Schiff. Gurgelnd und rauschand schoß das Wasser durch den Hauptflutschieber, den ich mit dem jungen Pumpmeistersmaaten unter großen Anstrengungen ganz geöffnet hatte, und das Wasser verteilte sich in die Abzweigungen nach den einzelnen Abteilungen sowie in die Munitionsräume. Auf der Schanz stand am Flaggenstock Bootsmaat Philippsen, die Fangleine des Kutters in der Hand und hielt ungeduldig nach mir Ausschau. Er machte eine Geste zum Boot hin. »Nein, Philippsen, Sie gehen vor mir ins Boot!« Das Recht des Kommandanten, als Letzter sein Schiff zu verlassen, wollte ich mir nicht nehmen lassen. Ein Kanonenschuß hallte von fern übers Wasser. »Sie fangen an zu schießen!«, kam es ängstlich aus dem Mund eines jungen Matrosen. Wir legten ab und pullten auf die Pinaß zu, die leewärts mit »Riemen auf« lag. Der Wind hatte aufgefrischt, der Seegang war stärker geworden und den Plan, durch die westliche Einfahrt zu entschlüpfen, mußte ich aufgeben. Als wir etwa 50 Meter vom Schiff entfernt waren, sprangen um uns herum kleine Fontänen auf. Ein Drifter kam um den Bug des Schiffes herum und bedachte uns mit Gewehrfeuer. Wir duckten uns unwillkürlich. Er drehte jedoch ab und behelligte uns nicht weiter. Ein Motorboot mit zwei Kuttern im Schlepp kam uns entgegen. Ich erkannte Oberleutnant z.S. Schacke vom *Brummer*, der herüberrief, daß die Engländer unsere Boote zu den Schiffen zurückschleppten, um die Besatzungen mit Gewalt an Bord zurückzubringen. Wir hingen uns an den Schleppzug der *Brummer* an. Ich drehte mich nach der *Cöln* (2) um. Sie machte noch keine Anstalten, den Weg in die Tiefe anzutrete, während andere Plätze, auf denen unsere Schiffe gelegen hatten, schon leer waren oder die Schiffe mit starker Schlagseite den Weg in die Tiefe antraten. Wir kamen wieder am Heck der *Cöln* (2) vorbei, jetzt lag sie doch schon wesentlich tiefer; Schaumspritzer leckten schon an der unteren Bullaugenreihe. In der östlichen Einfahrt zeigten sich dicke schwarze Rauchwolken, Zerstörer jagten mit hoher Bugwelle heran, ihnen folgten mit höchster Fahrt die Schlachtschiffe. Ein Drifter hielt mit großer Fahrt auf uns zu, und wieder sprangen die kleinen, harmlos wirkenden Schaumfontänen auf uns zu. Der Schleppzug machte uns los. Eine englische Barkasse schoß von links auf uns zu, englische Matrosen schlugen die Gewehre auf uns an. Ich mimte Nichtverstehen mit Gesten und Worten. Bootsmaat Philippsen hatte die Geistesgegenwart zu kommandieren, »Mützen runter!« Die drüben sollten nicht unseren Schiffsnamen erkennen. Ich blickte zur *Cöln* herüber. Das Wasser reichte ihr schon bis zu den Bullaugen. Ein britischer Zerstörer kommt herangebraust und geht bei uns längsseits. Kritischer kann die Lage nicht sein! Da, unzählige kleine Sprudel springen an den Bullaugen auf. Das Heck sackt sichtlich ab. Hoch spritzt das Schraubenwasser am Heck des Zerstörers auf, mit äußerster Kraft sucht er vom Schiff wegzukommen, daß sich nach Steuerbord neigt. Kaum war der Zerstörer mit seinem Heck vom Bug unseres Schiffes frei, da legte sich die *Cöln* (2) schwerfällig auf die Seite, polternd und krachend brach ein Schornstein los, dann kenterte sie über Steuerbord, und wir — gepackt und erschüttert von dem unvergeßlichen Anblick — sahen sie unter Strudeln und Wirbeln in ihr Grab sinken.

Der Kleine Kreuzer *Cöln* (2) war nach der alten Tradition der Kaiserlichen Marine und getreu dem Vorbild der ersten *Cöln* ihn Ehren untergegangen. Ehe sich das Wasser über dem Schiff schloß, brachten wir noch drei Hurrahs auf unser gutes, altes Schiff aus. Langsam pullten wir durch den gewaltigen Schiffsfriedhof und hielten auf einen englischen Drifter zu, auf dem wir mehrere deutsche Offizere stehen sahen, auf der Brücke unseren Admiral. Ich meldete ihm die Versenkung unse-

res Schiffes. Der Drifter bog um das Heck des britischen Flaggschiffes, der *Revenge*, und schor an dessen Breitseite, wo es bereits von Fahrzeugen wimmelte. Wir sahen, daß »Zustand« herrschte. Wir von der *Cöln* (2) konnten von Glück sagen, gleich auf das Flaggschiff gekommen zu sein, wo sich die englischen Offiziere und Mannschaften uns gegenüber eine gewisse Zurückhaltung auferlegen mußten. Der englische Admiral mißbilligte in einer kurzen Ansprache die Versenkung der deutschen Schiffe, nannte sie eine verräterische Tat und warf dem deutschen Admiral vor, er habe eine Kriegshandlung begangen und dadurch den Waffenstillstand gebrochen. Admiral von Reuter verwahrte sich gegen diese Vorwürfe und stellte fest, daß wohl jeder Seeoffizier in seiner schwierigen Lage so gehandelt hätte.
Später begann die Ausschiffung. Wir kamen in ein Lager und ich erhielt die POW (Prisoner of war) Nummer 3340. Unser Lager, dessen offizieller Name Park Hall Oswentry lautete, befand sich in der Landschaft Shropshire im Westen Südenglands. Vor der Rückkehr in die Heimat wurde ich mit anderen Offizierskameraden in das Offizierslager Donington Hall transportiert, in dem auch unser Admiral mit seinem Stab untergebracht war. Langsam und eintönig schlichen die Tage und Monate dahin, und das trübe Herbstwetter wirkte auch nicht gerade stimmunghebend! Der Tag des Rücktransportes in die Heimat ließ jedenfalls auf sich warten, und ein zweites Weihnachtsfest mußten wir in unserem Exil begehen. Den unentwegten Bemühungen unseres Admirals war es dann wohl zu verdanken, daß die englische Regierung sich entschloß, uns endlich freizugeben. In der zweiten Hälfte des Wintermonats wurde der Tag des Abtransportes bekanntgegeben. Nach zwei Stunden Bahnfahrt kamen wir im Hafen von Hull an, wo ein kleiner deutscher Dampfer lag.
Als wir dann nach zwei Tagen Seefahrt in die Schleuse von Wilhelmshaven, unserem alten Schlicktown einliefen, gab es einen großen und feierlichen Empfang. Kopf an Kopf stand eine riesige Menschenmenge, unter ihnen auch meine Frau Olga mit den beiden Kindern. Sie waren extra von Kiel nach Wilhelmshaven gekommen.«

Dies war also das Ende der zweiten *Cöln*. In den Jahren 1924 bis 1939 wurden insgesamt 38 der versenkten ehemals deutschen Kriegsschiffe gehoben und dabei 327.000 Tonnen Stahl geborgen und gewinnbringend verkauft. Der Schlachtkreuzer *Derfflinger* war das letzte Schiff, das gehoben wurde. Die Linienschiffe *Kronprinz Wilhelm*, *Markgraf* und *König* lagen so tief, das eine Bergung technisch zu großen Aufwand erfordert hätte und keine Rendite mehr zu erwarten war. Gleiches gilt für die Kreuzer *Brummer*, *Karlsruhe* (2) und die *Cöln* (2), die ebenfalls in zu großer Tiefe lagen, als daß man sie wirtschaftlich lohnend hätte bergen können. Während der Internierungszeit hatte indes der Chefkonstrukteur der englischen Marine, Eustace Tennyson, Gelegenheit, einen Teil der deutschen Schiffe genauer zu untersuchen. Er hat darüber auf der Hauptversammlung der Institution of Naval Architects im Jahre 1920 einen Vortrag gehalten. Im folgenden ein Auszug dessen, was er über die deutschen Kleinen Kreuzer im Vergleich zu den englischen ausgeführt hat, wiedergegeben im Heft 29 der Zeitschrift SCHIFFBAU vom 20. April 1921:

Englische Bemerkungen zum deutschen Kriegsschiffbau. Im vorigen Hefte des »Schiffbau« war bereits über die Stellung berichtet worden, die der englische Chefkonstrukteur Eustace Tennyson d'Eyncourt in seinem vor der diesjährigen Hauptversammlung der Institution of Naval Architects gehaltenen Vortrage zum deutschen Großkampfschiffbau eingenommen hat. Nachstehend wird im Auszuge wiedergegeben, was der Vortragende über die kleinen Kriegsschiffstypen zu sagen wußte. Zunächst nahm er die **Kleinen Kreuzer** unter die Lupe.
Vergleichszwecken dient die folgende Zusammenstellung, die Einzelheiten des Kleinen Kreuzers »*Köln*« und der englischen »D«-Klasse bringt.

	Deutsch		Englisch	
	Kleiner Kreuzer »*Köln*«		Letzter Kleiner Kreuzer der D-Klasse	
Länge in der Konstruktionswasserlinie	489'	151,787 m	465¼	141,729 m
Breite	47'	14,325 m	46½	17,217 m
Tiefgang	16,55'	5,01 m	14¼	4,27 m
Deplacement	5600 ts	5700 t	4750 ts	4830 t
Gewicht von Schiffskörper und Panzerung	2777 ts	2820 t	2940 ts	2980 t
Gewicht der Maschinenanlagen	1332 ts	1353 t	945 ts	960 t
Brennstoffvorrat insgesamt	1800 ts	1830 t	1050 ts	1067 t
davon: Kohle	1118 ts	1138 t	—	—
Oel	683 ts	692 t	1030 ts	1065 t
Kessel	14 in fünf Kesselräumen, 8 davon brennen Kohle und Oel, 6 nur Oel		6 in zwei Kesselräumen	
WPS	29 000		40 000	
Geschwindigkeit	27,5 kn		29 – 30 kn	
Bewaffnung	acht 5,9''-Geschütze	acht 15-cm-Geschütze	sechs 6'-Geschütze	sechs 15,2-cm-Geschütze
davon: Breitseitfeuer	fünf 5,9''-Geschütze	fünf 15-cm-Geschütze	sechs 6''-Geschütze	sechs 15,2-cm-Geschütze
Bugfeuer	vier 5,9''-Geschütze	vier 15-cm-Geschütze	zwei 6''-Geschütze	zwei 15,2-cm-Geschütze
Heckfeuer	vier 5,9''-Geschütze	vier 15-cm-Geschütze	zwei 6''-Geschütze	zwei 15,2-cm-Geschütze
	drei 8,8-cm-Geschütze		zwei 4''-Geschütze	zwei 10 -cm-Geschütze
			13'' in älteren Schiffen)	
Torpedo-Rohre	4 Einzelrohre von 60 cm Durchmesser		4 Dreifachrohre von 21'' (53,33 cm)	

Kein einziger von den deutschen Kleinen Kreuzern hatte ausschließlich Oelheizung, wie das in England seit der »Arethusa«-Klasse bereits eingeführt war. Das bedeutete für England einen großen Vorteil, da es eine Mehrgeschwindigkeit von etwa 2 kn ermöglichte. Die Hauptbewaffnung wurde bei den meisten der zuletzt gebauten englischen Schiffe in der Mittellinie des Schiffes angeordnet. Das war für die Feuerleitung günstig und auch insofern vorteilhaft, als alle Geschütze nach beiden Seiten hin verwendet werden konnten; es erspart der anderen Anordnung gegenüber, bei der die Geschütze an den Schiffsseiten aufgestellt sind, Gewicht, sofern man in beiden Fällen dasselbe Breitseitfeuer verlangt. Der Hauptunterschied der beiden in der Tabelle verglichenen Typen liegt aber darin, daß die Deutschen ein leichtes Schutzdeck über den Maschinenanlagen anbrachten, den Seitenpanzer aber nur etwa 2″ (50 mm) dick machten, während in England unmittelbar über der Maschinenanlage kein Schutzdeck vorgesehen wurde, dafür aber der Seitenpanzer auf 3″ (75 mm) Dicke bemessen wurde. Übrigens war das Oberdeck bei den englischen Schiffen dieses Typs aus Festigkeitsgründen schon so stark, daß es zugleich einen beträchtlichen Schutz für Maschinen und Kessel abgab. Die englischen Oelkessel waren weit größer als die deutschen Kohle- bzw. Kohle- und Oelkessel; sie erforderten daher, weil an Zahl geringer, weniger Grundfläche, aber dafür größere Raumhöhe.

Wie bei den Großkampfschiffen, so sind auch bei den Kleinen Kreuzern in Deutschland größere Materialbeanspruchungen zugelassen worden als in England. Trotzdem aber waren die deutschen Schiffe länger, hatten größeres Deplacement und liefen langsamer. Die Einrichtungen für die Bequemlichkeit der Besatzung waren zweifellos denjenigen der englischen Schiffe unterlegen. Die Wirksamkeit der Unterteilung in wasserdichte Abteilungen wurde auch bei den deutschen Kleinen Kreuzern stark durch die Durchbrechungen beeinträchtigt, welche die wasserdichten Schotte durch Luftschächte usw. erfuhren. Der Brennstoffvorrat war praktisch wohl gleich groß; aber große Teile der Kohle waren bei den deutschen Schiffen schwer zugänglich verstaut. Die Baugeschwindigkeit konnte in Deutschland nie auf die Höhe des englischen Kriegsschiffbaus gebracht werden. Die englische Leistung, daß *Renonw* und *Repulse* von der Auftragserteilung ab gerechnet in 20 Monaten fertiggestellt worden sind, war den Deutschen unterreichbar.

Crew 1901 nach bestandener Seeoffiziers-Prüfung:
Der zweite Mann rechts unten, mit X bezeichnet, ist der spätere Kapitänleutnant Heinemann (Johann), Kommandant der *Cöln* (2) in Scapa Flow. Er gab seiner Mannschaft den Befehl zum Versenken des Schiffes. Foto: Marineschule Mürwik

Ende und Neubeginn

Das Ende des Kleinen Kreuzers *Cöln* (2) am 21.06.1919 in Scapa Flow bezeichnete zugleich das Ende einer wichtigen Epoche in der Geschichte des deutschen Reiches und seiner Marine. Denn das Reich und seine Marine hatten mit der Versenkung des Internierungsverbandes, die Vizeadmiral von Reuter, der Chef dieses Verbandes, mit seinem Signal »Paragraph 11 bestätigen« ausgelöst hatte, den Kern der Schlachtflotte, nämlich die damals modernen Linienschiffe der BAYERN-, der KÖNIG- und der KAISER-Klasse, die Schlachtkreuzer sowie acht der neuesten Kreuzer, darunter die zweite *Cöln*, und schließlich fünfzig große, ebenfalls noch recht neue Zerstörer bzw. Torpedoboote verloren.

In dem am 28.06.1919 in Versailles unterzeichneten Friedensvertrag wurden mit den Bestimmungen in den Artikeln 181 – 209 und 203 – 209 einer neuen deutschen Kriegsflotte sowohl hinsichtlich der Anzahl wie auch von der Größe der verbleibenden und neu zu bauenden Schiffe her erhebliche Beschränkungen auferlegt. So war z.B. die Zahl der geschützten Kleinen Kreuzer bzw. – wie sie dann später genannt wurden – der Leichten Kreuzer auf sechs, ihre maximale Wasserverdrängung (in tons zu 1.016 kg) auf 6.000 tons und ihre Lebensdauer auf 20 Jahre – erst dann durften sie durch Neubauten ersetzt werden – festgelegt. Zwar brachte der Umstand, daß die Größenfestlegung in englischen tons, eben zu 1.016 kg – statt der in Deutschland üblichen 1.000 kg auf die Tonne – erfolgte, einen geringen Gewichtsbonus, indes war die Größe für Neubauten damit doch recht knapp bemessen, hatten doch die letzten Kleinen Kreuzer der kaiserlichen Marine, so z.B. auch unsere zweite *Cöln*, bereits eine Wasserverdrängung von insgesamt 7.486 t gehabt. Für mögliche Schlachtschiffneubauten – auch hier war die Höchstzahl zu erbauender Schiffe auf sechs festgelegt – war übrigens die Größenbestimmung noch ungünstiger: sie durften nur eine Wasserverdrängung von 10.000 t aufweisen, während die Linienschiffs- und Schlachtkreuzerneubauten der kaiserlichen Marine 27.000 bis 28.000 t verdrängten und es bei anderen Marinen bereits Schlachtschiffe von 30.000 t Wasserverdrängung und mehr gab.

Der Mannschafts- und Offiziersbestand für die deutsche Marine war auf insgesamt 15.000 Mann begrenzt, davon durften 1.500 Offiziere sein. (Zum Vergleich: Der Personalbestand der kaiserlichen Marine betrug 1914 insgesamt 66.183 Mann, davon rund 4.000 Offiziere einschließlich 643 Kadetten.) War dadurch ein Neubeginn sowohl vom Material wie auch vom Personal her auch erschwert, er wurde doch gewagt. Am 16. April 1919 erging das Gesetz über die »Bildung einer vorläufigen Reichsmarine«. Dieser Termin bedeutet auch das Ende der alten kaiserlichen Kriegsflagge. Sie wurde auf allen noch verbliebenen Einheiten eingeholt, und die neue Kriegsflagge der Republik wurde gehißt. Es war die schwarz-weiß-rote Flagge mit dem Eisernen Kreuz in der Mitte, und die eigentlichen Reichsfarben schwarz-rot-gold erschienen lediglich in der sog. Gösch, der oberen Ecke am Flaggenstock des rechteckigen Flaggentuchs. Nach und nach erfolgte dann die Indienststellung zunächst der alten Linienschiffe der Braunschweig- und Deutschland-Klasse, zwar mit einer Wasserverdrängung von 13.000 t, aber ansonsten völlig unzulänglich, was ihre Geschwindigkeit, ihre Panzerung und ihre Bewaffnung anbetraf. Schließlich waren es noch Linienschiffe aus der sog. Vor-Dreadnought-Zeit. Bei den kleinen geschützten bzw. leichten Kreuzern sah es noch trostloser aus. Die wirklich modernen Einheiten dieser Schiffsklasse, die neuzeitlichen Ansprüchen und den aus dem Ersten Weltkrieg gewonnenen Erfahrungen genügten, lagen auf dem Grund der Bucht von Scapa Flow. Die verbliebenen und nach damaliger Ansicht auch noch zeitgemäßen Ansprüchen genügenden Kreuzer mußten zusätzlich – gleichsam als »Buße« für die Tat des Vizeadmirals von Reuter – abgeliefert werden: dies waren die *Pillau*, die *Graudenz* und die *Strassburg*, die an Italien gingen, die *Regensburg*, die *Stralsund* sowie die *Kolberg*, die an Frankreich abgegeben werden mußten, Japan erhielt die *Augsburg* (wie die *Kolberg* übrigens ein Schwesterschiff der ersten *Cöln*), und an die Engländer mußten die – allerdings schon älteren – Kreuzer *Lübeck*, *München*, *Danzig*, *Stuttgart* und *Stettin* abgeliefert werden. So blieben nur noch die schon recht betagten und zum Teil bereits außer Dienst gestellten Kreuzer *Hamburg* und *Berlin* von 1902, die *Arcona* von 1901, die *Medusa* von 1900, die *Thetis* und *Amazone* von 1899 und schließlich noch die *Nymphe* von 1898. Diese Schiffe wurden dann nach und nach für die Reichsmarine wieder fahrbereit gemacht, mit ihren 2.700 t bis 3.800 t Wasserverdrängung und ihren jeweils 10 10,5-cm-Geschützen sogar weit unter dem Erlaubten des

Versailler Vertrages liegend und auch kaum den Ansprüchen der Zeit genügend, taten sie dennoch bis in die Mitte der Zwanziger Jahre in der Reichmarine Dienst. Vor allem *Berlin* und *Hamburg* gingen schon bald auf ausgedehnte Auslandsreisen, wobei einmal der Offiziersnachwuchs geschult werden sollte, aber auch die Kontakte mit den Deutschen in Übersee wieder neu geknüpft und schlichtweg – eine der Kreuzeraufgaben – »Flagge gezeigt« werden sollte. Neben finanziellen Schwierigkeiten der jungen Republik wegen der hohen Reparationsleistungen, die eine Erneuerung des schwimmenden Materials verzögerten, war es vor allem der Kapp-Putsch im März 1920, der das Gefüge der gerade erst gegründeten Reichsmarine erschütterte und sogar den Gedanken ihrer Auflösung aufkommen ließ. Nach erneuter Konsolidierung wurden dann zwar 1921 vom Reichstag Mittel für den Bau eines ersten leichten Kreuzers – der späteren *Emden* (3) – angefordert, aber die schwierige Finanzlage des Reiches, noch verstärkt durch die große Inflation im Jahre 1923, verzögerten die Bewilligung dieser geforderten Mittel und damit die Inbaugabe des ersten Kreuzerneubaus nach dem Krieg, so daß der Stapellauf dieses ersten neuen leichten Kreuzers, der noch weitgehend nach Plänen der letzten Kreuzer der kaiserlichen Marine gebaut wurde und mit einer Standart-Wasserverdrängung von 5.600 t sogar etwas unter der zugestandenen Größe blieb, erst im Januar 1925 und seine Indienststellung im Oktober 1926 erfolgte. Bis dahin und noch einige Jahre darüber hinaus blieben die oben erwähnten Kreuzer aus der Zeit der Jahrhundertwende noch voll im Einsatz.

Als erster Nachkriegskreuzer trug die spätere *Emden* (3) die Bezeichnung Kreuzerneubau A. Mit der Planung und Inbaugabe der leichten Kreuzer B, C und D in den Jahren 1925 und 1926, die beim Stapellauf dann die Namen *Königsberg* (3), *Karlsruhe* (3) und *Köln* (3) erhielten, beschritt die Marineleitung bei der Konzipierung dieser Schiffe völlig neue Wege im Kreuzerbau. Hier wurden leichte Kreuzer entworfen und gebaut, die vom Standpunkt der Dreißiger Jahre aus gesehen den Anforderungen ihrer Zeit voll gerecht wurden. Sowohl beim Bau des Rumpfes – hier wurde überwiegend geschweißt statt genietet –, beim Antrieb – neben Turbinenmaschinen wurden auch bereits Dieselmotoren eingebaut mit einer Leistung von immerhin noch 1.800 PSe neben den 68.000 RSW-Leistung der Turbinen – und schließlich auch bei der Bewaffnung – hier waren drei Drillingstürme mit 15-cm-Geschützen vorgesehen – zeigte sich diese neue Konzeption, die übrigens auch bei den beiden weiteren leichten Kreuzern, die dann noch gebaut wurden, der *Leipzig* und der *Nürnberg*, die 1929 bzw. 1934 vom Stapel liefen, im wesentlichen beibehalten wurde.

Damit wären wir also bei dem dritten Kreuzer *Köln*, der am 23. Mai 1928 auf der Reichsmarinewerft vom Stapel lief und am 15. Januar 1930 in Dienst gestellt wurde.
Doch ehe der Lebenslauf dieses Schiffes eingehend dargestellt wird, noch ein Wort vorab zur korrekten Typbezeichnung, wie sie für die Schiffsgattung Kreuzer seit 1922 festgelegt wurde und auch über die strategische Konzeption der Reichsmarineleitung, die ja die Voraussetzung darstellte für die Planung und den Bau neuer Kriegsschiffe im Rahmen der einengenden Bestimmungen des Versailler Vertrages. Das Jahr 1922 bezeichnet das Zustandekommen des ersten Washingtoner Abkommens über die Begrenzung der Zahl wie der Größe von Kriegsschiffen der Hauptseemächte, also Englands, Amerikas, Frankreichs, Japans und Italiens. In diesem Abkommen wurden ziemlich klare Typbezeichnungen gegeben. Die offizielle Bezeichnung für die erste und zweite *Cöln* von 1909 bzw. 1915 lautete »Kleiner geschützter Kreuzer«. Im o.g. Washingtoner Vertrag von 1922, ergänzt durch das Londoner Zusatzabkommen von 1930, wurde sowohl die Größe der einzelnen Schiffstypen wie auch die Kaliberstärke ihrer typspezifischen Hauptbewaffnung festgelegt. Danach hieß ein Kreuzer von maximal 8.000 t Wasserverdrängung mit Geschützen nicht über 15,2-cm »Leichter Kreuzer«. Quasi neu geschaffen – sozusagen als Ersatz für die früheren Panzerkreuzer – wurde ein sog. »Schwerer Kreuzer«, der eine Wasserverdrängung von höchstens 10.000 t und als Hauptbewaffnung Geschütze mit einem Kaliber nicht über 20,3-cm führen durfte. Der Bau solcher Schiffe blieb übrigens der Reichsmarine auf Grund der Bestimmungen des Versailler Vertrages vorerst noch versagt. Erst 1935, nach Unterzeichnung eines deutsch-englischen Flottenabkommens, in dem die Gesamttonage der deutschen Kriegsschiffe auf 35% der englischen festgelegt wurde, durfte Deutschland auch Schiffe bauen, die über die im Versailler Vertrag festgelegten Größenbeschränkungen hinausgingen: so z.B. Schwere Kreuzer, aber auch Schlachtschiffe von zunächst 26.000 t und später sogar von 35.000 t Standartverdrängung. Beide Seiten hofften, daß es durch dieses Abkommen in Zukunft nie mehr zu einem maritimen Wettrüsten dieser beiden Mächte und auch nicht wieder zu einem Krieg zwischen ihnen käme. Freilich, diese Hoffnung trog: die deutsche Staatsführung kündigte 1939 dieses Abkommen und tat damit sicher auch einen Schritt auf einen Zweiten Weltkrieg hin.

Was nun die strategische und organisatorische Planung der deutschen Marineleitung nach 1919 anbetrifft, so ist zu sagen, daß sie trotz der erheblichen materiellen wie auch personellen Reduzierung der Reichsmarine letztlich am alten »Flotten«-Konzept festhielt, d.h., die wenigen noch verbliebenen Linienschiffe stellten die »Flotte« dar mit einem Flottenchef an der Spitze, und die Kreuzer – ebenso gering an Zahl wie an Kampfkraft – wurden zu einem Aufklärungsverband für die Flotte zusammengefaßt, obwohl es im strengen Sinne ja gar keine »Schlacht«- oder gar »Hochsee«-Flotte mehr gab, die zur Seeschlacht befähigt gewesen wäre und sinnvollerweise natürlich auch Aufklärungsstreitkräfte benötigt hätte. Schließlich war auch die Führung eines Kreuzerkrieges, so wie es ihn noch im Ersten Weltkrieg gegeben hatte – erinnert sei an die Fahrten einer *Emden* (1) oder der *Karlsruhe* (1) – mit den zunächst reaktivierten alten und später auch neu gebauten Leichten Kreuzern kaum mehr möglich. Einmal fehlte es an überseeischen Stützpunkten, und zum anderen waren die deutschen Leichten Kreuzer eventuellen Gegnern von vornherein hoffnungslos unterlegen. Trotzdem verharrte die Reichsmarineleitung weitgehend in ihren traditionellen Vorstellungen, baute neue Kreuzer, die allerdings, das ist zuzugeben, während der Friedensjahre – vor allem als Schulkreuzer während ihrer ausgedehnten Auslandsfahrten – eine Reihe sinnvoller Aufgaben auch in internationalem Zusammenwirken bewältigen.

Indes in dem Krieg, der dann 1939 doch wieder ausbrach und sich schließlich zu einem Zweiten Weltkrieg ausweitete, gab es zumindest für diese Leichten Kreuzer keine sinnvollen und wirklich erfolgversprechenden Einsatzmöglichkeiten, wie in dem entsprechenden Kapitel über den Kriegsdienst der *Köln* (3) zu zeigen sein wird.

Der Kleine bzw. nach der neuen Typbezeichnung Leichte Kreuzer »Köln« (3)

Von der Inbaugabe bis zum Ausbruch des Zweiten Weltkrieges

(Von August 1926 bis September 1939)

Die *Köln* bis 1934

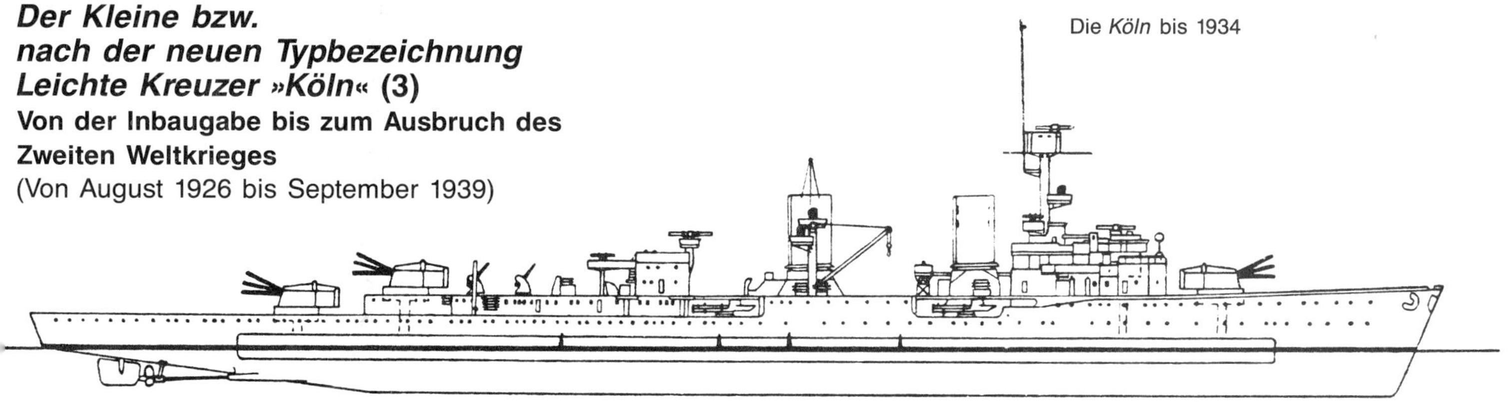

Die *Köln* nach Einbau der Katapultanlage 1935 – 1937

Nach Gröner, a.a.O.

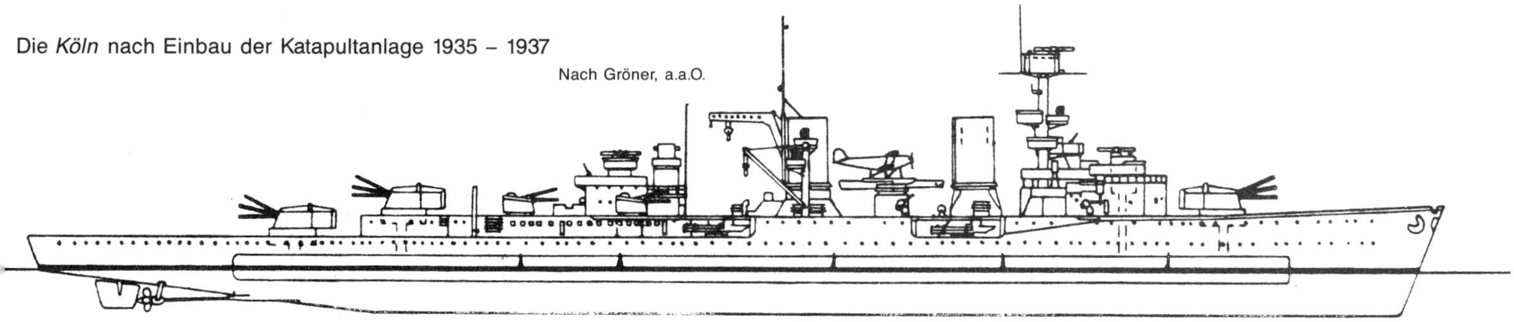

Als drittes Schiff der Kreuzerserie der sog. K-Klasse (*Königsberg*, *Karlsruhe*, *Köln*) mit der Etat-Bezeichnung Kreuzer D = Ersatz *Arcona* (es handelt sich dabei um den kleinen Kreuzer *Arcona* von 1901, der von 1919 bis 1923 in der Reichsmarine Dienst tat) wurde am 07. August 1926 der Kiel für den später auf den Namen *Köln* getauften Kreuzer auf der Helling 2 der Reichsmarinewerft in Wilhelmshaven gestreckt. Das Schiff trug die Bau-Nr. 116. Die Standartwasserverdrängung betrug gemäß den Bestimmungen des Versailler Vertrages 6.000 t. Diesmal wurde also die zugestandene Höchsttonnage voll ausgenutzt. Voll ausgerüstet hatte die *Köln* allerdings dann eine Wasserverdrängung von 7.700 t. Diesen neuen Kreuzertyp hatte in den Jahren 1924 – 25 im wesentlichen der Marineoberbaurat Ehrenberg entworfen. Ausgeführt wurde der Bau des Schiffes in einer Längsspant-Bänder-Stahlbauweise, zu 85% geschweißt. Um trotz der vertraglichen Beschränkung der Schiffsgröße einen Kreuzer mit möglichst hoher Kampfkraft zu erhalten, waren die Materialstärken sehr knapp bemessen, was bei Überbeanspruchung, z.B. durch starken Seegang zu Materialbrüchen und Rissen im Bereich der Schiffsmitte führte. Besonders betroffen davon war allerdings das Schwesterschiff der *Köln*, die *Karlsruhe*.

Die Panzerung bestand, wie bei Leichten Kreuzern üblich, aus einem Deckpanzer und einem schmalen Panzergürtel in der Construktionswasserlinie. Ferner waren gepanzert der Kommandoturm und die drei Geschütztürme für die 15-cm-Geschütze. Als Material wurde Krupp-Stahl in unterschiedlichen Stärken, von 20 bis 70 mm verwendet. Neben vier Satz Marine-Turbinen dienten noch zwei MAN Zehn-Zylinder-Viertakt-Dieselmotoren als Antrieb. Die Maschinen erbrachten eine Gesamtleistung von 68.485 Wellenpferdestärken. Die beiden Schrauben mit einem Durchmesser von 3,70 m schafften 360 – 376 Umdrehungen in der Minute. Der Kreuzer erreichte eine Höchstgeschwindigkeit von 32,5 kn. Den nötigen Dampf für die Turbinen lieferten sechs ölgeheizte Marine-Doppelender-Ölkessel. Das Schiff verfügte schließlich über zwei Elektrizitätswerke mit drei Turbinen- und zwei Dieseldynamos, die den nötigen Strom für die zahlreichen elektrisch betriebenen Anlagen und Einrichtungen erzeugten.
Als Hauptbewaffnung trug die *Köln* 9 – 15-cm-Schnelladekanonen, verteilt in drei Drillingstürmen, von denen einer auf der Back, also vorne und die beiden anderen achtern, einer davon überhöht, aufgestellt waren. Weiter besaß der Kreuzer eine starke Torpedobewaffnung. Insgesamt zwölf Torpedorohre waren auf jeweils zwei Drillingsrohrsätze an Backbord (linke Schiffsseite) und Steuerbord (rechte Schiffsseite) an Oberdeck aufgestellt. Hinzu kamen dann Fliegerabwehrgeschütze verschiedenen Kalibers und in wechselnder Zahl. Vor allem während des Zweiten Weltkrieges wurde diese FLAK erheblich verstärkt, während einer der Torpedorohrsätze 1940 ausgebaut wurde.
Von 1935 bis 1937 hatte die *Köln* ein Katapult mit zwei Seeflugzeugen an Bord, das aber 1937 wieder ausgebaut wurde, weil es die Stabilität des Schiffes beeinträchtigte. 1939/40 wurde auf der *Köln* erstmals ein Flettner-Hubschrauber erprobt. Zu diesem Zweck trug der achtern überhöht aufgestellte Turm B vorübergehend eine Landeplattform.

Die Friedensbesatzung belief sich auf 21 Offiziere sowie 493 Unteroffiziere und Mannschaften. Gegen Ende des Zweiten Weltkrieges waren bis zu 850 Mann an Bord. Die *Köln* führte insgesamt acht Boote.

Der Stapellauf des Leichten Kreuzers *Köln* (3) am 23. Mai 1929 Foto: Archiv Dollhoff

Die *Köln* und ihre Schwesterschiffe galten bei einer Länge von 174 m, einer Breite von 15,20 m und einem Tiefgang von 6,28 m als mäßig gute Seeschiffe.
Die Baukosten betrugen für das Schiff 36 Millionen Reichsmark.
Am 23. Mai 1928 fand der Stapellauf statt. Die guten Beziehungen zur Patenstadt wurden dadurch unterstrichen, daß der damalige Oberbürgermeister der Stadt Köln, Dr. Konrad Adenauer, die Taufrede hielt und das letzte in Köln lebende Besatzungsmitglied der ersten *Cöln*, der Oberheizer Neumann, an dieser Schiffstaufe teilnahmen. Während der Kölner Oberbürgermeister in seiner Taufrede verkündete, daß auf Anordnung des Reichspräsidenten von Hindenburg der neue Kreuzer den Namen *Köln* tragen sollte, vollzog den eigentlichen Taufakt die Witwe des im Seegefecht bei Helgoland 1914 gebliebenen Kommandanten der ersten *Cöln*, Frau Meidinger. Nachdem die Schaumweinflasche am Bug des Schiffes zerschellt war, Namen und Wappen sichtbar wurden, setzte die *Köln* sich in Bewegung und glitt langsam in das ihr zugedachte Element. In einem sich an den Taufakt anschließenden Empfang wies der damalige Reichswehrminister Groener auf die vielfältigen Verbindungen des Rheinlandes und vor allem der Stadt Köln zur Marine hin, und er schloß seine Rede mit dem berühmten Kölner Karnevalsruf »Alaaf Köln!«
Am 15. Januar 1930 erfolgte dann in Wilhelmshaven die Indienststellung der *Köln* durch den bisherigen Kommandanten des alten kleinen Kreuzers *Amazone*, Fregattenkapitän von Schroeder. Dies war der Sohn des Admirals von Schroeder, der im Ersten Weltkrieg das deutsche Marinekorps in Flandern geführt hatte. Der Kreuzer *Amazone* war einer jener Veteranen, den die Reichsmarine 1919 noch einmal in Dienst gestellt hatte und dessen aktive

Der Leichte Kreuzer *Köln* (3) am 15. Januar 1930, dem Tag der Indienststellung
Foto: Archiv Dollhoff

Dienstzeit nun auch ihr Ende gefunden hatte. Fregattenkapitän von Schroeder und die bisherige *Amazone*-Besatzung stiegen auf die neue *Köln* über und bildeten die Stammbesatzung. Von Schroeder betonte auch die enge Verbindung dieses Kreuzers mit seiner Patenstadt in der Ansprache, die er vor Gästen aus Köln und den anderen Teilnehmern an der Indienststellungsfeier hielt.
Der Oberpräsident der Rheinprovinz, der Kölner Regierungspräsident sowie der Kölner Oberbürgermeister und schließlich der Vorsitzende des Kreiskriegsverbandes Köln nahmen durch entsprechende Glückwunschadressen gebührend Anteil an dem Ereignis.

Doch nun begann für den neuen Kreuzer der Dienst in der Reichsmarine und für die Besatzung die Arbeit, das Bemühen, dieses Schiff zu einem brauchbaren Teil der bescheidenen Flotte zu machen, d.h. Mannschaft und Schiff müssen zu jener Einheit zusammenwachsen, die aus einem bloßen Konglomerat der vielen technischen Anlagen und Einzelteile den sinnvollen Zusammenklang schaffen, der das Schiff zu einen funktionierenden Glied in der Flotte macht und dessen Ziel es ist, daß die verschiedensten Funktionen oder Rollen, wie der Seemann es nennt, einwandfrei und ohne Pannen ausgeführt werden, daß Schiff und Besatzung der Leitung durch seinen Kommandanten folgen wie ein geübtes williges Pferd seinem Reiter. Diese Erprobungen dauern bis zum 19. Juli 1930. Auf den mit dieser Ausbildungsarbeit verbundenen Seereisen werden die Häfen Königsberg, Bremerhaven und Danzig besucht. Bald ist die *Köln* schon so weit eingefahren, daß sie dem Verband der Aufklärungsstreitkräfte zugeteilt werden kann. Vom 29. August bis zum 01. September 1930 besucht die *Köln* mit Kopenhagen ihren ersten Auslandshafen. Ihr Besuch wird von der dortigen Bevölkerung freundlich aufgenommen. Anschließend geht sie bis zum 04. Oktober in die Werft. Danach wird sie dem Artillerie-Versuchskommando zugeteilt und führt unter dessen Regie eine erste Atlantikreise durch, die vom 27.10. bis zum 05.12.1930 dauert. Die Reise dient u.a. auch dazu, das Verhalten des Schiffes bei ozeanischen Verhältnissen zu überprüfen. Dabei wurden Las Palmas, St. Vincent, Santa Cruz de Teneriffa und Vigo angelaufen.

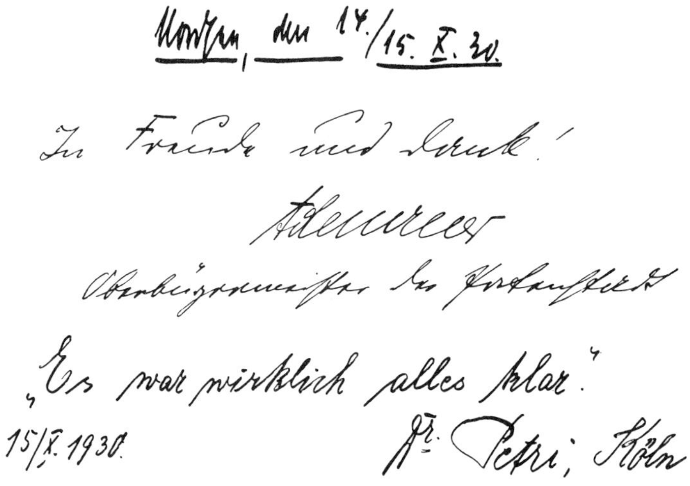
Montag, den 14./15. X. 30.
Zu Freude und Dank!
Adenauer
Oberbürgermeister der Patenstadt
„Es war wirklich alles klar."
15/X. 1930. Dr. Petri; Köln

Eine Eintragung aus dem Jahre 1930 im Gästealbum des dritten Kreuzers *Köln* anläßlich des Besuchs der Kölner Dr. Adenauer und Dr. Petry.

Dr. Konrad Adenauer, Oberbürgermeister der Patenstadt Köln, besucht am 15.10.1930 den Kreuzer *Köln* und hält eine Ansprache an die Besatzung. Rechts neben ihm der Kommandant Kapitän z. See von Schröder. Foto: BAK

Nach der Rückkehr von dieser ersten größeren Seereise wurde die *Köln* wieder den Aufklärungsstreitkräften zugeteilt, nahm an den Verbandsübungen teil und fuhr am 20.05.1931 mit in der Flottenparade vor dem Reichspräsidenten von Hindenburg aus Anlaß des Stapellaufes der *Deutschland*, des ersten Schlachtschiffneubaus der Reichsmarine, des berühmten 10.000-t-»Pocket Battleship«, wie die Engländer in einer Mischung von Spott und Anerkennung diesen in der Tat damals aufsehenerregenden neuen Schiffstyp nannten. Die offizielle Bezeichnung in der Reichsmarine lautete »Panzerschiff«. Bis zum Beginn der großen Auslandsreise, zu der die *Köln* am 08. Dezember 1932 auslief, tat sie weiterhin Dienst innerhalb der Aufklärungsstreitkräfte und absolvierte dabei u.a. auch eine Artillerieausbildung, die die *Köln* während einer kürzeren Atlantikreise noch einmal bis Las Palmas führte. Am 30. März 1932 trat die *Köln* dann unter den Befehl der Bildungsinspektion, der vor allem die Ausbildung des Seeoffiziersnachwuchses zukam. Im Mai des Jahres 1932 besuchte Adolf Hitler in seiner Eigenschaft als Reichstagsabgeordneter und Vorsitzender der damals stärksten Reichstagsfraktion den Kreuzer *Köln*. Hitler kam dadurch erstmals mit Offizieren der Reichsmarine in Kontakt und beeindruckte diese durch seine detaillierten Fachkenntnisse über die maritimen Belange. Später, als Reichskanzler, sollte er noch zweimal gerade diesen Kreuzer besuchen, einmal nach dessen Rückkehr von seiner großen Auslandsreise und ein weiteres Mal mit Spitzen der Reichswehr und der Marine während eines Manövers. Diejenigen Marineoffiziere, die ihn da kennenlernten, waren – wie bereits erwähnt – zunächst durchaus beeindruckt von seinem Verständnis für marinepolitische Belange und hofften, er würde die Marine wieder auf eine bestimmte Höhe führen. Diese Hoffnungen trogen zunächst auch nicht, war doch ein Ergebnis der außenpolitischen Bemühungen des NS-Regimes das deutsch-britische Flottenabkommen von 1935, das der deutschen Marine tatsächlich zunächst die Möglichkeit eines über die Bestimmungen des Versailler Vertrages nicht unwesentlich hinausgehenden Ausbaus gab. Später freilich mußte auch die Marine erkennen, daß sie nur eine Figur im mehr und mehr verbrecherischen Tun dieses Regimes war, der in dem 1939 ausbrechenden Krieg ein hoher Blutzoll abverlangt wurde. Doch zurück zur Geschichte unseres Kreuzers. Im September des Jahres 1932 nahm die *Köln* wieder an den Herbstmanövern der Flotte teil. Die Teilnahme an diesen Manövern wurde unterbrochen wegen einer Seebestattung, die die *Köln* durchführen sollte. Admiral Hans Zenker war gestorben. Von 1924 bis 1928 war er Chef der Marineleitung gewesen, und am 31. Mai 1916 hatte er mit viel Geschick und Bravour den Schlachtkreuzer *Von Der Tann* in der Skagerrakschlacht geführt. Nun sollte die Urne mit der Asche des Verstorbenen im Skagerrak versenkt werden. Dem Leichten Kreuzer *Köln* wurde diese Aufgabe übertragen. Der älteste Sohn des verstorbenen Admirals, Karl-Adolf Zenker, nahm an dieser Bestattungsfeier auf hoher See teil. Er wurde übrigens später, nach dem Zweiten Weltkrieg und dem Wiederaufbau einer deutschen Bundesmarine einer der Inspekteure eben dieser Bundesmarine und hatte dabei auch wieder mit einer neuen *Köln* zu tun. Im Rahmen einer kurzen Nordlandreise lief die *Köln* für zwei Tage den norwegischen Hafen Stavanger an. Nach Wilhelmshaven zurückgekehrt, war es dann soweit. Der vom Reichspräsidenten ausgefertigte Befehl zur Durchführung einer großen Überseereise mit folgender Routenangabe lag vor:

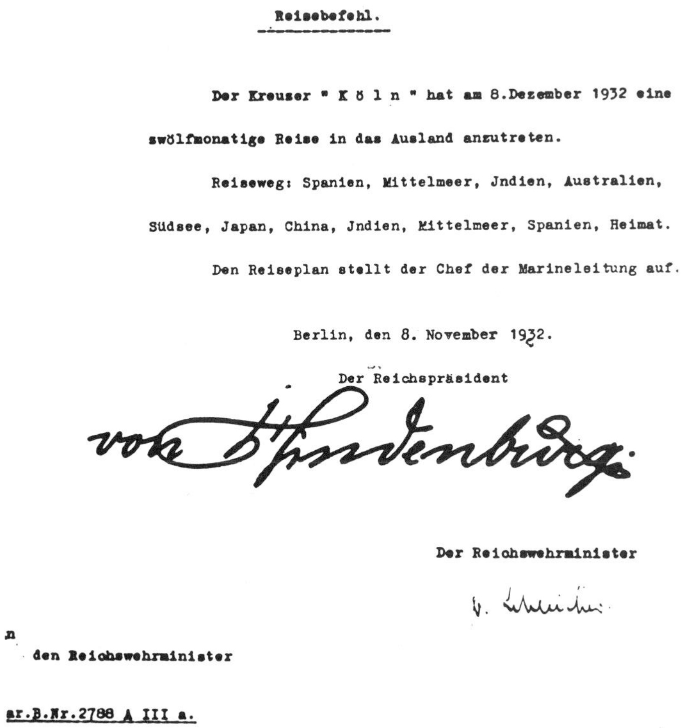

Reisebefehl.

Der Kreuzer " K ö l n " hat am 8.Dezember 1932 eine zwölfmonatige Reise in das Ausland anzutreten.

Reiseweg: Spanien, Mittelmeer, Jndien, Australien, Südsee, Japan, China, Jndien, Mittelmeer, Spanien, Heimat.

Den Reiseplan stellt der Chef der Marineleitung auf.

Berlin, den 8. November 1932.

Der Reichspräsident

von Hindenburg

Der Reichswehrminister

v. Schleicher

n

den Reichswehrminister

ar.B.Nr.2788 A III a.

Reisebefehl des Reichspräsidenten für die *Köln* vom 8. November 1932

So waren denn die verbleibenden Tage ausgefüllt mit viel Arbeit, mußten doch all die Dinge an Bord gebracht und dort gestaut werden, die nötig waren, um die Besatzung und das Schiff mit all dem auszurüsten, was eine 12monatige Reise erfordert. Diese Reisevorbereitungen werden anschaulich geschildert in dem Buch von Hans Fuchs, Die Weltreise des Kreuzers *Köln*, Dresden 1934. Hier ein kurzer Auszug aus dieser Schilderung:

... Kaum sind die Klänge der Flaggenparade verhallt, ruft die Bootsmaatenpfeife den ewig alten Stropp der letzten Wochen: »Antreten zum Arbeitsdienst!«

Ein neuer Tag Arbeit wartet. Bald zieht über die Stellings wieder der ununterbrochene Zug der grauen Männer im Takelzeug, krumm, gebückt unter der Last der Kisten, Fässer und Büchsen. Und wieder klingt im Schiffsinnern das Brechen der Kisten von Hammer und Meißel, wo flinke Hände den Inhalt in Lasten, Hellegatts, Räume und Zellen verstauen. Alles verschwindet im Leib dieses Schiffes, Hunderte und aber Hunderte von Kisten, Stunde um Stunde, seit Tagen schon, unmöglich erscheinend und doch vollbracht. Mancher Scherz fliegt auf, und mancher Fluch wird unterdrückt. – Wer den Weg an Oberdeck finden will, hat mancherlei Prüfungen zu bestehen: Gebirge von Büchsen, Kisten sind zu überwinden, an Abgründen lauernder Lasten vorbei drückt sich der Pfad, Hagel von Bohnen ergießt sich aus geplatzten Säcken, mit Donnergetöse stürzt Tau- und Blockwerk in die Tiefe, und endlose Schlangen gerollter Persenninge wandeln durch die Decks. Betrieb und Zustand überall. Staunend steht der Laie und bewundert den Maaten, der inmitten dieser wilden Welt fein sorgsam das Zeitzeichen für Chronometer abhört. Staunend steht selbst der Fachmann und bewundert den Steuermann, der in einem Chaos von Kistenholz und Trümmern auf der Schanz mit neuem Sextanten seelenruhig die Sonne mißt, um sich »einzugewöhnen«. Fachkundige Geschäftsleute überwachen an Deck ihre Lieferungen – von Geschäfts wegen. Gewichtige Zollbeamte prüfen Stück um Stück – von Amts wegen. Mißtrauische Messe-, Kantinen- und Menagevorstände machen kritisch strenge Augen – von Schiffs wegen. Und nur der wackere Seemann macht ein harmlos fröhliches Gesicht und schmunzelt – seinetwegen. Denn da hinten ist leider wieder einmal eine Flasche mit so schönen, lockenden Aufschriften »gebrochen«.

... Soweit der Stimmungsbericht. Schließlich ist die letzte Kiste verstaut, der Inhalt des letzten Sackes untergebracht, hat ein kräftiges »Rein Schiff« wieder einen schmucken Kreuzer gemacht aus dem Schiff voller Unruhe und Unordnung – vermeindlicher Unordnung, denn auch das wildeste Tohuwabohu, wie es sich den kritischen Augen des Bootsmannes in den letzten Tagen immer wieder bot, löste sich letztlich doch auch wieder auf. Der Tag der Abreise, der 08. Dezember 1932, ist jetzt gekommen, und noch einmal sei Hans Fuchs zitiert:

Die *Köln* in Wilhelmshaven beim Passieren der Kaiser-Wilhelm-Brücke.
Foto: BAK.

Nun singen die Schrauben ihr einförmig Lied.
Noch einmal umschmeicheln die Nordseewogen unser schönes Schiff, das jetzt im Abenddämmern dahingleitet. ... Noch klingt in uns die Erinnerung an diesen heutigen Abschiedstag: Der strahlende Dezembermorgen, das schmucke, tiefgeladene Schiff an dem Pier, die Tausenden Menschen, die militärische Feier in der Schleuse, und dann – das erlösende fröhliche Winken hin und her, bis langsam achteraus die Schleuse und Wilhelmshaven entschwinden. »Wem Gott will rechte Gunst erweisen, den schickt er in die weite Welt!« Nur der »Lange Heinrich«, der große Schwimmkran, weist noch lange ernst gen Himmel: »Mach's gut, ‹*Köln*›!« (a.a.O. S. 17)

An dem Tag übrigens, an dem die *Köln* ihre große Weltreise antrat, kehrte ihr Schwesterschiff, die *Karlsruhe*, von ihrer zweiten großen Fahrt zurück, auf der sie rund 38.000 Seemeilen zurückgelegt hatte. Hier sei ein kurzes Wort gesagt zu der Gepflogenheit der Reichsmarine, ihre Seekadetten mit den Kreuzern auf »Große Fahrt«, oft auch auf echte Weltumsegelungen zu schicken. Nachdem die Aufbauarbeit der neuen Reichsmarine einen gewissen Grad von Konsolidierung erreicht hatte, die Rückschläge durch die Auswirkungen des Kapp-Putsches überwunden waren, konnte bereits 1924 der Kleine Kreuzer *Berlin* erstmals wieder auf eine größere Auslandsreise geschickt werden, die zu den Azoren, den Kanarischen Inseln und in einige spanische Festlandhäfen führte. Ab 1926 konnten dann 10 Jahre lang die Kreuzer regelmäßig auf große Überseefahrten geschickt werden, zunächst noch die alten reaktivierten Kleinen Kreuzer *Berlin* und *Hamburg*, im gleichen Jahr ging aber auch der erste Nachkriegsneubau, die *Emden* (3) auf eine große zweijährige Weltreise, von der sie erst 1928 wieder heimkehrte. Im gleichen Jahr trat sie ihre zweite große Reise an, 1930 eine dritte und 1931 fuhr sie noch einmal nach Ostasien. 1927 fuhr die alte *Berlin* nach Ostasien und Australien. Am 24.05.1930 lief die *Karlsruhe* (3) zu ihrer ersten großen Weltreise aus, der bis 1935 noch vier weitere folgen sollten. Die letzte Fahrt der *Karlsruhe* dauerte bis zum 13.06.1936. Die größte Reise der *Karlsruhe* führte sie in gut einem Jahr über 38.000 Seemeilen rund um die Welt. Diese Reise endete an dem Tag, an dem die *Köln* zu ihrer einzigen großen Weltreise aufbrach, auf der sie auch immerhin insgesamt 37.000 Seemeilen zurücklegte. Da die deutschen Kriegsschiffe nach Ausbruch des spanischen Bürgerkrieges im Jahre 1936 im Zusammenwirken mit den anderen europäischen Mächten zum Schutz der deutschen, englischen, italienischen Bürger in Spanien, vor allem im Bereich der spanischen Mittelmeerküste stark engagiert waren, konnten von diesem Zeitpunkt ab die Kreuzer nicht mehr auf große Fahrt gehen.

Die *Köln* verläßt Anfang Dezember 1932 die Heimat zur großen Auslandsausbildungsreise. Foto: Marinewerft Wilhelmshaven

Weihnachten in Caramiñal-Spanien
Am Oberdeck, auf der Schanz steht eine große Tanne, Gruß aus der Heimat. Schiff und Besatzung haben ihr Festkleid angelegt. »Stille Nacht, heilige Nacht« erklingt und der Schiffspfarrer verliest von der mit einer Kriegsflagge verkleideten Kanzel das Weihnachtsevangelium. – Aus der Kombüse dringen vielversprechende Gerüche und lassen ahnen, was zum Weihnachtsfest gehört, seit jeher. Punsch, Backwerk und ein schöner Braten. Dann unten in den Decks die Bescherung. Divisionsweise sitzen die Männer zusammen, die kleinen Bäumchen strahlen ihr mildes Licht aus und auf den Backen stehen die Geschenke. Die Post aus der Heimat ist rechtzeitig eingetroffen. – Wenn die Sonne sinkt, strahlen die Lichter der Tanne über das Wasser, und sie wird zum Sinnbild des Christfestes. Foto: KR.

Am 19. April läuft die *Köln* aus Melbourne aus in die Tasman-See, um den ersten Schießabschnitt zu absolvieren. Schwere See erwartet sie, und sie schlingert tüchtig. Jetzt werden den Lords wieder »Seebeine« wachsen. Foto SCH.

Die engen dunklen Straßen in der City erinnern daran, daß wir uns in der ältesten australischen Stadt befinden. Schon 1788 wurde sie auf Betreiben des englischen Lords Sydney, Sohn eines Frankfurter Deutschen, für Kolonisten und Sträflinge gegründet. Am 15. Mai heißt es Abschied nehmen. Die Leinen werden losgeworfen, und unter einem Meer von bunten Bändern reißt die Verbindung zu Australien, den Wundern der Südsee entgegen.
Foto SCH.

Doch nun zurück zur Reise unserer *Köln* (3). Das Kommando an Bord führte Fregattenkapitän Schniewind, der spätere Admiral. Der erste ausländische Hafen, der angelaufen wurde, war das spanische Caramiñal. Hier feierte die Besatzung das Weihnachtsfest. Dann ging es weiter durch das westliche Mittelmeer in das Tyrrhenische Meer. Der nächste Hafen, der besucht wurde, war Messina. Von dort führte der Kurs durch das Jonische Meer nach Alexandrien. Hier wurde der Kommandant der *Köln* vom ägyptischen König empfangen. Weiter ging es durch den Suez-Kanal, das Rote Meer in den Indischen Ozean. Hier wurden die Häfen Madras, Sabang und Batavia angelaufen. Nächste Anlaufhäfen in Australien waren Fremantle, Adelaide im Australischen Golf, St. Philippsbay, Melbourne, Hobart, Stormbay und dann Sydney. Vor allem in den australischen Häfen kam es gelegentlich zu Kundgebungen gegen den Besuch des deutschen Schifffes wegen der Ereignissse in Deutschland: immerhin hatten

Auf den Innenhafen zulaufend, an einigen Fahrzeugen der australischen Marine vorbei, wächst die gewaltige Brücke vor der *Köln* auf. Der Kreuzer scheint klein unter ihrem weiten Boden, der sich frei und majestätisch – eine technische Schönheit – über den Hafenarm spannt. Die *Köln* schoß Salut, anschließend Geschützreinigen. Dazu mußten die Rohre gesenkt werden. Am andern Tag schrieb die »SYDNEY TIMES« unter einem davon geschossenen Foto: »Hitler zeigt die Zähne!«. Dicht vor der Brücke macht die *Köln* am Circular-Kai fest. Diesmal stehen dicht gedrängt Deutsche, schwarz-weiß-rote Fähnchen schwenkend, auf der Pier und begrüßen begeistert das erste deutsche Kriegsschiff seit Ende des Ersten Weltkrieges. Foto SCH.

Am 23. Mai 1933 hebt sich aus der Morgendämmerung die erste der Fidschi-Inseln und zugleich die größte: Viti Levu. Durch das glasklare Wasser zwischen den Korallenriffen, die schmale Einfahrt passierend, läßt die *Köln* vor Suwa den Anker fallen. Hohe Palmen und sattes Grün wird sichtbar. – Die Besatzung der *Köln* erlebt ihren Südseetraum. Foto SCH.

Zur Grundüberholung ging die *Köln* in Kobe drei Tage ins Dock. Das Dock, in dem zuletzt die SMS *Gneisenau* gelegen hatte, wurde nach dem Friedensvertrag von Tsingtau nach Japan ausgeliefert. Bewundert wird das Organisationstalent der Japaner. Es waren Frauen, die das Schiff in 24 Stunden vollständig abkratzten – mit einfachen Spaten. Der dreimalige Anstrich einschließlich Wasserlinie war in zwei Tagen fertig. Auch unsere Männer mußten in den drei Tagen schwere Überholungsarbeiten leisten – trotz der Hitze. Foto SCH.

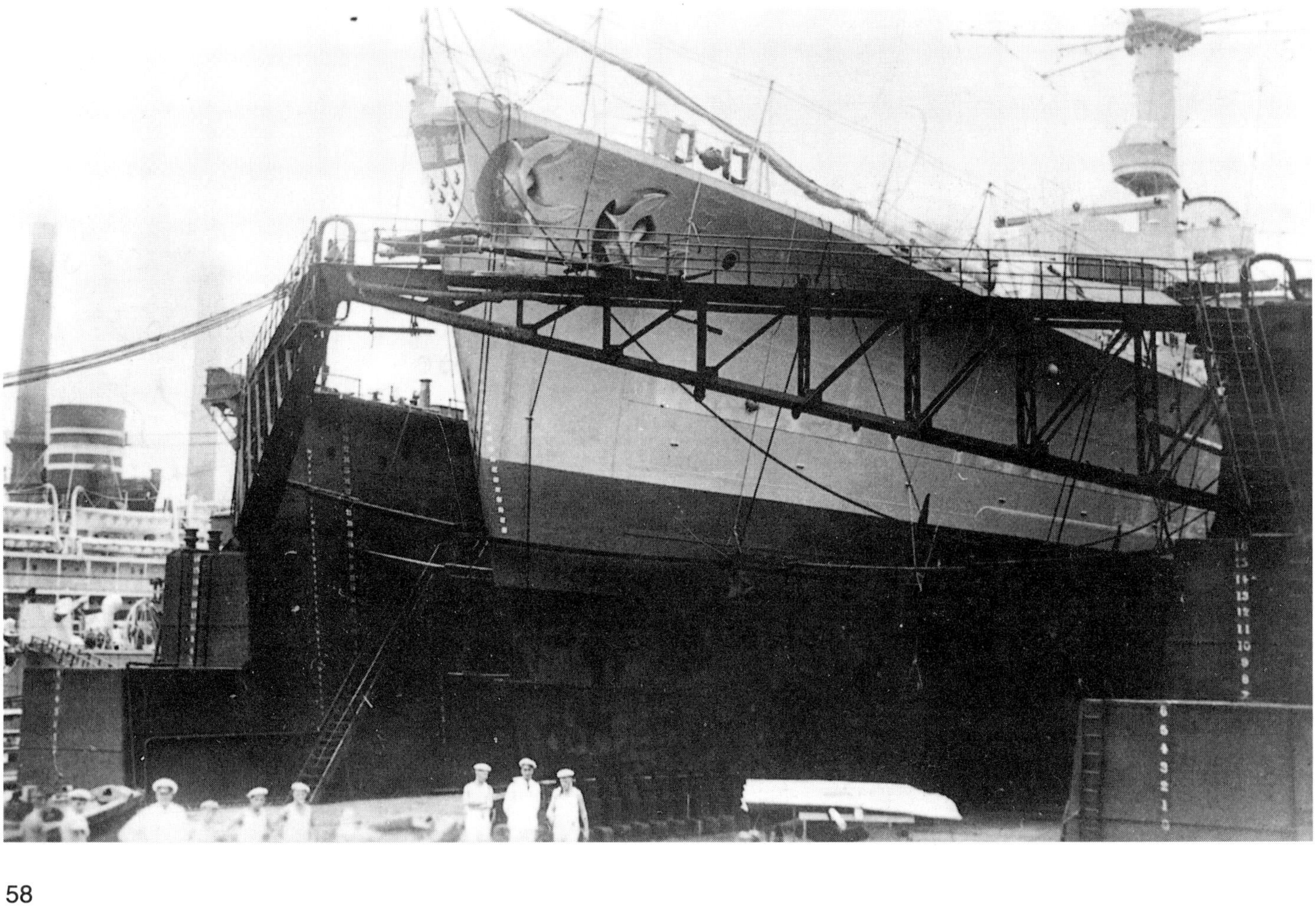

Die Kasematt-Türme und Geschütze der ehemaligen deutschen Festungswerke um Tsingtau. Foto SCH.

22. Juli 1933

Am anderen Morgen ragen schon von ferne die hohen, zackigen Gipfel des Lauschan-Gebirges weit über die Kiautschou-Bucht. An kleinen Inseln vorbei nähern wir uns Tsingtau. Nachdem der »Prinz-Heinrich-Berg« passiert ist, leuchten uns die ersten roten Dächer der Stadt herüber. Nur wenige Jahre, von 1897 bis 1914, hatten die Deutschen Tsingtau als Kolonie, bis am 7. November 1914 Japans blutrotes Sonnenbanner über Tsingtaus zerschossenen Batterien aufstieg. – In der kurzen deutschen Zeit ist Tsingtau eine typisch deutsche Stadt geworden, so heimatlich wirken die massigen Häuser und der kantige Turm der Christuskirche. Der rote Backstein-Bau des »Kaiserlichen Postamtes« lugt um die Ecke und im früheren »Deutschen Club«, dem jetzigen »International«, schwingt sich der Kaiseradler über dem Kaminmosaik, und die Wappen der Hansestädte leuchten in der Glasmalerei der Fenster. Foto SCH.

Durch den Indischen Ozean südlich Flores geht es westwärts. Die Uhr wird wieder zurückgestellt. Wir kommen der Heimat näher. Am Nachmittag des 15. tauchen gewaltige Berge auf. Bali – die Trauminsel.! Blaudämmernder Himmel wölbt sich über den Kratern der dunklen Berge. Die Sonne glüht durch zerrissenes Gewölk, und die Nacht läßt die Inselsilhouette tiefrot erglühen in der untergehenden Sonne. Durch die Bali-Straße läuft die *Köln* in die Java-See. Die Küste schließt sich zu beiden Seiten enger und enger, und als es hell wird, liegt Singapur – der Briten östliches Gibraltar, mit seinen Wolkenkratzern, dem Hafen, den Dampfern und Seglern an Backbord. Foto SCH.

Niederländisches Kanonenboot *Soemba*
Makassar. Geburtstag der holländischen Königin. Wieder einmal liegt die *Köln* im Schmuck ihrer bunten Wimpel und Flaggen, einer Königin zu Ehren, vor Anker. 100 Schuß erschüttern die Luft, als vom holländischen Kanonenboot *Soemba*, das tags zuvor eingelaufen ist, der erste Salutschuß beginnt. Pünktlich fällt die *Köln* ein, und die Menschen an Land werden wach. – Um 10 Uhr großer Galaempfang beim Gouverneur. – Ein malerischer Anblick bietet sich bei der Segelregatta der Eingeborenen, die sie alljährlich veranstalten. Foto KR.

Colombo auf Ceylon am 4. Oktober 1933
Der große geschützte Hafen nimmt die *Köln* auf. Auf Ceylon soll einst das Paradies gewesen sein. Jedenfalls ist heute noch die »Adamsbrücke« vorhanden, die den Norden der Insel mit dem übrigen Indien verbindet und über die die ersten Menschen ihre Wanderung über die Erde angetreten haben sollen. – Der Singhalese, weich, von zartem Körperbau, hat nichts mehr von dem alten Herrenvolk an sich. Die Tamilen mit ihrem Fleiß und ihrer Geschäftstüchtigkeit machen sich breit. Colombo, der letzte Tropenhafen, läßt noch einmal die Schönheit und überschäumende Fülle tropischer Natur sehen. Die Fahrt nach Candy ist ein Erlebnis. Foto KR.

In der Öde des Suez-Kanals
14 Tage lang geht die Reise der *Köln* westwärts, ehe sie aus der Tropensonne des Indischen Ozeans in die Glut des Roten Meeres tritt. – 32 Grad Celsius morgens schon auf der Brücke. Zu beiden Seiten erstrecken sich Wüsten, die afrikanische und arabische Küste. Am 20. passiert die *Köln* den Wendekreis. – An Steuerbord liegt hinter der flimmernden Wüste das geheimnisvolle Königreich Jemen, das Reich der Königin von Saba. Am anderen Tag grüßt uns der Sinai herüber. Die *Köln* überholt den Hapagdampfer *Naumburg* und ankert am 21. vor Suez. Am andern Tag heller Sonnenschein, keine Tropenglut, das Mittelmeer erwartet uns. Den ganzen Tag an Deck bei der Kanalfahrt. Foto KR.

am 30. Januar 1933 die Nationalsozialisten in Deutschland die Macht ergriffen. Und gegen deren Praktiken richteten sich schon damals Proteste in einzelnen Häfen.
Von Sydney aus führte die Route weiter erst durch den Indischen Ozean in die Südsee, wo die *Köln* zunächst Suwa anlief. Ferner wurden Rabaul und Guam besucht. Durch den Pazifik ging es dann nach Kobe, von hier weiter durch das Gelbe Meer nach Dairen und zur Schantung Halbinsel, wo der ehemaligen deutschen Kolonie Tsingtau ein mehrtägiger Besuch abgestattet wurde. Nächstes Ziel war Peking, von hier ging es den Wang-Poo aufwärts bis Shanghai, wieder zurück in die Celebes-See nach Makassar und Endeh. Als die Insel Flores am Horizont verschwindet und die *Köln* in die Malakkastraße einläuft, ist die Wendemarke erreicht, zum ersten Mal heißt es »Holdrio, jetzt geht's zur Heimat!« Noch einmal wird mit Belawan ein Hafen Niederländisch-Indiens besucht, dann geht es durch den Indischen Ozean zunächst nach Colombo, von hier aus dann wieder durch den Suezkanal mit einem kurzen Aufenthalt in Port Said. Die *Köln* läuft in die Suda-Bucht ein. Hier bleibt sie zehn Tage, Divisionsdienst, Gefechtsbesichtigung und Ruhetage stehen auf dem Programm. Von Kreta aus führt die Rückreise weiter nach Piräus, Athen wird besucht, Korfu angelaufen, und dann geht es zum italienischen Kriegshafen Tarent. Nach einer Besichtigung der Roma Aeterna, der Heiligen Stadt, geht es ohne Aufenthalt durch die Straße von Gibraltar in den Atlantik. Nach vier Tagen Aufenthalt in Vigo folgt noch einmal ein fünftägiger Seetörn durch den Atlantik und die Nordsee, und am 12. Dezember 1933 geht die *Köln* in Wilhelmshaven vor Anker. 37.000 Seemeilen hat sie zurückgelegt, und ein fast 100 m langer Heimatwimpel kündet von der wirklich Großen Fahrt, die nun Vergangenheit ist. Mit dem Ende der Reise endet auch die Kommandierung der *Köln* zur Inspektion des Bildungswesens und die Tätigkeit als Ausbildungskreuzer für den Offiziersnachwuchs. Zum 01. Januar 1934 wurde die *Köln* wieder dem Verband der Aufklärungsschiffe zugeteilt. Dies war die Zeit, in der sich folgender Vorfall ereignete:

»Fuchs, Du hast die Gans gestohlen!«
»Eine Episode, die zeigt, daß man in der Marine Sinn für Humor hatte, ist mir in Erinnerung geblieben« erzählte Josef Dollhoff.
»Nachdem ich von Januar bis März 1934 meine Rekrutenausbildung in Bremerhaven, Kaserne Kaiserstraße, hinter mich gebracht hatte, wurde ich zum 1.4. auf Panzerschiff *Deutschland* kommandiert. Unser Liegeplatz war in »Alaska«, dem Hafenbecken für die Dickschiffe in W'haven. In etwa 150 – 180 m Entfernung hinter uns lagen die beiden alten »Bügeleisen«, wie man die Linienschiffe der ehemalischen Kaiserlichen Marine, *Schlesien* (Sophie Nanni) und *Schleswig-Holstein* (Sophie X) nannte.
In diese Lücke sollte Kreuzer *Köln* einscheren und hinter unserem Heck festmachen.
Der Kommandant der *Köln* wollte ein schneidiges Anlegemanöver fahren und kam mit »voll Braß« angerauscht, dann beide voll zurück, Backbord-Maschine voraus, Steuerbord-Maschine zurück, und dann sollte der Dampfer liegen, daß die anderen Kommandanten Stielaugen bekamen.
Ich konnte alles genau beobachten, denn ich war zum Leinenkommando abgeteilt, und wir hatten die Aufgabe, zu dreien die Achterleine wahrzunehmen. – Fregattenkapitän Fuchs, der Kommandant der *Köln*, fuhr also selbst das Anlegemanöver. Er hatte sich wohl etwas verschätzt, denn er tippte mit seinem Bug unseren Hoheitsadler am Heck an, der danach ziemlich gerupft aussah und die Flügel hängen ließ.

Die *Köln* mit dem fast 100 m langen Heimatwimpel läuft in die Schleuse ein.
Foto: KR.

Unser Kommandant Kapitän z. See von Fischel hatte Sinn für Humor. Als Kapitän Fuchs (Werner) die Stelling der *Deutschland* betrat, wurde er mit der Melodie »Fuchs, Du hast die Gans gestohlen« von unserer schnell zusammengetrommelten Bordkapelle empfangen. Als Flaggschiff des B.d.P. (Befehlshaber der Panzerschiffe) hatten wir eine Bordkapelle.

Ob er nach der Begrüßung in der Kommandantenmesse eine Zigarre verpaßt bekam, ist uns nicht bekannt geworden. Aber immer, wenn Fuchs später irgendeine Messe betrat, wurde er mit dem Lied »Fuchs, Du hast die Gans gestohlen« empfangen.«

Werner Fuchs wurde 1942 Admiral. Er erhielt 1944 das Ritterkreuz und das Kriegsverdienstkreuz mit Schwertern. Er starb 1976 in Kitzeberg.

Im Verband der Aufklärungsschiffe nahm die *Köln* im Juni 1934 zusammen mit dem Panzerschiff *Deutschland* an einer Übungsfahrt in den Atlantik teil. Diese Fahrt dauerte achtzehn Tage, und der Verband besuchte u.a. Funchal auf Madeira und Lissabon. Im Dezember 1934 ging die *Köln* in die Werft nach Wilhelmshaven. Es wurden eine Katapultanlage und ein schwerer Flugzeugkran eingebaut; denn die *Köln* sollte ein Bordflugzeug erhalten. Dies war zunächst ein Doppeldecker von Heinkel, Typ He 60, später erhielt sie ein Flugzeug neueren Typs, eine Arado 196. 1937 wurden dieses Katapult und der schwere Kran allerdings wieder ausgebaut. Es hatte sich gezeigt, daß die Seefähigkeit des Kreuzers unter diesen Einbauten litt, durch die Mehrbelastung war das Schiff toplastig geworden. Das Jahr 1935 blieb ohne erwähnenswerte Ereignisse im Dienstbetrieb des Kreuzers. Von Ende Februar bis Anfang März 1936 führte eine Fischereischutzreise die *Köln* in die Gewässer der Lofoten. Eine Fahrt mit gleicher Auftragsstellung wurde im annähernd gleichen Zeitraum 1937, nämlich vom 26.02. bis zum 13.03., wiederholt.

Das Bordflugzeug der *Köln*, ein He 60 Doppeldecker, wird mit dem Kran ausgesetzt. Das Katapult wurde wieder abgebaut, da die *Köln* durch dessen Gewicht topplastig wurde. Foto KR.

1934 bekam die *Köln* zwei Bordflugzeuge; He 60, die mit Katapult abgeschossen wurden, bzw. geschleudert wurden.
Das Katapult wurde 1942 abgebaut, weil es sich ergab, daß die *Köln* dadurch topplastig wurde. Auch die Bordflugzeuge kamen 1942 von Bord.
Danach bis Kriegsende keine bordeigenen Flugzeuge mehr. Foto RM.

Flüchtlinge aller Nationen werden von der *Köln* an Bord genommen und untergebracht. Sie nahm außer den Flüchtlingen aus Guetaria auch Menschen aus San Sebastian an Bord und brachte sie nach Portugalete, wo sie dem Dampfer *Bessel* übergeben wurden. (August 1936).
Fotos: Dollhoff

Die Arbeit der deutschen Kriegsschiffe

DNB. Berlin, 6. Aug. 1936

Die Hilfeleistung der deutschen Seestreitkräfte in den spanischen Gewässern nimmt weiterhin ihren Fortgang. Der Kreuzer *Köln* und das Torpedoboot *Albatros* nahmen die Flüchtlinge aus Guetaria an der Nordküste Spaniens an Bord und brachten diese sowie weitere Flüchtlinge aus San Sebastian nach Portugalete, wo sie dem Dampfer Bessel übergeben wurden.

Das Torpedoboot *Albatros* bleibt weiter vor Bilbao, während das Torpedobot *Seeadler* vor Gijon liegt.

Wegen der Verletzung und Tötung deutscher Staatsangehöriger bei der Beschießung dieser Stadt durch aufständische Seestreitkräfte hat die nationale Regierung in Burgos dem deutschen Seebefehlshaber das aufrichtige Bedauern ausgesprochen und mitgeteilt, daß dringende Anweisungen zur Vermeidung ähnlicher Vorfälle erteilt seien.

Der Kreuzer *Köln* ist auf dem Wege nach La Coruna, um mit der dortigen deutschen Kolonie Verbindung aufzunehmen.

An der Mittelmeerküste Spaniens dauert der Flüchtlingsstrom in starkem Maße weiter an. Das Panzerschiff *Admiral Scheer* nimmt die Flüchtlinge aus Madrid in Valencia und Alicante auf. Hierher ist auch der deutsche Passagierdampfer *Njassa* beordert worden. Aus Tarragona wurde die gesamte deutsche Kolonie und aus einigen kleineren Hafenorten der Ostküste eine Anzahl Flüchtlinge mit deutschen Dampfern nach Genua abtransportiert. Auf den Balearen haben sich bisher nur wenige Deutsche zum Heimtransport bereit gefunden.

Mitte des Jahres 1936 brach in Spanien der Bürgerkrieg zwischen der republikanischen Regierung und dem faschistischen General Franco aus. Dieses Ereignis berührte und bedrohte viele in Spanien ansässige Ausländer, darunter auch zahlreiche Deutsche, die vor allem in Orten und Häfen der spanischen Mittelmeerküste lebten. Deshalb sandten eine Reihe europäischer Mächte Kriegsschiffe in diese Region, um Leben sowie Hab und Gut ihrer Landsleute vor Übergriffen zu schützen. An diesen Aktionen beteiligte sich auch das deutsche Reich. Seit 1935 war die Reichsmarine in Kriegsmarine umbenannt worden und führt nicht mehr die schwarz-weiß-rote sondern die neue Hakenkreuzkriegsflagge. Die *Köln* gehörte zu den ersten Einheiten der deutschen Kriegmarine, die in spanische Gewässer entsandt wurden. Dieser erste Einsatz währte vom 27.07. bis zum 26.08.1936; von Anfang Oktober bis Anfang Dezember 1936 kreuzte die *Köln* erneut in spanischen Gewässern. 1937 war die *Köln* insgesamt dreimal im Mittelmeer und tat Dienst an der spanischen Küste. Dabei konnte sie zahlreichen Flüchtlingen tatkräftige Hilfe leisten. Diese Spanienzeit wurde unterbrochen durch die bereits erwähnte Fahrt wegen Fischereischutz im Frühjahr 1937 und einen Besuch in der lettischen Hauptstadt Riga vom 27.05. bis zum 04.06.1937. Über das Jahr 1938, für das deutsche Reich recht bedeutsam, brachte es doch die Eingliederung Österreichs, wogegen die Signatar-Mächte für die Einhaltung der Bestimmungen des Versailler Vertrages keine Einwände erhoben. Im Gegenteil, bei der sich anbahnenden Krise um die sudetendeutsche Frage und der gewaltsamen Lösung dieses Problems durch Hitler, hielten Frankreich und England an ihrer sog. Appaesementpolitik fest, indem sie im September 1938 in der Konferenz von München den deutschen Forderungen nachgaben. Zwar ließ dieses Abkommen zunächst in allen europäischen Staaten das Gefühl aufkommen, der Friede sei gerettet. Indes diese Hoffnung trog. Hitlers Wünsche und Forderungen gingen immer weiter. Und hier wird auch erstmals die Marine an der Rückgliederung von ehemaligem Reichsgebiet, das durch die Bestimmungen des Versailler Vertrages dem deutschen Reich genommen worden war, beteiligt. Anfang Februar 1939 hatte die *Köln* der alten Hansestadt Hamburg einen Besuch abgestattet. Von hier ging es dann in die Ostsee. Die *Köln* nahm am Marsch der deutschen Flotteneinheiten nach Memel teil. In einem Vertrag vom 22. März 1939 zwischen dem deutschen Reich und Litauen war die Rückgabe dieses vorwiegend von Deutschen besiedelten Gebietes an das deutsche Reich vereinbart worden. Der deutsche Flottenverband sollte die Macht des Reiches demonstrieren. Immerhin blieb den Litauern aber im Hafen von Memel eine Freihandelszone. Die Fahrt nach Memel war die letzte größere Unternehmung im Frieden, an der die *Köln* beteiligt war. Hatte Hitler die Welt noch am 23. August 1939 durch den Abschluß eines deutsch-sowjetischen Nichtangriffspaktes in Erstaunen versetzt, so wurde er mit seinen Forderungen Polen gegenüber um so dreister. Am 01. September 1939 beginnt Hitler den Angriff auf Polen, am 03. September 1939 erklären Großbritannien und Frankreich unter Berufung auf ihre Bündnisverpflichtungen gegenüber Polen dem Deutschen Reich den Krieg. Damit beginnt ein neuer Abschnitt in der Geschichte unseres Schiffes und seiner Besatzung.

Besuch der *Köln* in Riga 1938
Die *Köln* vor dem Schloß in Riga

Foto: BAK

Deutsche Marinetruppen vor der Petrikirche

Foto: BAK

Leichter Kreuzer »Köln« (3) im Zweiten Weltkrieg 1939 bis 1945

Am 5. Januar 1939 hatte Hitler Forderungen an Polen zur Revision der deutschen Ostgrenze gestellt. Die darüber geführten deutsch-polnischen Verhandlungen endeten Ende März 1939 mit einer Ablehnung der deutschen Vorschläge durch die polnische Regierung, die vorsorglich eine Teilmobilmachung ihrer Armee anordnete. Am 31. März 1939 gibt England eine Garantieerklärung für den Bestand des polnischen Staates ab und schließt am 26. August 1939 einen Bündnisvertrag mit Polen. Einen Tag vorher hatte Hitler bereits um 15.02 Uhr den Befehl zum Angriff auf Polen gegeben, der aber um 18.15 Uhr noch einmal widerrufen wurde. Am 1. September 1939 begann dann aber – ohne vorherige Kriegserklärung – deutscherseits der Angriff auf Polen, der 2. September brachte einen letzten erfolglosen Vermittlungsversuch Italiens, und am 3. September 1939 erklärten England und Frankreich unter Berufung auf ihre Bündnisverpflichtung gegenüber Polen dem Deutschen Reich den Krieg.

Damit stand vor allem die deutsche Kriegsmarine vor einer Aufgabe, die sie kaum würde bewätigen können: die immerhin stärkste europäische Seemacht niederzuringen. Daß indes diese vor allem englische Kriegserklärung für die deutsche Marineleitung gar nicht so unerwartet kam, mag aus der Tatsache herzuleiten sein, daß bereits seit dem 19. August 1939 die Panzerschiffe *Admiral Graf Spee* und *Deutschland* sowie 18 U-Boote ausgelaufen waren, um Wartepositionen im Atlantik einzunehmen.

Die *Köln* bei Kriegsbeginn 1939 in Wilhelmshaven. Man beachte die Fesselballons, die gegen feindliche Flugzeugangriffe schützen sollen.
Foto: BAK

Die *Köln* tat bei Kriegsausbruch Dienst als Flottenkreuzer bei den Aufklärungsstreitkräften. Flaggschiff war die *Nürnberg*, Befehlshaber der Aufklärungsstreitkräfte (BDA) Vizeadmiral Densch. Drittes Schiff des Verbandes war die *Leipzig*. In den letzten Augusttagen lagen die Kreuzer in Swinemünde. Sie hatten zunächst den Auftrag, die Danziger Bucht und die Verbindung mit Ostpreußen zu sichern. Aber bereits am 1. September 1939 verlegte der Kreuzerverband, zu dem als vierter Kreuzer noch die *Königsberg* gestoßen war, durch den Nord-Ostseekanal – damals hieß er noch Kaiser-Wilhelm-Kanal – in die Nordsee. Inzwischen war Konteradmiral Lüttgens BDA geworden. In der Folgezeit, den ersten Kriegsmonaten, war die *Köln* an verschiedenen Unternehmungen beteiligt: so am Legen der sog. Westwallminensperren in der Nordsee in der Zeit vom 3. bis zum 18. September 1939, weiter an einem Flottenvorstoß unter Admiral Boehm mit dem Schlachtschiff (bzw. Schlachtkreuzer) *Gneisenau* und neun Zerstörern in den Atlantik, der bis in die Höhe von Utsire führte, aber ohne erwähnenswerte Ergebnisse blieb und nur drei Tage dauerte, vom 8. bis zum 10. Oktober 1939. Anschließend führte die *Köln* im Verband mit dem Panzerschiff *Deutschland*, dem leichten Kreuzer *Leipzig* und der 6. Torpedobootsflottille Handelskrieg im Kattegatt.

1939 – 1940 Kommandant der *Köln* Kapitän zur See Kratzenberg. Konteradmiral a.D. Ernst Kratzenberg ist am 16.7.1984 im Alter von 88 Jahren in Eutin verstorben. Foto: RM.

Schließlich bezog die *Köln* zusammen mit der *Nürnberg* und *Leipzig* in der Nacht vom 12. auf den 13. Dezember 1939 eine Auffangstellung in der westlichen Nordsee, um eine Gruppe von Zerstörern unter dem Führer der Zerstörer (FDZ) Kapitän zur See Bonte aufzunehmen, die eine offensive Minenunternehmung gegen die englische Küste unternommen hatten. Beide Unternehmungen standen unter dem Befehl des BDA, Konteradmiral Lüttgens. Bei der letztgenannten gelang es dem britischen U-Boot *Salmon*, sowohl auf der *Nürnberg* als auch auf der *Leipzig* je einen Torpedotreffer zu erzielen. Die *Köln* indes blieb unbeschädigt und wurde dann bis Mai 1940 Flaggschiff des BDA. Im April 1940 übernahm Konteradmiral Schmundt den Befehl über die Aufklärungsstreitkräfte.
Doch nun wurde der Kriegsmarine eine Aufgabe gestellt, die den Einsatz fast aller Einheiten forderte und ihr auch empfindliche Verluste beibringen sollte: die deutsche

Der neue Kommandant Kpt. z.See Kratzenberg, von Januar 1940 bis Mai 1941 Kommandant der *Köln*, läßt sich seine Offiziere und die Abschnittsleiter (Oberfunkmeister, Obermechaniker, Obermaschinisten usw.) vorstellen. Foto: RM.

Besetzung Dänemarks und Norwegens im Frühjahr 1940, von der Heeres- und Marineleitung geplant und schließlich auch durchgeführt unter dem Decknamen »Fall Weserübung«. Kurz etwas zur Vorgeschichte dieser großangelegten Aktion.

Bereits Ende September 1939 gab es Überlegungen der britischen Marineleitung, norwegische Gewässer zu verminen, um so die – für Deutschland dringend notwendigen – Erzzufuhren aus Schweden über den norwegischen Erzhafen Narvik zu unterbinden. Im Dezember 1939 gab es eine weitere Denkschrift des britischen Marineministers zu diesem Vorhaben. Inzwischen hatte der Norweger Quisling in Berlin vor einem Festsetzen der Briten in Norwegen gewarnt. Hitler befahl daraufhin die Ausarbeitung einer Studie »Nord«, allerdings sollte die Neutralität Norwegens möglichst nicht beeinträchtigt werden. Im Januar 1940 verdichteten sich auf beiden Seiten die Vorarbeiten für eine militärische Aktion gegen Skandinavien. Am 27. Januar beginnt deutscherseits die Bearbeitung der Aufmarschstudie »WESERÜBUNG« als Vorbereitung einer Besetzung dänischer und norwegischer Häfen. Der alliierte Oberste Kriegsrat beschließt am 5. Februar 1940, drei bis vier Divisionen nach Narvik zu entsenden, einmal, um Finnland in seinem Kampf gegen die Sowjetunion beizustehen, vor allem aber, um die schwedischen Erzgruben von Gällivare zu besetzen und damit die deutsche Erzzufuhr abzuschnüren. Eines der auslösenden Momente für den deutschen Entschluß, gegen Norwegen aktiv zu werden, war ein britischer Überfall auf das in neutralen norwegischen Gewässern liegende deutsche Marinehilfsschiff *Altmark*. Nun verdichteten sich die Ereignisse mehr und mehr. Da am 12. März 1940 der finnisch-sowjetische Winterkrieg beendet wird, entfällt für die Alliierten die Notwendigkeit oder der Vorwand, Finnland via Norwegen zu unterstützen. Ende März 1940 beschließt der alliierte Oberste Kriegsrat, am 5. April 1940 norwegische Gewässer zu verminen und in Norwegen Stützpunkte zu besetzen. Am 2. April befiehlt Hitler die Auslösung des Unternehmens »W« (= Weserübung) für den 9. April, die Alliierten verschieben ihre Aktion gegen Norwegen auf den 8. April. Am 7. April laufen die deutschen Flottenverbände nach Dänemark und Norwegen aus, am gleichen Tag schiffen die Briten ihr Expeditionskorps ein, die britischen Minenleger erhalten den Befehl zum Auslaufen. Man sieht, beide Seiten gehen mit der erklärten Neutralität zweier souveräner Staaten, Dänemarks und vor allem Norwegens, rechts großzügig um. Die Deutschen sind dabei übrigens den Briten buchstäblich nur um Stunden voraus.

Und hier nun spielt auch unsere *Köln* eine wichtige Rolle. Zur *Köln*, auf der Konteradmiral Schmundt, der BDA, seine Flagge setzt hat, stoßen die *Königsberg* – ein leichter Kreuzer gleichen Typs –, das Artillerieschulschiff *Bremse*, das Begleitschiff *Karl Peters* sowie einige Torpedo- und Schnellboote. Dieser – vor allem wegen der unterschiedlichen Geschwindigkeit der einzelnen Schiffe – sehr inhomogene Verband hatte den Auftrag, den Hafen Bergen zu nehmen.

Da es sich bei diesem Unternehmen um die letzte größere Aktion im Zweiten Weltkrieg handelt, an der die *Köln* beteiligt ist, soll der damalige Kommandant der *Köln*, Kapitän zur See Kratzenberg, ausführlicher zu Wort kommen, um den Verlauf dieser Unternehmung zu schildern. Georg v. Hase hat die Berichte der Teilnehmer an der Besetzung Dänemarks und Norwegens unter dem Titel »Die Kriegsmarine erobert Norwegens Fjorde« herausgegeben. Hier hat auch Kratzenberg seine Erlebnisse niedergelegt, die im folgenden – leicht gekürzt – wiedergegeben werden.

Die Besetzung von Bergen[1]

Ein klarer Aprilmorgen bringt für die Besatzungen des Kreuzers *Köln*, auf dem der Befehlshaber der Aufklärungsstreitkräfte, Konteradmiral Schmundt, seine Flagge gesetzt hat, und der hinter ihm am Pier liegenden beiden weiteren Schiffe eine Überraschung: Ab 8 Uhr werden Landgang und Fernsprecher gesperrt.

Gegen Abend versammeln die Kommandanten ihre Offiziere um sich, um sie über die Absichten der Führung zu unterrichten und ihnen einen Erlaß des Oberbefehlshabers der Kriegsmarine bekannzugeben.

Die kurze Besprechung ist bald beendet.

Es ist bereits ziemlich dunkel, als gegen 22 Uhr ein langer Transportzug vor den Schiffen vorfährt. Er bringt Truppen des Heeres verschiedener Waffengattungen, darunter einen ganzen Divisionsstab. Das Ausladen der Soldaten und des von der Truppe mitgebrachten Gerätes vollzieht sich trotz der durch die Verdunkelung bedingten Erschwerungen schnell und in mustergültiger Ordnung. In Gruppen treten die Soldaten auf dem Kai an. Viele von ihnen sehen zum ersten Mal ein Kriegsschiff, vielleicht ein größeres Schiff überhaupt. Bald kommt alles in Fluß. Offiziere, Unteroffiziere und Mannschaften der Schiffe stehen schon bereit, die Heereskameraden wahrzunehmen und ihnen Aufenthaltsräume und Schlafplätze an Bord zuzuweisen.

Zunächst gilt es, das Gerät an Bord zu verstauen und seefest zu zurren. Viele hilfsbereite Hände sind zur Stelle. So ist diese Arbeit bald erledigt, und die Einschiffung der Truppe selbst beginnt. Nach kurzer Unterrichtung über die notwendigsten Dinge an Bord, wie z.B. Aufenthalt an Oberdeck, Schwimmwesten, Schließen der Schotten und dergleichen mehr, erhalten die Soldaten eine kräftige Mahlzeit; bald darauf liegt alles, müde von der langen Bahnfahrt, in tiefem Schlaf.

Kaum ist der letzte Mann an Bord, da werden schon die Leinen losgeworfen. Ein Schiff nach dem anderen legt ab. Bald sind wir draußen auf der Reede. Die Fahrt nach Norden hat ihren Anfang genommen. Beim Aufziehen der Kriegswache werden Ziel und Zweck der Unternehmung nun auch den Besatzungen bekanntgegeben.

Bald liegt das Land weit hinter uns. Als es hell wird, steht der Verband bereits weit draußen in der Nordsee. Ab und zu kommen Vorpostenboote in Sicht. Erkennungssignale werden ausgetauscht. Flugzeuge

1) Kap.z.S. Kratzenberg in Georg von Hase, Die Kriegsmarine erobert Norwegens Fjorde, Leipzig o.J., S. 213 - 236

Auf der Rückfahrt durch den Mauranger-Fjord. Foto: RM.

Wenn die Besatzung der *Köln* Landurlaub hatte, benutzte sie den »Ernst-Baecker-Weg«, benannt nach dem Ersten Offizier der *Köln*. Foto: RM.

Der Kommandant Kpt. z.S. Friedrich Hüffmeier; mit Schwimmweste der I. A.O. Kptltnt. Zeigermann und hinter dem Kommandanten der I.O.; auf der Brücke beim Unternehmen »Baltenflotte«, während der Beschießung der russischen Batterien auf Kap Istra –.
Hüffmeier war von 1936 bis 1938 I. Offizier auf der *Köln*.
Von Mai 1941 bis März 1942 war er Kommandant der *Köln*.
Der I.O. Ernst Baeker war inzwischen auch Kapitän zur See geworden. Friedrich Hüffmeier, am 14. Juni 1898 geboren, trat mit 16 Jahren, am 13. September 1914, in die Kaiserliche Marine ein. Seine Kommandos im Ersten Weltkrieg waren *SMS Freya*; *Lothringen*; *Augsburg* und *Lübeck*. 1918 fuhr er als Leutnant z.S. auf *U 10* und *UW 87*. In die Reichsmarine übernommen, war er Segeloffizier auf der *Asta*; Wachoffizier auf Kreuzer *Berlin* und den Linienschiffen *Hannover* und *Schlesien*. Bis März 1936 Dienst im OKM. Anschließend I.O. auf Kreuzer *Köln* und 1940 – 41 deren Kommandant. Kommandant der *Scharnhorst* und Amtschef im OKM. Als Seekommandant Kanalinseln war er bis 1948 in englischer Kriegsgefangenschaft. Während des Krieges war er zum Vizeadmiral befördert worden. Bis zu seinem Tode 1972 war er Beauftragter des Evangelischen Hilfswerkes für den Hohen Kommissar der UNO für die Betreuung heimatloser Ausländer in Münster tätig. Fotos RM.

begleiten und sichern uns. Viele Augenpaare suchen den Himmel und die weite spiegelglatte Wasserfläche nach feindlichen Fliegern und Unterseebooten ab.
Weiter nordwärts geht die Fahrt.
Das Ziel unserer Gruppe ist Bergen. Der Schwierigkeiten sind viele zu überwinden. Schon die Zusammensetzung des Verbandes birgt deren genug in sich. Zwei Kreuzer, ein Artillerieschulschiff, ein noch in der Erprobung befindliches Schnellbootsbegleitschiff, die beiden letzteren gegenüber den Kreuzern an Geschwindigkeit stark unterlegen. Ein Verband, der, für diese Unternehmung besonders zusammengestellt, keine Gelegenheit gehabt hat, sich einzufahren, in seiner Gefechtsbereitschaft stark behindert ist durch die zahlreichen eingeschifften Heeressoldaten und das von ihnen mitgebrachte Gerät. Dazu kommt, daß die feindliche Luftaufklärung unsere nach den nördlichen Häfen marschierenden Seestreitkräfte am Vormittag des Vortages bereits entdeckt hat und das Seegebiet der Nordsee nun doppelt scharf überwachen wird! Mit dem Auftreten feindlicher Seestreitkräfte muß nunmehr in noch höherem Maße gerechnet werden.
Es ist erstaunlich, wie schnell sich unsere Feldgrauen in die neuen Verhältnisse hineingefunden haben. Schnell freunden sie sich mit unseren Seeleuten an, die ihnen, soweit es der Kriegsdienst erlaubt, mit Rat und Tat zur Seite stehen.

Im Laufe des Vormittags verschlechtert sich die Sicht zusehends. Nicht lange, und es herrscht dichter Nebel. Kaum ist von der Brücke der Bug zu erkennen. Zeitweise verlieren sich die Schiffe vorübergehend aus Sicht. Trotzdem bleibt alles im großen und ganzen beisammen. Ja, es gelingt sogar die Vereinigung mit dem aus einem anderen Aufmarschhafen ausgelaufenen Teil unserer Gruppe, dem Begleitschiff und den beiden Torpedobooten. Mit unverminderter Geschwindigkeit wird trotz des Nebels unter Inkaufnahme der nicht unerheblich gesteigerten Zusammenstoßgefahr der Vormarsch fortgesetzt, da anders das Ziel nicht rechtzeitig zu erreichen ist. Gelegentlich werden treibende Minen passiert. Gegen 17 Uhr lichtet sich der Nebel. Bald hat es so weit aufgeklart, daß alle Schiffe des Verbandes, die Kreuzer, das Artillerieschulschiff, das Begleitschiff sowie die beiden Torpedoboote, in Sicht sind. Die schon früher für den Vormarsch vorgesehene Formation, auf die bis dahin wegen des Nebels hatte verzichtet werden müssen, wird hergestellt. Vorn, beiderseits der Schiffe, stehen die Torpedoboote als Unterseebootssicherung. Die Sicht wird schnell besser. Wir sind damit gar nicht einverstanden. Denn noch fünf Stunden sind es bis Sonnenuntergang. Wind kommt auf. Dünung und Seegang werden stärker. Gegen Abend sichtet eins der Torpedoboote ein getauchtes englisches Unterseeboot. Deutlich sind die beiden Seerohre zu erkennen. Nach kurzem, energisch durchgeführtem Abwehrmanöver, das den Gegner nicht zum Schuß kommen läßt, wird der Vormarsch fortgesetzt. Kurz vor Dunkelheit kommt das hochgelegene Leuchtfeuer der Felseninsel Utsire in Sicht. Von nun an treffen wir mehrfach neutrale Gegensegler, Dampfer und Fischereifahrzeuge, die wir, um keine Zeit zu verlieren, unbehelligt ihres Weges ziehen lassen.
In den späten Abendstunden stoßen, von achtern aufkommend, mehrere Schnellboote zu uns. Damit ist der Verband vollzählig. Das Erscheinen der Boote enthebt den Befehlshaber wieder einer Sorge mehr, da ihre Anwesenheit bei der Landung der Truppen von großer Bedeutung ist.
In der Ferne kommen weitere Leuchtfeuer in Sicht. Schon nähern wir uns dem Korsfjord. Schon haben wir das ihm vorgelegene, auf steiler Felsklippe gelegene, weithin sichtbare lichtstarke Feuer von Marstein in Sicht, als plötzlich gegen Mitternacht mit einem Schlage die gesamten Außenfeuer an der ganzen Küste gelöscht werden. Das ist eine böse Überraschung, gleichzeitig aber auch ein sicheres Anzeichen dafür, daß die Norweger auf jeden Fall irgendeinen Verdacht geschöpft haben müssen. Aber wir müssen durchhalten und zusehen, wie wir eben auch so die Einfahrt in den Fjord und den Weg durch die Schären finden. Als der Verband die Höhe des Korsfjordes erreicht hat, geht er auf Ostkurs. Jeden Augenblick rechnen wir jetzt mit dem Erscheinen britischer Zerstörer. Vorsichtig tasten wir uns an die Küste heran. Beim näheren Herankommen stellt sich heraus, daß noch einige wenige der unbewachten inneren Leuchtfeuer, deren Lichtstärke naturgemäß nur verhältnismäßig gering ist, brennen. Immerhin, einige Feuer sind besser als gar keine. Sie können uns manchen Anhalt geben.

Wir gehen mit der Fahrt herunter. Schwer arbeiten die Schiffe in der schräg von achtern auflaufenden Dünung. Die Rudergänger haben Mühe, den befohlenen Kurs einigermaßen zu halten. Von englischen Zerstörern ist nichts zu sehen. Jetzt kommen als dunkle Schatten an Steuerbord die Klippen von Marstein in Sicht. Hoch brandet dort die See. Nur nicht zu nahe heran! Dort lauert der sichere Untergang. Nun ist auch der Leuchtturm in Sicht. Gespenstisch nimmt er sich dort oben auf seiner einsamen Höhe aus. Von dem sonst in dieser Gegend stehenden Lotsenkutter ist nichts zu sehen.

23. – 29. September 1941 Verlegung der sogen. »Baltenflotte«, bestehend aus *Tirpitz*; *Admiral Scheer*; *Köln*; *Nürnberg*, Zerstörern und Torpedobooten, in die Aalandsee. Dadurch Verhinderung eines Durchbruchs der sowjet. Flotte in die Ostsee.

Die *Köln* in Gotenhafen. Im Hintergrund der Hapag-Dampfer *Deutschland*, der als Wohnschiff benutzt wurde.

Im September und Oktober 1941 kämpft die *Köln* im Verband der »Baltenflotte« die russischen Küstenbatterien bei Kap Istra auf Ösel nieder.

Köln passiert eine der unbewohnten Aalands-Inseln in der Bottensee.

Fotos RM.

Die 15-cm-Drillingstürme der *Köln* unterstützen die Heerestruppen bei der Eroberung der Inseln Dagö und Ösel. Schwarze Pulverwolken hüllen das Schiff ein, wenn die schweren Langrohrgeschütze mit ihrem dumpfen Grollen die Luft erschüttern und das ganze Schiff zusammenzucken lassen.

Oktober 1941 Beschießung der russischen Küstenbatterien »Kap Ristra« auf der Insel Dagö. Die Granateinschläge der russischen Küstenbatterien liegen zu kurz. Fotos RM.

Ebenso wie das Leuchtfeuer, hat auch dieser seinen Dienst eingestellt. Langsam steuert der Verband in das Schärengebiet hinein. Bald stehen wir mitten im Korsfjord. Zu beiden Seiten ist er von felsigen Höhen eingesäumt. Auch voraus kommt Land in Sicht. Abermals vermindern wir die Fahrt.

Wir laufen jetzt nur noch sieben Seemeilen. Vor uns, dem Flaggschiff, steht ein Torpedoboot, die übrigen Schiffe folgen angehängt in Kiellinie, am Schluß stehen die Schnellboote. Das Torpedoboot, das noch einen Sonderauftrag erhalten hat, läuft erst später ein. Voraus kommt ein schwarzer, abgeblendeter Schatten in Sicht. Es ist ein norwegisches Wachfahrzeug, das von uns wissen will, wer wir sind und wohin wir wollen. Jetzt setzt es sich seitlich heraus und läßt den Verband passieren. Nacheinander leuchtet es die Schiffe kurz mit seinem kleinen Scheinwerfer an. Wir antworten mit englischen Kriegsschiffnamen. Damit gibt es sich zunächst zufrieden. Dann feuert es rote Sterne. Das Signal wird von weiter landeinwärts befindlichen Stellen, wahrscheinlich anderen Bewachern, aufgenommen und weitergegeben. Unbehelligt setzen wir unseren Vormarsch fort. Mehrmals sind größere Kursänderungen erforderlich. Vorsichtig werden sie ausgeführt. Jeder Fehler kann sich verhängnisvoll auswirken. Das Fahrwasser wird enger. Wiederholt kommen kleinere, unabgeblendete Fahrzeuge, wahrscheinlich Verkehrsdampfer, in Sicht. Sie nehmen weiter keine Notiz von uns, und auch wir kümmern uns nicht um sie.

Nach einiger Zeit setzt sich erneut ein Wachfahrzeug vor den Verband. Auch dieses schießt wieder rote Sterne. Gleichzeitig läßt es seinen Scheinwerfer in bestimmter Richtung in kurzen Zeitabständen aufleuchten. Will es uns etwa warnen? Vielleicht vor irgendwelchen ausgelegten Sperren? Jetzt dreht es ab und bleibt, ohne sonst etwas zu veranlassen, gestoppt liegen. Irgendwo weit hinter uns ist Geschützfeuer zu hören. Bei Rucknene, der navigatorisch schwierigsten Stelle des Fahrwassers, treffen wir auf den nächsten Bewacher. Von Norden her laufen uns zwei Fahrzeuge mit gesetzten Positionslaternen entgegen. Wider Erwarten machen sie jedoch kurz vor dem Spitzenschiff kehrt und laufen dicht unter Land wieder nordwärts ab. Ob sie die Minen geworfen haben, die wir später antreffen?

Ein wenig später gibt es eine neue Überraschung. Ein kleines, schnellbootähnliches Fahrzeug, das bald als Motortorpedoboot ausgemacht wird, komt uns entgegen. Es ist bereits fast querab vom Flaggschiff, als plötzlich das Torpedorohr besetzt und in Richtung auf uns geschwenkt wird. Macht der Norweger ernst, so kann das für die Schiffe verhängnisvoll werden. Es muß daher sofort und mit allen Mitteln versucht werden, ihn unsicher zu machen und den Torpedoschuß zu verhindern. Unsere Morselampe tritt in Tätigkeit. Alle nur möglichen Register werden gezogen, um ihm klarzumachen, daß wir in friedlicher Absicht nach Norwegen kommen und bald wieder auslaufen werden. Der Erfolg liegt auf unserer Seite. Man läßt uns passieren.

Weiter geht die Fahrt, allmählich beginnt es zu dämmern. Vor der letzten, fast rechtwinkligen Kursänderung vor Bergen stoppt der Verband. Unter dem Schutz hoher Felswände, die ein Sichten der Schiffe aus Richtung Bergen her ausschließen, beginnt ein Kreuzer mit Hilfe der Schnellboote und von Schiffsbooten mit der Ausbootung der Truppen, die zunächst einmal die wichtigsten, am Ostausgang des Byfjords unmittelbar vor der Stadt gelegenen Batterien auf dem Kvarven und einige sonstige Punkte von militärischer Bedeutung besetzen sollen. Die übrigen Schiffe und die Torpedoboote verhalten währenddes auf der Stelle. Unser Befehl lautet dahin, daß wir um 5 Uhr 15 innerhalb der Batterien vor Bergen stehen sollen. So müssen wir, noch bevor die Ausschiffung der Truppen auf dem Kreuzer ganz beendet ist, den Vormarsch fortsetzen. Der Kreuzer erhält Befehl, baldmöglich zu folgen.

Noch wissen wir nicht, was die Norweger unternehmen werden. Die brennendste Frage ist, ob die Kvarvenbatterien (21-cm-Geschütze und 10-cm-Geschütze), die den Byfjord beherrschen, das Feuer auf uns eröffnen werden oder nicht. Wenn ja, erscheint eine erfolgreiche Durchführung unserer Aufgabe kaum denkbar. 21-cm-Batterien, fest eingebaut, geschützt durch Felsen und Beton, im Einsatz auf Leichte Kreuzer und noch weniger geschützte Schiffe, die navigatorisch stark behindert sind und in ein kaum 400 m breites Fahrwasser einsteuern müssen, dazu auf die geringe Entfernung, nein, das kann eigentlich nicht klar gehen! Und die Wahrscheinlichkeit, daß die Norweger nach dem bisher Erlebten nicht schießen werden, ist nicht groß! Aber die Parole heißt jetzt: »Durch!« Der Befehlshaber gibt den Befehl zum Einlaufen. In der Absicht, auch weiterhin noch unsere friedlichen Absichten zu unterstreichen, verbleiben die Geschütze in Zurrstellung.

Das Bordflugzeug, eine »Arado 196«, wird mit dem Kran eingesetzt.

Foto KR.

Gleichwohl befinden sich alle Schiffe in höchster Gefechtsbereitschaft. Sämtliche Waffen, auch die Torpedorohre, sind besetzt. Als die Torpedoboote und das Flaggschiff in den Byfjord einbiegen, blitzt es auf dem Kvarven auf. Schon die ersten Aufschläge liegen dicht vor dem Kreuzer. Hoch spritzt das Wasser auf. Die nächsten Salven gehen in geringer Höhe über das Schiff hinweg. Treffer werden nicht erzielt. Die Granaten schlagen vielmehr zum Teil auf der anderen Seite an Land ein und richten dort schweren Schaden an. Während der Kreuzer *Köln* so die Feuerzone durchläuft, tritt der Signalscheinwerfer erneut in Tätigkeit. Wieder wird die friedliche Absicht des einlaufenden Verbandes betont. Der Erfolg ist nur gering. Die Batterien setzen ihr Feuer fort. Doch bald sind der Kreuzer und die Torpedoboote ihrer Einwirkung entzogen. Auch die nachfolgenden Schiffe, das Artillerieschulschiff und das Begleitschiff, werden von den Kvarvenbatterien unter Feuer genommen. Beide erhalten Treffer, Verluste sind eingetreten: Mehrere Tote und Verwundete unter den eingeschifften Soldaten des Heeres, die ersten Toten des Tages. Etwas später biegt auch der andere Kreuzer in den Byfjord ein. Auch er erhält, während er das Feuer erwidert, mehrere Treffer. Zwei Soldaten der Besatzung werden vermißt, andere sind verwundet.

Noch aber droht den einlaufenden Schiffen eine weitere schwere Gefahr durch die am Fuße des Kvarven befindliche Torpedobatterie. Ist sie schußbereit, was nach dem bisherigen Ablauf der Dinge kaum zu bezweifeln ist, und ist man norwegischerseits entschlossen, das Eindringen des Verbandes mit allen Mitteln zu verhindern, dann ist ein Fehlschuß in dem engen Fahrwasser schlechthin unmöglich. Doch auch diesmal ist das Glück auf unserer Seite! Alle Schiffe passieren die Batterie, ohne daß ein Torpedo losgemacht wird. Wie sich später herausstellt, war die Torpedobatterie wohl besetzt, doch hatte sie, vielleicht wegen der Kürze der ihr zur Verfügung stehenden Zeit, nicht mehr voll einsatzbereit gemacht werden können.

Zur befohlenen Zeit stehen der Kreuzer *Köln* und das Artillerieschulschiff innerhalb der Batterien. Bergen, dessen Einwohner an diesem Morgen etwas früher aus den Betten gekommen sind, liegt vor uns. Der erste Teil unserer Aufgabe ist gelöst, fast unmöglich Erscheinendes erreicht. Im Hafen liegen zahlreiche Schiffe. Keines von ihnen darf mehr auslaufen. Nahezu 60 Dampfer fallen in unsere Hand. Sie werden von besonderen Kommandos nacheinander sichergestellt und später genau durchsucht. Einige von ihnen haben Kriegsmaterial englischer Herkunft, angeblich für Finnland bestimmt, geladen. Manch guter Fang wird so gemacht.

Auf der Reede ist jeder Ankerplatz besetzt. Wo keine Schiffe liegen, ist das Ankern wegen zu großer Wassertiefe nicht möglich. Während die kleineren Fahrzeuge des Verbandes, die Torpedoboote und später auch das Begleitschiff in den inneren Hafen einlaufen, bleiben die Kreuzer weiter draußen. Das Flaggschiff ankert zunächst auch, bleibt dann aber, als der Anker auf 150 m Tiefe nicht hält, bis auf weiteres Anker auf. Fischdampfer und Schnellboote kommen jetzt auch bei ihm

Köln in Norwegen, begleitet von Torpedobooten und Schutz durch Flugzeuggeschwader

Fotos BAK.

längsseit, nachdem die auf dem anderen Kreuzer eingeschifft gewesenen Soldaten an Land gesetzt worden sind. Auch hier vollzieht sich die Ausschiffung trotz mancherlei Schwierigkeiten und Zwischenfälle genau so schnell und reibungslos wie die Einschiffung.

An Land herrscht offensichtlich große Aufregung. Alarmsignale klingen über das Wasser. Doch zu spät! Denn schon sind unsere Soldaten an den militärisch wichtigsten Stellen längst gelandet und haben, zum Teil nach Brechen heftigen Widerstandes, bereits verschiedene Batteriestellungen besetzt. Weiße Sterne zeigen jedesmal an, wenn eine Abteilung ihre Aufgabe erfolgreich durchgeführt hat.

Das Ausschiffen der Heeressoldaten ist auf dem Kreuzer *Köln* noch mitten im Gange, als über den Bergen mehrere deutsche Bomber erscheinen. Die norwegischen Flakbatterien eröffnen das Feuer. Dies ist für die noch nicht von uns besetzten norwegischen Seezielbatterien das Signal zum Auslösen eines letzten Abwehrkampfes. Erneut überschütten sie aus verschiedenen Richtungen auf 4.000 m Entfernung, ohne Rücksicht auf die im Hafen liegenden eigenen Handelsschiffe, die deutschen Kriegsschiffe mit heftigem Artilleriefeuer verschiedenster Kaliber bis zum 24-cm-Geschütz hinauf. Dicht, mitunter unmittelbar neben der Bordwand, liegen bei den Kreuzern die zahlreichen Einschläge. Es wird ungemütlich. Sofort erwidern die Schiffe das Feuer. Da bei *Köln* mehrere Fahrzeuge längsseit liegen, die so schnell nicht ablegen können, ist es im Augenblick nicht möglich, die beiden achteren 15-cm-Geschütztürme in den Kampf eingreifen zu lassen. Es geht aber auch so: Mit dem vorderen Turm wird die rechts voraus feuernde Batterie von Sandviken, mit zwei 8,8-cm-Doppelflak der Kvarven unter Feuer genommen. Die Schiffsbatterien liegen mit ihrem Feuer sofort gut am Ziel. Gleichzeitig werfen die Flugzeuge ihre Bomben. Zwihört man Knattern der Maschinengewehre der Landungsabteilungen. Heftige Detonationen erfolgen in den norwegischen Stellungen. Es herrscht ein Höllenlärm. Laut dröhnt der Donner der Geschütze an den Felswänden wider. Schon nach kurzer Zeit stellt der Gegner das Feuer endgültig ein. Im Laufe des Vormittags ergeben die über die britischen Seestreitkräfte eingegangenen Aufklärungsmeldungen folgendes Bild: Mehrere Gruppen britischer Kriegsschiffe haben aus verschiedenen Richtungen anmarschierend Kurs auf Bergen. Sie umfassen 3 Schlachtschiffe, 2 Schlachtkreuzer, 3 schwere, 5 bis 6 leichte Kreuzer und 20 bis 30 Zerstörer. Es muß mit einem Angriff dieser Streitkräfte auf Bergen im Laufe des Nachmittags gerechnet werden. Diese Nachrichten finden durch die Meldung eines deutschen Aufklärers, der gegen 14 Uhr in Bergen gelandet ist, ihre Bestätigung. Die Briten sind also im Anmarsch. Deutsche Fliegerverbände aber hatten einen starken britischen Flottenverband, bei dem sich auch einige Truppentransporter befanden, vor Bergen gestellt und ihm so schwere Verluste beigebracht, daß er zur Umkehr gezwungen worden war. Damit war die größte Gefahr für das gerade erst genommene Bergen vorerst abgewendet.

Im Laufe des Nachmittags entschließt sich nach eingehender Prüfung der Gesamtlage und Anhören des Kommandanten des Flaggschiffes, der Flottillenchefs und der Offiziere seines Stabes der Befehlshaber, noch am gleichen Abend mit dem Kreuzer *Köln* und den Torpedobooten in die Heimat durchzubrechen. Während das Artillerieschulboot, das Begleitschiff und die Schnellboote planmäßig zunächst in Bergen bleiben sollen, muß der zweite Kreuzer mit Rücksicht auf die erlittenen Schäden, die bis zum Abend nicht beseitigt werden können, ebenfals zurückgelassen werden. Alle diese Streitkräfte scheiden damit aus dem Verband aus und werden dem Befehl des Admirals der norwegischen Westküste unterstellt.

Das Auslaufen des kleinen Verbandes wird auf 19 Uhr 30 festgesetzt. Beabsichtigt ist, nach Eintritt der Dunkelheit unter Meidung des Korstfjordes durch den weiter südlich gelegenen Selbjornsfjord die freie See zu gewinnen. Doch es sollte anders kommen.

Der Kreuzer *Köln* ist gerade beim Ankerlichten beschäftigt, als englische Bomber in Sicht kommen. Die Alarmglocken ertönen. Blitzschnell sind auf das Signal »Fliegeralarm« die Flakwaffen besetzt. Kurz darauf beginnt auch schon das Abwehrfeuer der deutschen Schiffe. Rasch verläßt noch das amerikanische Motorschiff *Flying Fish* den Hafen. Als Amerikaner wird ihm das Auslaufen nicht verwehrt. Auch

(Fortsetzung Seite 78)

Der Kommandant; Kapt. z.S. Martin Baltzer (von Mai 1942 bis Dez. 1942) auf der Brückennock am Peilkompass. Er starb am 3. April 1971; 72 Jahre alt.
Er wurde in Stettin geboren und trat am 1. Juli 1916 als Seekadett in die Kaiserliche Marine ein. Im Ersten Weltkrieg Kommandos auf *SMS Freya*; *Württemberg* und *Prinzregent Luitpold*. Nach dem Ersten Weltkrieg im Freicorps Lüttwitz und 1920 trat er in die Reichsmarine ein. 1922 Seekadettenoffizier auf Kreuzer *Berlin* und Segelschulschiff *Niobe*. 1925 bis 1929 W.O. und anschließend Kommandant in der 2. T.-Halbflottille. Anschließend Adjutant des Admirals Raeder. Als Kadettennoffizier auf *Karlsruhe* nahm er an der Weltreise teil. 1936 Referent bei d. Inspekt. des Bildungswesens. In den Jahren 1936 – 38 führte er als Kommandant den Zerstörer *Max Schulz* und war anschl. Chef d. Offizierspersonalabteilung beim Ob. Komm. Ust. Als Kommandant des Kreuzers *Köln* in den Jahren 1942 – 43 nahm er an den Einsätzen des Schiffes im Polarmeer teil. Bis Kriegsende Chef d. Marine-Personalamtes im OKM. Als Vizeadmiral geriet er in englische Gefangenschaft, aus der er 1947 entlassen wurde. Nach dem Krieg Geschäftsführer einer Kohlengroßhandlung in Beckum. Foto RM.

Im Nordmeer. Etwas kabbelige See. Ziemlich frisch. Drohend ragen die Rohre der Drillingstürme über die See. Foto RM.

Der Kreuzer *Köln* war das erste aktive Kriegsschiff, auf dem in den Jahren 1941 – 42 Erprobungen mit Bordhubschraubern des Typs FL 282 geflogen wurden.
Über dem 15-cm-Drillingsturm »Bruno« hatte man eine 10 qm große Holzplattform aufgebaut, die als Flugdeck für Starts und Landungen diente. Die Starts und Landungen verliefen reibungslos.
Die ersten Erprobungen begannen im Juni 1941 vor Travemünde. –
Anton Flettner, der das berühmte »Flettner-Ruder« erfand und das berühmte »Flettner-Rotorschiff« der Weltöffentlichkeit vorführte, entwickelte auch den ersten brauchbaren Rotorantrieb für Hubschrauber. 1937 verhalf er der Hubschraubertechnologie des Professors Dr. Heinrich K.J. Focke mit der von diesem gebauten »Fw 61« zum Durchbruch. 1938 führte Hanna Reitsch in der Berliner Deutschlandhalle diesen Hubschrauber vor. Um 1940 erreichte der von Focke entwickelte Hubschrauber »F 223 Drache« einen Weltrekord, der bis heute nicht übertroffen wurde. Der »Drache« flog mit einer Tonne Nutzlast in eine Höhe von 7.100 Meter. Dem Oberbefehlshaber der Luftwaffe erschien das Fluggerät für eine Kriegsverwendung als zu langsam, während die Marine den enormen Wert für Luftaufklärung von Schiffen aus erkannte.
Foto Imperial War Museum; London

Im Frühjahr 1944 ging die *Köln* nach Königsberg in die Werft. Hier liegt sie im Dock der Schichau-Werft. Foto RM.

wir sind jetzt Anker auf und halten uns mit wechselnden Kursen in der Nähe der auf Reede liegenden neutralen und norwegischen Dampfer. Die britischen Bomber greifen in mehreren Wellen aus etwa 1.200 bis 1.500 m Höhe an. Ihre Bomben, von denen mehrere dicht neben dem Kreuzer *Köln* einschlagen, verfehlen sämtlich ihr Ziel. Nur einem Flugzeug gelingt es, von achtern aufkommend, bis auf 500 bzw. 600 m Höhe herabzustoßen und den Kreuzer *Köln* mit Maschinengewehr-Streufeuer zu belegen. Laut prasseln die Geschosse gegen die Stahlwände. Zwei Soldaten werden tödlich getroffen, sechs weitere werden verletzt, einer von ihnen so schwer, daß auch er noch im Laufe der folgenden Nacht stirbt. Es sind dies die ersten Gefallenen unseres Schiffes, seit nach Kriegbeginn zahlreiche Unternehmungen ohne Verluste durchgeführt worden waren. Etwa eine halbe Stunde dauert der Kampf, dann drehen die Briten endgültig ab. Nachdem der Gegner aus Sicht gekommen ist, verlassen der Kreuzer *Köln* und die beiden Torpedoboote die Reede. Ein letzter Blick gilt der Stadt, den Befestigungen auf dem Kvarven und nicht zuletzt den zurückbleibenden Kameraden.

In der Gegend Ruknene stößt der Verband auf feindliche Minen. Ohne Schaden zu nehmen, wird die Sperre passiert. Fast zum gleichen Zeitpunkt, bei bereits einsetzender Dämmerung, erscheinen abermals britische Bomber. Wieder greifen sie in mehreren Wellen an, während wir in geringer Fahrt das navigatorisch schwierige Fahrwasser durchlaufen. Wieder gelingt es den Fliegern trotz allen Bemühens, infolge unseres gut am Ziel liegenden heftigen Abwehrfeuers nicht, irgendwelche Erfolge zu erzielen. Eins aber steht fest: Das Auslaufen des Kreuzers und der beiden Torpedoboote ist nunmehr dem Feinde bekannt. So müssen wir damit rechnen, daß alle in der Nähe befindlichen englischen Seestreitkräfte alarmiert sind und nichts unversucht lassen werden, unser habhaft zu werden und uns den Weg in die Heimat zu verlegen. Unter diesen Umständen entschließt sich schweren Herzens der Befehlshaber, von dem beabsichtigten Durchbruch für diese Nacht abzusehen und ihn zunächst um 24 Stunden zu verschieben.

So lassen wir den Selbjornfjord an Steuerbord, nehmen unseren Weg weiter südwärts und gehen bei Lerwik in den Hardangerfjord. Wieder wird die Schiffsführung vor eine schwierige Aufgabe gestellt. Denn numehr gilt es, unter navigatorisch gleich ungünstigen, zum Teil noch schwierigeren Verhältnissen, wie sie beim Einlaufen nach Bergen vorlagen, eine um ein Vielfaches weitere Strecke durch unbekannte, kaum oder gar nicht befahrene Gewässer zurückzulegen. Unter Ziel ist der enge, von hohen Felswänden umrahmte Maurangerfjord. Nachdem gegen 1 Uhr der Eingang zu unserem Schlupfwinkel erreicht ist, beginnt der schwierigste Teil unserer abenteuerlichen Fahrt. Ein kleines, auf vorspringender Klippe gelegenes, glücklicherweise noch nicht gelöschtes, unbewachtes Leuchtfeuer weist uns zunächst den Weg. Bald kommt es aus Sicht. Jetzt sind wir auf uns selbst gestellt. Mehrfach muß der Kurs geändert werden. Gefährlich nah scheinen oft die steilen Felswände. Mitunter sieht es so aus, als ob es überhaupt kein Weiterkommen gäbe, als ob die Welt zu Ende wäre. Zwei Stunden tasten wir uns so durch die Nacht. Dann ist das Ende des Fjordes erreicht. 200 m von Land, auf 140 m Wassertiefe fällt der Anker. In einiger Entfernung, an einer Stelle, von der aus der äußere Teil des Fjordes besser zu übersehen ist, gegen die Torpedoboote vor Anker. Nach dem Fjordausgang zu werden Posten aufgestellt. Sie stehen gegenseitig in Morse- und sonstiger Signalverbindung. Sie sollen das Nahen verdächtiger Fahrzeuge sowie feindlicher Streitkräfte, insbesondere aber das etwaige Eindringen von Unterseebooten in den Fjord rechtzeitig melden. So sind wir wenigstens gegen plötzliche Überraschungen einigermaßen gesichert.

1941.
Erste Borderprobung mit einem Flettner F1 282/ V 6 Kolibri-Hubschrauber auf dem kleinen Kreuzer *Köln* in der Ostsee. Als Hubschrauberdeck diente dabei eine 10 m^2 große Holzplattform auf dem achteren 15-cm-Drillingsturm. Foto »Marine« 9/83

Alles, was nicht auf Kriegswache ist, schläft. Aber nicht lange Zeit ist uns diese wohlverdiente Ruhe vergönnt.

Gegen 6 Uhr geht in der Nähe der Torpedoboote ein norwegisches Wasserflugzeug, das vom Hardangerfjord aus anfliegt, auf das Wasser nieder. Es hält auf die Torpedoboote zu. Als es schon ziemlich nahe herangekommen ist, wendet es plötzlich und setzt zum Start an. Sofort eröffnen die Boote das Feuer. Trotzdem gelingt es dem Piloten zu starten. Da nunmehr mit großer Wahrscheinlichkeit feindliche Maßnahmen irgendwelcher Art zu erwarten sind, werden die Torpedoboote in den mittleren Hardangerfjord verlegt.

Wider Erwarten verläuft der Tag aber für uns ohne besondere Ereignisse. Niemand behelligt die Schiffe in ihrem Schlupfwinkel. Unter einer fast den ganzen Tag über geschlossenen, dicht über den schneebedeckten Bergkuppen lagernden Wolkendecke sind wir der Sicht englischer Flugzeuge entzogen. Nur einmal wird unsere Ruhe durch eine Horchmeldung gestört, die sich aber schließlich als offenbar falsch herausgestellt hat.

Auch jetzt wird weiter Kriegswache gegangen. Vorsicht ist besser als Nachsicht, sagt ein altes Sprichwort. Für die Maschine ist einstündige Bereitschaft befohlen. Der Anker ist klar zum Schlippen. Die Soldaten der Freiwache liegen irgendwo auf ihren Kriegswachschlafplätzen an Deck ausgestreckt. Es ist nicht leicht, sie beim Wachwechsel wieder wach zu bekommen!

Um 18 Uhr 45 geht der Kreuzer Anker auf. Inzwischen ist die Wolkendecke aufgebrochen, und in strahlender Schönheit bietet sich die herrliche norwegische Landschaft dem Auge dar. Staunend blicken unsere Soldaten hinüber zu den mächtigen, ewigen Eisfeldern des Folkefondgletschers. Ein wolkenloser blauer Himmel wölbt sich über der spiegelglatten weiten Wasserfläche des Hardangerfjords. Scharf heben sich an seinem Rande die Umrisse der mit Neuschnee bedeckten Berge ab. Noch haben wir Zeit, ab und zu einen Blick auf all die Schönheiten der Natur um uns herum zu werfen, doch je weiter wir uns dem Bömmelenfjord nähern, um so schärfere Aufmerksamkeit ist erforderlich, um so dringlicher tritt unsere neue Aufgabe an uns heran, der erfolgreiche Durchbruch in die Heimat!

Wir halten uns nahe der nördlichen Seite des Fjordes, um unter dem Schutz der Berge möglichst gedeckt zu sein. In der Ferne kommen Flugzeuge in Sicht. Es ist nicht auszumachen, ob es sich um eigene oder feindliche Maschinen handelt.

Die beiden Torpedoboote stoßen wieder zu uns. Auch für sie ist der Tag ohne Zwischenfälle verlaufen. Mehrere Sichtmeldungen zwingen zu erhöhter Aufmerksamkeit. Einmal wird ein Zerstörer, einmal ein U-Boot gemeldet. In beiden Fällen handelt es sich um Blicktäuschungen. Der äußere Fjord ist vom Feind frei. Nur einige kleinere norwegische Fahrzeuge werden passiert. Endlich, nach unserem Dafürhalten viel zu langsam, entschwindet die Sonne hinter den Bergen. Nur langsam senkt sich die Abenddämmerung herab. Lervik ist erreicht. Wir biegen in den Bömmelenfjord ein und vermehren unsere Fahrt. Es ist noch nicht völlig dunkel, als der Verband aus dem Fjord heraustritt.

Da in dieser Gegend im Laufe des Tages ein Kreuzer und einige Minenträger gesichtet worden sind, muß mit der Verminung des Hauptfahrwassers gerechnet werden. So setzen wir unseren Weg Richtung Haugesund zunächst in Küstennähe fort. Vorn stehen die beiden Torpedoboote, in einigem Abstand folgt der Kreuzer. Zwischen zahllosen Schären, die sich schwarz und drohend oft nur wenig über die Wasserfläche erheben, zum Teil unsichtbar heimtückisch unter ihr lauern, müssen wir hindurch. Starker Strom erschwert die Navigierung. Nachdem wir noch eine enge, besonders gefährliche Durchfahrt passiert haben, ist der Weg vor uns frei. Bald nach Mitternacht gewinnen wir bei Utsire die freie See.

Die Nacht ist hell und warm. Der achterliche Wind ist uns sehr willkommen. Die beiden Torpedoboote, die sich inzwischen achtern angehängt hatten, werden zur Übernahme der Unterseebootsicherung bald wieder nach vorn gezogen. Mit Höchstfahrt geht es nach Süden. Im Morgengrauen wird der kleine Verband mitten in der Nordsee von Zerstörern und Luftstreitkräften aufgenommen. Sie geleiten uns sicher in die Heimat zurück.

Noch am Abend des Einlauftages gibt der Kreuzer *Köln* die gefallenen Soldaten seiner Besatzung von Bord. Ehrfurchtsvolle Stille herrscht, als sie, bedeckt mit der Kriegsflagge, ihren letzten Weg an Land antreten. Der Pfiff des Bootsmannsmaaten erweist ihnen die letzte Ehre. Noch lange stehen wir und verfolgen mit unseren Blicken das Boot mit den toten Kameraden, bis es hinter der Mole verschwunden ist. Und unsere Gedanken schweifen hinauf nach Norden, nach Bergen, wo die dort zurückgebliebenen Schiffe ihre Toten inzwischen ebenfalls zur letzten Ruhe gebettet haben.

Soweit der Bericht des Kommandanten der *Köln* über den Norwegeneinsatz. Der zweite Kreuzer des Verbandes, die *Königsberg*, die Konteradmiral Schmundt wegen der drei 21-cm-Treffer durch die Küstenbatterien bei der Byfjord-

Kreuzer *Köln* auf Grund in Wilhelmshaven.
Die beiden achteren Türme waren noch einsatzfähig und erhielten Munition von Land.
Fotos: Foto-Drüppel; Wilhelmshaven

einfahrt, die die Geschwindigkeit des Schiffes auf ca. 24 Knoten heruntersetzten, in Bergen zurückgelassen hatte, fiel am 10. April 1940 einem Angriff britischer Sturzkampfbomber zum Opfer. Die Zahl der Toten hielt sich dabei in Grenzen, da die Besatzung des Kreuzers vorher überwiegend zur Besetzung der Küstenbatterien eingesetzt worden war. Und schließlich ging auch das andere Schwesterschiff der *Köln*, die *Karlsruhe*, vor Kristiansand an der südnorwegischen Küste nach dem erfolgreichen Angriff des britischen Unterseebootes *Truant* verloren.

Nach der Rückkehr von Norwegen, d.h. von Mai 1940 bis Mitte 1941, begann für die *Köln* eine ruhige Zeit. Zunächst lag der Kreuzer gut einen Monat an der Kieler Werft, dann verlegte er nach Gotenhafen, wo er bis Ende März 1941 verblieb. Von hier wurde die *Köln* der sog. Baltenflotte zugeteilt. Dieser Flottenverband, dem als Flaggschiff das Schlachtschiff *Tirpitz* und weiter das ehemalige Panzerschiff *Admiral Scheer*, das inzwischen in Schwerer Kreuzer umbenannt worden war, sowie die Leichten Kreuzer *Nürnberg* und *Köln* und schließlich noch drei Zerstörer und fünf Torpedoboote angehörten, stand unter dem Befehl von Vizeadmiral Ciliax. Aufgabe dieser Baltenflotte war die Unterstützung der Heeresverbände bei der Eroberung der baltischen Inseln. Schließlich sollte der Verband auch einen befürchteten Ausbruch sowjetischer Flottenteile verhindern. Bis Oktober 1941 blieb die *Köln* in den Gewässern um Dagö, bekämpfte russische Küstenbatterien auf Ristna und kreuzte eine zeitlang in der Aalandssee. Mitte Oktober 1941 kehrte sie in die Ostsee zurück und verlegte bis Ende Februar 1942 nach Wilhelmshaven. Im Juli 1942 wird die *Köln* der Kampfgruppe Nordnorwegen zugeteilt. Sie geht zunächst nach Oslo, wo sie bis Mitte Juli verbleibt. Am 6. August 1942 löst der Kreuzer den schweren Kreuzer *Lützow* (ehemals das erste Panzerschiff *Deutschland*) in Narvik ab. Am 10. September verlegt die *Köln* in den Altafjord. An Kampfhandlungen gegen die anglo-amerikanischen Geleitzüge nach und von Murmansk nimmt sie allerdings nicht teil.
Ende Januar 1943 erfolgte ein Führungswechsel in der obersten Marineleitung. Der langjährige Oberbefehlshaber der Kriegsmarine, Großadmiral Raeder, tritt von diesem Posten zurück. Sein Nachfolger wird der bisherige Befehlshaber der U-Boote, Admiral Dönitz, der gleichzeitig zum Großadmiral befördert wird. Anlaß für den Rücktritt Raeders war u.a. die Absicht Hitlers, die noch verbliebenen Schlachtschiffe, schweren und leichten Kreuzer außer Dienst zu stellen. Im Februar 1943 kam die entsprechende Führer-Anweisung. Gemäß dieser Weisung fuhr die *Köln* zusammen mit dem schweren Kreuzer *Admiral Hipper* von Nordnorwegen nach Kiel, wo am 17. Februar 1943 zunächst die angeordnete Außerdienststellung erfolgte. Dönitz erreichte dann aber doch die Aufhebung dieses Führerbefehls, so daß die *Köln* am 1. April 1944 in Königsberg erneut in Dienst gestellt wurde. Im März 1944 war sie, nur mit einer reduzierten Stammbesatzung an Bord, von Kiel nach Königsberg geschleppt worden. Ehe sie wieder zum Einsatz gelangte, war eine längere Werftliegezeit und Neuausrüstung erforderlich. Am 1. Juli 1944 nahm die *Köln* 400 Ingenieur-Kadetten über und ging zunächst nach Swinemünde. Hier übernahm sie, nachdem ein Ausbildungsprogramm für die Ingenieur-Kadetten abgewickelt war, Anfang Oktober 90 Minen und lief Richtung Oslofjord aus, wo sie sich zunächst als bereit für das Legen einer Minensperre meldete. Inzwischen hatte sich die Kriegslage sehr zu Ungunsten Deutschlands verändert. Vor allem dadurch, daß die Alliierten die Lufthoheit gewonnen hatten, wurde es immer schwieriger, den Nachschub-Verkehr von Dänemark nach Norwegen aufrecht zu erhalten. So wurde die *Köln* im Geleitdienst zwischen Südnorwegen und Dänemark eingesetzt und diente dem Führer der Zerstörer, Konteradmiral Kreisch, als Flaggschiff. Bei diesen Geleitfahrten wurde sie durch Luftangriffe schließlich so schwer beschädigt, daß sie am 9. Januar 1945 nach Wilhelmshaven entlassen werden mußte, da eine Reparatur in Oslo nicht möglich war. Auf dem Marsch nach Wilhelmshaven, das sie am 14.Januar erreicht, hatte die *Köln* auf der Höhe der Insel Wangeroog einen weiteren Luftangriff zu bestehen. Doch auch während der Werftliegezeit blieb sie ständig den verstärkt durchgeführten feindlichen Luftangriffen ausgesetzt. Dabei wurde der Kreuzer am 30. März 1945 von fünf schweren Bomben getroffen, so daß er auf ebenem Kiel sank. Back und Schanz wurden zwar überflutet, die Aufbauten und die 15-cm-Geschütztürme blieben aber über Wasser und damit einsatzbereit. Da eine Stromerzeugung an Bord nicht mehr möglich war, wurden die Geschütztürme durch ein Notkabel an das Stromnetz der Werft angeschlossen. Zwar hatte die *Köln* am 5. April 1945 offiziell außer Dienst gestellt. Da aber die Artillerie noch einsatzbereit war, ging die Turmbedienung wieder an Bord. Sie stand unter dem Kommando des Festungskommandanten und griff mit ihren Geschützen noch einmal tatkräftig in die Abwehrkämpfe gegen die heranrückenden Engländer ein. Freilich, das Ende auch dieses Schiffes war absehbar. Kurz vor der Besetzung Wilhelmshavens durch die Engländer sprengte die Restbesatzung ihr Schiff. Damit hatte auch der dritte Kreuzer mit dem Namen *Köln* sein Ende gefunden. 1946 wurde das Wrack endgültig abgebrochen.

Zusammenbruch und Wiederaufbau

Das Ende der dritten *Köln*, dem kurz darauf das Ende des Zweiten Weltkrieges folgte – am 8. Mai 1945 unterzeichnete die deutsche Delegation die bedingungslose Kapitulation –, bedeutete wieder einmal das – diesmal allerdings totale – Aus für die deutsche Kriegsmarine. Die wenigen noch fahrbereiten größeren Einheiten, so der schwere Kreuzer *Prinz Eugen* und der leichte Kreuzer *Nürnberg*, einige Zerstörer, Torpedoboote, dann vor allem natürlich die letzten der gefürchteten U-Boote, mußten an die Alliierten ausgeliefert werden. Der Rest der ehemaligen Kriegsmarine lag entweder auf dem Grund des Meeres oder als Wracks in den stark zerbombten Kriegshäfen der Nord- und Ostseeküste. Die nur bedingt fahrbereite *Leipzig*, auch ein leichter Kreuzer, die von Apenrade in Dänemark nach Wilhelmshaven überführt worden war und hier zunächst als Wohnschiff diente, wurde am 16. Dezember 1946 mit Gasmunition beladen und von den Engländern in der Nordsee versenkt. Damit hatte auch der zweite Versuch, eine Reichs- bzw. Kriegsmarine aufzubauen, sein Ende gefunden. Über Deutschland, das von den vier Siegermächten England, Frankreich, Sowjetunion und den Vereinigten Staaten in vier Besatzungszonen aufgeteilt worden war, wurde ein uneingeschränktes Rüstungsverbot verhängt. Alles, was auch nur im entferntesten an Militär erinnerte, war verboten. Es gab nur noch eine deutsche Minensuchabteilung, die allerdings unter alliiertem Befehl stand. Deutschland erholte sich zunächst nur langsam von diesem totalen Zusammenbruch. Es folgten drei harte Jahre der Not und des Mangels. Während dieser Zeit wurden viele deutsche Industrieunternehmen, unter ihnen auch solche der Schiffbauindustrie, als vorweggenommene Reparationszahlungen demontiert und in die Siegerstaaten, vor allem Sowjetunion, England und Frankreich überführt. Trotz dieser Schwierigkeiten begann der Wiederaufbau, freilich noch behindert durch manche Einschränkungen. 1948 erfolgte mit einer Währungsreform dann die große wirtschaftliche Wende, vor allem in den ehemaligen sog. drei »West«-Zonen, der amerikanischen, britischen und französischen Besatzungszone. Doch auch die allgemeinen politischen Verhältnisse hatten sich im Laufe der drei ersten Nachkriegsjahre mehr und mehr zugunsten Deutschlands gewandelt – wiederum vor allem des westlichen Teiles. Im Lager der ehemaligen Verbündeten während der Zeit des Krieges gegen Deutschland herrschte Uneinigkeit. Vor allem zwischen der Sowjetunion und den Vereinigten Staaten taten sich immer größere Gegensätze auf. Dies hatte u.a. zur Folge, daß sich die sowjetische Besatzungszone mehr und mehr gegenüber den übrigen westlichen Besatzungszonen absperrte.

Freilich, auch hier, im Westen, blieben die Besatzungsmächte zunächst die allein bestimmenden Machtträger. Eine allmählich wieder auflebende zivile deutsche Seeschiffahrt war noch starken Einschränkungen unterworfen, dies betraf vor allem die Größe und Ausrüstung neu zu bauender Handelsschiffe. Im Jahre 1949 kam es dann zur Gründung zweier deutscher Staaten, der Bundesrepublik und einer Deutschen Demokratischen Republik im östlichen Teil Deutschlands, die indes in ihrer Souveränität zunächst noch sehr eingeschränkt waren. Wie schon gesagt, im Bereich der drei westlichen Besatzungsmächte war dies die Bundesrepublik Deutschland, und unter sowjetischer Oberhoheit wurde eine Deutsche Demokratische Republik ins Leben gerufen. Mittlerweile hatte man im westlichen Lager erkannt, daß wirtschaftliche Not kein günstiger Boden für freiheitlich-demokratisches Gedankengut war, sondern eher die Gefahr bestand, daß unerwünschte Ideologien Fuß faßten. Deshalb organisierten die USA ab 1947 auf Vorschlag des amerikanischen Außenministers George Marshall ein gewaltiges wirtschaftliches Hilfsprogramm, das unter dem Namen Marshall-Plan bekannt wurde und vor allem den stark vom Krieg heimgesuchten westeuropäischen Staaten – Siegern wie Besiegten – helfen sollte, das Bemühen um wirtschaftliche Sanierung zu verstärken und Erfolge zu erringen. In dieses Hilfsprogramm wurde auch die junge deutsche Bundesrepublik mit einbezogen. Und aus dem bis dahin immer noch argwöhnisch kontrollierten Kriegsgegner wurde allmählich ein mehr und mehr umworbener Partner, einmal in dem Bemühen um eine Einigung der europäischen Staaten, aber auch als mögliches Mitglied in einem nordatlantischen Verteidigungsbündnis, das die USA als Gegengewicht gegen den immer stärker als Bedrohung empfundenen ehemaligen Verbündeten im Osten und dessen Satelliten 1949 in New York ins Leben riefen und dem 1955 die Bundesrepublik Deutschland beitrat. Hatte die Marshall-Plan-Hilfe den wirtschaftlichen Aufschwung der Bundesrepublik in Gang gesetzt und im Verein mit einer geschickten bundesdeutschen Wirtschaftspolitik, freilich auch durch die beträchtliche Arbeits- und Leistungswilligkeit der Bürger dieser Bundesrepublik, das sog. »Wirtschaftswunder« bewirkt, gelang es der deutschen Bundesregierung, an deren Spitze der Bundeskanzler Adenauer stand, Stück für Stück ihrer staatlichen Souveränität gegen die oft noch widerstrebenden ehemaligen Besatzungsmächte zu gewinnen. Schließlich stand auch ein deutscher Verteidigungsbeitrag, sprich der Wiederaufbau einer militärischen Streitmacht durch die Bundesrepublik zur Diskussion. Erst sollte dies im Rahmen einer westeuropäischen Verteidigungsgemeinschaft (EVG) erfolgen. Hier kam aber keine Einigung zustande. Man fürchtete Risiken, wenn man die Deutschen der Bundesrepublik wieder bewaffnete. Allerdings auch innenpolitisch war der Wiederaufbau militärischer Streitkräfte in der Bundesrepublik umstritten. Regierung und Opposition lieferten sich im Deutschen Bundestag, dem Parlament der Bundesrepublik, harte Auseinandersetzungen über die Notwendigkeit und den Sinn einer solchen Maßnahme. Schließlich setzte die Bundesregierung, gestützt auf die Mehrheit der sie tragenden Parteien im Bundestag, den Beginn einer Wiederbewaffnung der Bundesrepublik Deutschland durch. Das Gesetz über die Gründung einer Bundeswehr wurde im Bundestag mit Mehrheit verabschiedet. Damit war die gesetzlich/rechtmäßige Grundlage zum Aufbau neuer Streitkräfte geschaffen. So konnten im Jahre 1956 die Arbeiten zum Aufbau einer deutschen Bundeswehr beginnen, freilich von vornherein im NATO-Bündnis und unter Verzicht der Bundesrepublik, über diese Streitkräfte eigenmächtig zu verfügen: dies sollte und durfte nur im Rahmen des NATO-Bündnisses und NATO-Oberbefehls geschehen. Neben Land- und Luftstreitkräften wurde auch eine Bundesmarine ins Leben gerufen, die übrigens unter den gleichen Farben Schwarz-Rot-Gold antrat, wie gut hundert Jahre vorher die erste deutsche Flotte unter ihrem Admiral Brommy.

Maßgebend für die Art der Streitkräfte, die für diese Bundesmarine zu bauen bzw. zu beschaffen waren, sind die Aufgaben, die ihnen im Rahmen des westlichen Verteidigungsbündnisses zufallen sollten. Diese Aufgaben liegen im wesentlichen im Ostseebereich und im küstennahen Nordseeraum. Sie können von Fahrzeugen bis Zerstörergröße wahrgenommen werden. Es ging also nicht mehr darum, eine Hochseeflotte nach Art der alten kaiserlichen oder der Reichs- und späteren Kriegsmarine zu schaffen, die ja auch noch unter dem Gesichtspunkt eines gewissen Seemachtanspruches aufgebaut worden war. Da also die vorgesehenen Aufgaben dieser neuen Bundesmarine wesentlich bescheidener als die ihrer Vorgänger waren, konnte sowohl der materielle – d.h. Zahl und Art der Schiffe dieser Bundesmarine – wie auch der personelle Bedarf wesentlich geringer gehalten werden. Größte Einheiten sind Zerstörer, von denen in der ersten Aufbauphase insgesamt 12 vorgesehen waren. Hinzu kamen sechs Geleitboote. Daneben sollte es eine Reihe kleinerer Fahrzeuge, Schnellboote und Minen-Räumboote, sowie die notwendigen Hilfs- und Versorgungsschiffe geben. Wurden die ersten Einheiten 1956 im wesentlichen noch von den nunmehr neuen westlichen Verbündeten gestellt, sollten in der Folgezeit mehr und mehr deutsche Werften zum Bau neuer Schiffe für die Bundesmarine herangezogen werden.

Zu diesen ersten, auf deutschen Werften gebauten Schiffen gehörten die bereits erwähnten sechs Geleitboote vom »Geleitboottyp 55«, wie die Schiffe zunächst klassifiziert wurden. Das Typschiff dieser Klasse erhielt den Namen *Köln* und ist damit der vierte Träger dieses Traditionsnamens. Natürlich war dies ein besonders heikles Thema, Traditionspflege in der Bundeswehr, in der Bundesmarine. Dabei mochte die Wahl von Städte- und auch Bundesländernamen, wie sie in der Folgezeit getroffen wurde, noch am wenigsten verfänglich sein.

Geleitboot 55, später Fregatte 120 »Köln« (1958 bis 1982)

Nach gut elfjähriger Pause stellte sich einer deutschen Marineleitung wieder die Aufgabe, für die im Aufbau begriffene Deutsche Bundesmarine eigene Neubauten zu planen und zu entwerfen. Da die Bundesrepublik im Natobündnis stand, hatten die Planer die Möglichkeit, auf die Bauerfahrungen der Bündnispartner zurückzugreifen. So kam man mit der Planung für die sechs Geleitboote zügig voran. Es waren dies die ersten hochseefähigen Kriegsschiffe, die in Deutschland nach dem Ende des Zweiten Weltkrieges entworfen und gebaut wurden.

Das Bild zeigt von links nach rechts Cmdr. (U.S. Navy) Fruechtl; Herrn Zetzsche (inzwischen verstorben) und einen Direktor der Stülken-Werft.
Foto: Stülken-Werft

Die Planungs- und Konstruktionsarbeiten wurden im wesentlichen durchgeführt und geleitet von dem Konstrukteur Siegfried Zetsche, der bei der Stülken-Werft für den Fregatten- und Zerstörerbau zuständig war. Einsatzaufgabe dieser Schiffe sollte eine wirkungsvolle Abwehr der dreidimensionalen Bedrohung bei einer eventuellen Seekriegsführung sein; dreidimensional, weil die mögliche Bedrohung einmal von oben durch Luftstreitkräfte oder ferngelenkte Raketen, auf dem Wasser durch die gegnerischen Überwasserstreitkräfte und schließlich unter Wasser durch konventionelle oder atomare Unterseeboote erfolgt. Konkret sollten die Schiffe Geleitzugsicherung durchführen, deswegen auch zunächst die Bezeichnung GELEITBOOTE.

Vor dem Stapellauf ein Erinnerungsfoto.
Links der Flottenchef, daneben die Taufpatin Frau Marlene Schwering, ihr Vater Dr. Ernst Schwering, der die Taufrede als Vertreter der Patenstadt hielt. Ganz rechts ein Ratsherr der Stadt Köln.

Nachdem die Planungsarbeiten im wesentlichen abgeschlossen waren, konnte am 21. Dezember 1957 bei der Werft H.C. Stülken Sohn in Hamburg der Kiel für das erste Schiff dieser Serie von sechs Geleitbooten gelegt werden. Ein Jahr später, am 6. Dezember 1958 lief dann der erste größere deutsche Kriegsschiffneubau nach dem Ende des Zweiten Weltkrieges und dem Ende der Kriegsmarine

Auf der Taufkanzel schleudert Frau Schwering mit kräftigem Schwung die Sektflasche gegen den Bug des Patenschiffes »Ich taufe Dich auf den Namen *Köln* und wünsche Dir allzeit glückliche Fahrt.«
Fotos: Marineamt

auf einer deutschen Werft vom Stapel. Das Schiff erhielt bei der Taufe – zum vierten Mal für ein Schiff der Marine – den Namen *Köln*. Als Vertreter der Patenstadt hielt der damalige Oberbürgermeister Dr. Ernst Schwering die Taufrede. Den Taufakt vollzog dann seine Tochter Marlene Schwering. Es dauerte dann allerdings noch einmal gut zwei Jahre, bis diese vierte *Köln* am 15. April 1961 in Dienst gestellt werden konnte. Dies hängt u.a. damit zusammen, daß in Schiffe dieser Art heute sehr viel komplizierte Elektronik eingebaut wird.

Ehe über den weiteren Lebenslauf dieser *Köln* berichtet wird, hier zunächst die wichtigsten technischen Daten. Das Geleitboot *Köln*, später als Fregatte eingestuft, hatte bei voller Ausrüstung eine Wasserverdrängung von 2.695 t. Seine Länge betrug in der Konstruktionswasserlinie 105 m, über alles 109,83 m, die Breite 10,50 m und der Tiefgang 4,61 m. Irgenwelchen Panzer besitzt diese *Köln* nicht. Ein gemischter Antrieb aus Diesel-Motoren und Gasturbinen, die eine Gesamtleistung von 36.000 PS erbringen, verleihen dem Zweischraubenschiff eine Höchstgeschwindigkeit von 30 Knoten. Entsprechend ihrer Hauptaufgabe, Geleitschutz zu geben, trug die *Köln* als Hauptbewaffnung zwei U-Boot-Abwehr-Raketenwerfer in Vierergruppe und zwei Wasserbombenablaufbühnen. Neben vier Unterwassertorpedorohren mit einem Kaliber von 53,3-cm besitzt die *Köln* eine Artilleriebewaffnung von 2 10-cm-Geschützen, die in jeweils einem Turm an Deck vorn und achtern aufgestellt sind. Hinzu kommen noch sechs 4-cm-Fliegerabwehrgeschütze. Zwei sind in Einzellaffetten, die weiteren vier in jeweils eine Doppellaffette an Obereck verteilt aufgestellt. Der Rumpf der *Köln* ist als Stahlbau ausgeführt und in 13 Abteilungen unterteilt. Die Aufbauten sind zur Gewichtersparnis in Leichtmetallbauweise ausgeführt. Das Schiff besitzt einen vollen A-B-C-Schutz.

Die bereits erwähnte Elektronik und die elektrisch betriebenen Waffensysteme stellen hohe Ansprüche an die Stromversorgung. Um sie sicherzustellen, verfügt die vierte *Köln* über insgesamt acht Kraftwerke. Der hier erzeugte Strom würde ausreichen, um eine Stadt von rund 100.000 Einwohnern mit Strom zu versorgen. Wie ihre Patenstadt am Rhein besitzt auch die *Köln* einen »DOM«. Allerdings handelt es sich dabei um ein Empfangs- und Sendegerät der Sonaranlage zum Aufspüren gegnerischer Unterseeboote. Bei der U-Boot-Jagd wird dieser Sonar-DOM unter Wasser ausgefahren.

Die *Köln* hat eine Besatzung von 17 Offizieren sowie 193 Unteroffzieren und Mannschaften. Nach ihrer Indienststellung am 15. April 1961 und nach Beendigung der wichtigsten Erprobungen trat diese vierte *Köln*, das erste Schiff dieses Namens der neuen Deutschen Bundesmarine, zum 2. Geleitgeschwader, dem sie bis zu ihrer Außerdienststellung im Jahre 1982 angehörte. Noch während der Erprobungsmaßnahmen führte die neue *Köln* vom 4. bis zum 12. Oktober 1961 eine erste Ausbildungsfahrt und damit gleichzeitig ihre erste Auslandsreise nach Oslo durch. Weitere längere oder kürzere Auslandsreisen, meist im Zusammenhang mit Flottenmanövern im NATO-Verband, folgten. Sie führten die *Köln* 1962 nach Funchal, Vigo und Bordeaux, 1963 zusammen mit den Schwesterschiffen *Augsburg* und *Emden* nach Brest, Toulon und noch einmal Vigo und 1964 in die norwegischen Gewässer, wobei die Häfen Haakonsvern, Bergen und Stavanger angelaufen wurden.

Indienststellung des Geleitbootes *Köln* (Klasse 120) am 15. April 1961. Die Geleitboote wurden später in Fregatten umbenannt.
Auf dem Bild von links nach rechts Vizedamiral Ruge als Inspekteur der Bundesmarine. (Admiral Ruge starb im Alter von 90 Jahren Anfang Juli 1985 in Tübingen. Als besondere Leistung gilt der Aufbau der Bundesmarine.) in der Mitte Adolf Neumann, der letzte Überlebende von *Cöln* I und rechts Oberbürgermeister Theo Burauen.
(Dr. h.c. Theo Burauen war von 1956 bis 1973 O.B. der Stadt Köln. Der weit über die Grenzen seiner Stadt bekannte und beliebte Ehrenbürger der Stadt wurde am 19.10.1906 in Köln geboren. Er starb im Alter von 81 Jahren am 28.10.1987.) Foto: Marineamt

Am 31. März 1965 stellte die *Köln* in Hamburg außer Dienst und ging zu einer länger dauernden Basisinstandsetzung in die Werft. Dabei sollten u.a. die Aufbauten verstärkt werden. Aber auch eine allgemeine Verbesserung der Hochseefähigkeit des Schiffes war Ziel der durchgeführten Arbeiten. Nach rund zwei Jahren Werftliegezeit stellte die *Köln* am 31. März 1967 erneut in Dienst. Inzwischen war auch die Umbenennung von Geleitboot in Fregatte erfolgt. Sie tat nun wieder Dienst im 2. Geleitgeschwader. Zunächst führte sie in der Zeit vom 29. April bis zum 7. Mai Sturmerprobungen in den Gewässern zwischen den Färöer- und Shetlandinseln durch. Dabei bewährten sich die vorgenommenen Veränderungen und Umbauten aufs beste, so daß die *Köln* nun mehr und mehr zu größeren Überseefahrten herangezogen wurde. Doch

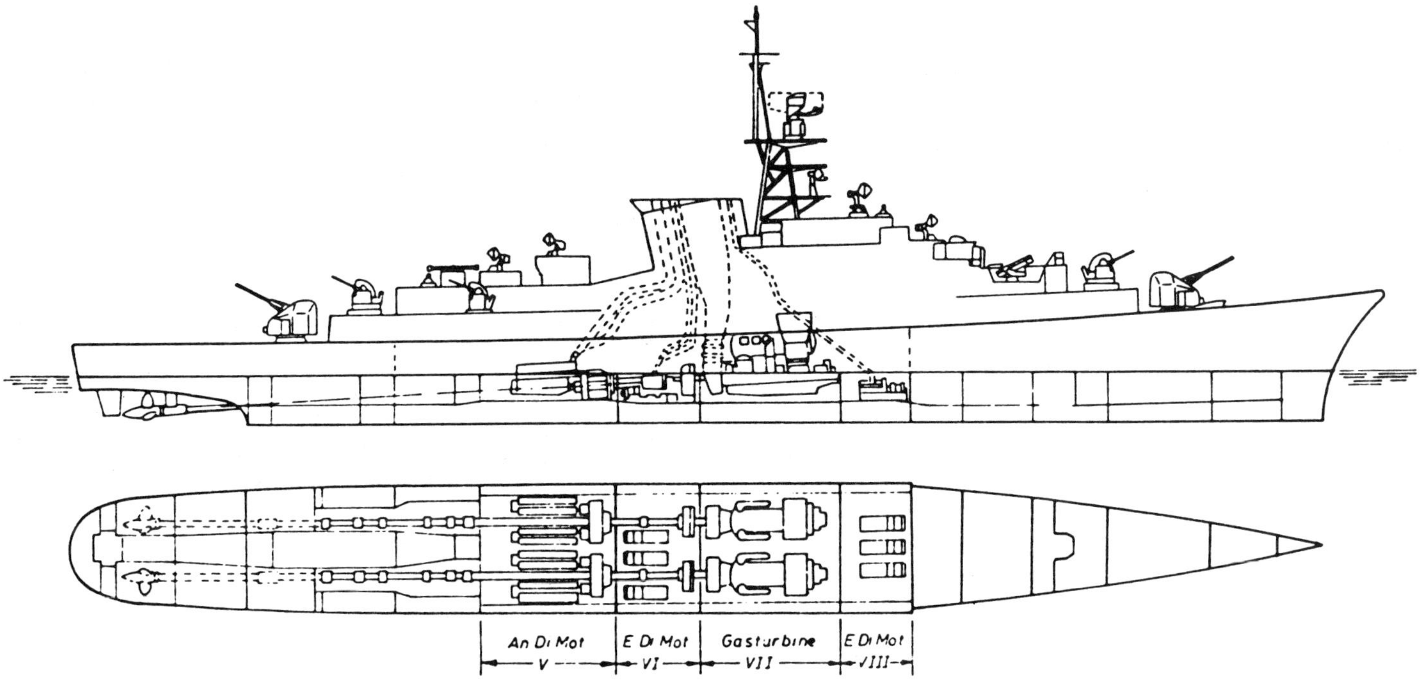

Die Fregatte der Klasse 120 der FF vom *Köln*-Typ; untere Zeichnung: Die Anordnung der Antriebsanlage.

zunächst erfolgte das Seemanöver »Bagpipe Call« vom 19. Mai bis zum 2. Juni, das in den Gewässern vor Norwegen ablief. Die *Köln* besuchte in dieser Zeit die norwegischen Häfen Haakonsvern, Stavanger und Frederikshavn. Die beiden erstgenannten Häfen waren von dem Besuch im Jahre 1964 her bereits bekannt. Das Dienstjahr 1967 klang aus mit Torpedoschießübungen im August und der Teilnahme am Flag Officer Sea-Training (FOST) in Portland vom 18. Oktober bis zum 9. Dezember 1967.

Anfang Januar 1968 hatte das NATO-Oberkommando eine ständige »Atlantik-Streitkraft« (Standing Naval Force Atlantic bzw. als NATO-Kürzel STANAFORLANT) ins Leben gerufen. Am 10. März 1968 stieß die *Köln* zu die-

Die Fregatte F 220 verläßt das Arsenal Wilhelmshaven. Im Hintergrund die 1979 neu erbaute Klapp-Brücke, die die alte Schwimmbrücke abgelöst hatte. Foto: Marineamt

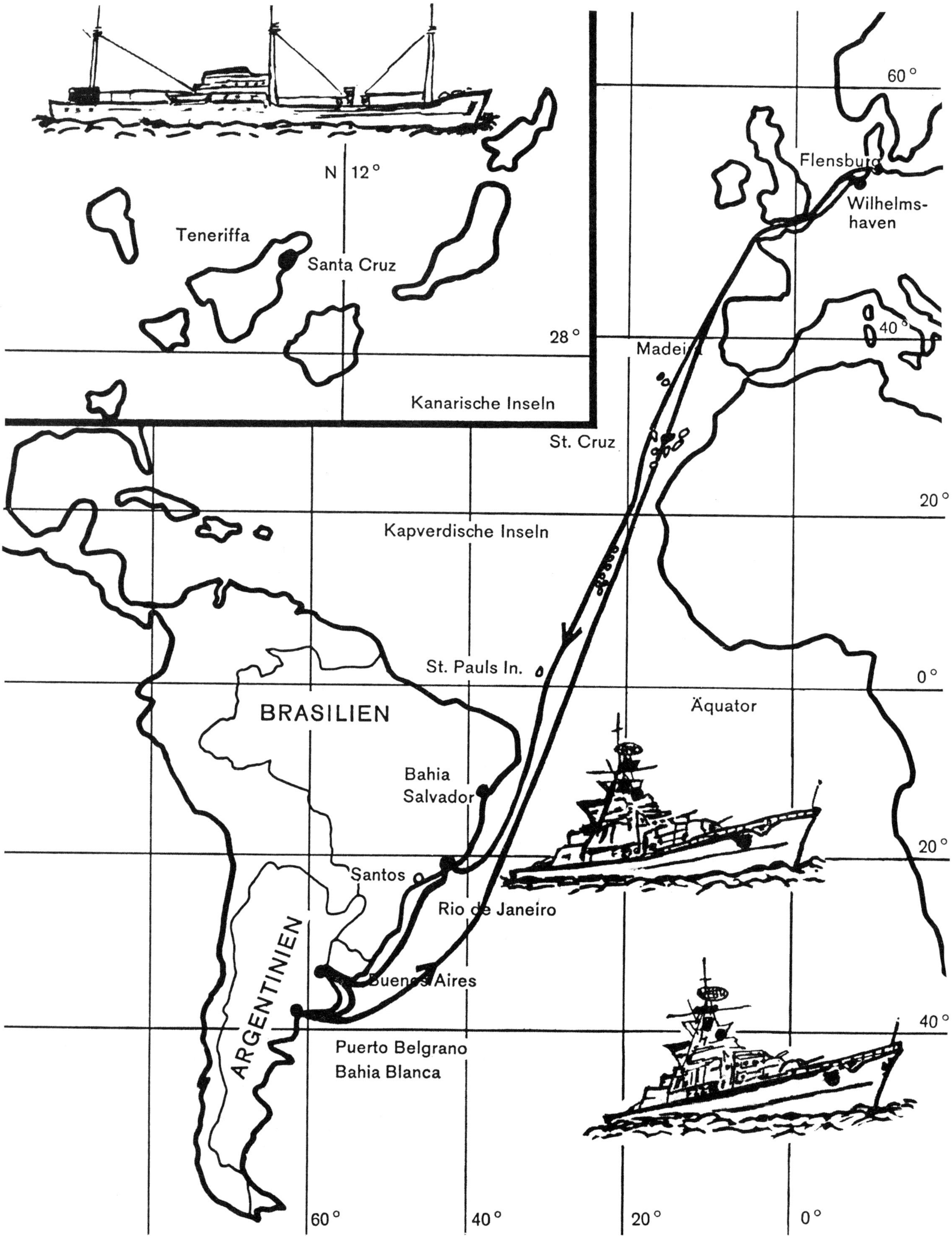

N 12°
Teneriffa
Santa Cruz
28°
Kanarische Inseln
60°
Flensburg
Wilhelmshaven
40°
Madeira
St. Cruz
20°
Kapverdische Inseln
St. Pauls In.
0°
Äquator
BRASILIEN
Bahia
Salvador
Santos
Rio de Janeiro
20°
Buenos Aires
ARGENTINIEN
40°
Puerto Belgrano
Bahia Blanca
60°
40°
20°
0°

K.z.S. Eggers (Mitte) mit den Kommandanten der Fregatte *Emden* F.K. Böhme (links) und *Köln*, F.K. Gröhe (rechts) Fotos: Marineamt

sem Verband und nahm an der NATO-Übung »Match Maker« teil, die im Nordatlantik abgehalten wurde. Dabei standen die Häfen Ponta Delgada, San Juan, Fort Lauderdale, Norfolk, New York, Halifax, Reykjavik, Drontheim, Tromsö und Bodö auf dem umfangreichen Besuchsprogramm der *Köln*. Von dieser großen Fahrt kehrte sie erst am 20. Juni wieder in den Stützpunkt Wilhelmshaven zurück. Ihre Stelle im STANAFORLANT-Verband nahm der Zerstörer *Bayern* vom 2. Zerstörergeschwader ein.

Das Jahr 1969 verbrachte die Köln von Januar bis August im wesentlichen in der Werft bzw. im Marinearsenal in Wilhelmshaven. Diese Werftliegezeit wurde im Juni für eine einwöchige Reise mit dem Schwesterschiff *Augsburg* und dem Zerstörer *Bayern* unterbrochen, die nach Stockholm führte. Im Jahr 1970 stand dann eine große Südamerika-Reise auf dem Programm (s. nebenstehende Karte). Die beiden Fregatten *Emden* und *Köln* sowie der Versorger *Dithmarschen* und der Betriebsstofftanker *Frankenland* unternahmen vom 18. April bis zum 14. Juni eine Übungsreise nach Südamerika.

Über diese Reise berichtet der Geschwaderkommandant Kapitän zur See Eggers anhand seiner Tagebuchaufzeichnungen in militärischer Kürze folgendes:

Letzte Ölübernahme vom Versorger *Frankenland*

Seetörn Wilhelmshaven – Rio de Janeiro 5495 sm

Samstag 18. April 1970. *Die Vorbereitungen für die Ü AG/104/70, eine in der Größenordnung außergewöhnliche Unternehmung der Seestreitkräfte, sind abgeschlossen. Flaggschiff des Geschw. Kom. ist die Köln.* Nach der Verabschiedung um 9^{59} Uhr heißt es »Alle Leinen los und ein«. Meine Absicht ist es, die beiden Fregatten mit Speed 18 (Geschw. 18 sm) über die längste Teilstrecke (Entfernung W'haven – RIV – Punkt 2620 sm) laufen zu lassen. Das erfordert ein Leerfahren der Bunker auf etwa 40%, was man aus Stabilitätsgründen verantworten kann. Große Übungen sind für die beiden nächsten Tage nicht angesetzt. Die Schiffe sollen sich zunächst einmal daran gewöhnen, in einfachen Formationen zu fahren. Vielen jungen Soldaten müssen die »Seebeine« wachsen.

Sonntag 19. April. Um 8 Uhr wird Dover/Calais passiert. Um 19 Uhr werden die Borduhren um eine Stunde Z-Zeit zurückgestellt.

Montag 20. bis Donnerstag 23. April. Ausbildung im Verbandsverfahren. Dienstag stehen wir in der Höhe von Porto. Übungen High-line-Manöver u.a.m. Mittoch wechseln Chirurg und Zahnarzt die Schiffe. Auf *Köln* fällt der erste Zahn. Erste POL-Versorgung. Donnerstag morgens gegen 5 Uhr stehen wir 5 sm querab von Palma. Testen der Salutbatterie.

Freitag 24. April. Artillerierichtübungen. Um 17 Uhr längsseit Tanker. Übernahme Frischwasser und Oel.

Samstag 25. bis Sonntag 26. April. Bordpfarrer hält auf *Köln* einen ökomenischen Gottesdienst. Um 11 Uhr lasse ich mich per High-line auf *Frankenland* übersetzen.

Montag 27. bis Dienstag 28. April. Um 13^{30} Uhr Beginn des SCREENEX, Ziel der Übungen, die Fregatten mit den wichtigsten Sicherungsarten vertraut zu machen und durch Kursänderungen, durch Schwenken und Wenden in den Sicherungsstationen zu üben. Dienstag nachmittags Ballonschießen mit Nebelkalibern. Die Ballons werden von *Köln* aus gestartet. Einzigen Treffer nach 3 Salven (6 Schuß) erzielte *Köln*!

Mittwoch 29. April. Um 4^{20} Uhr überqueren wir den Äquator. Die Zeremonie für die »Äquatortaufe« ist auf 13 Uhr festgesetzt. Das ungetaufte, ungewaschene Schiffsvolk wird durch die verschiedenen Grade der Linientaufe geläutert.

Donnerstag 30. April. Nachmittags blinde Torpedoanläufe auf die Versorger. Abends Funkspruch »Beförderung des Kommandanten der *Köln* zum Fregattenkapitän«.

Freitag 1. Mai. Seezielschießen mit Hauptkaliber auf die von *Dithmarschen* ausgebrachte (2.000 m lange Schleppleine) Schleppscheibe. Die Besatzungen der OPZ (Operationszentrale) üben Sprechfunkverfahren im U-Jagdabschnitt. Abends Maifeier.

Samstag 2. Mai. Strahlender Sonnenschein. Mit 19 Knoten Anlaufen des Ankerplatzes in der Cabo-Frio-Bucht. Groß Rein-Schiff. Die Schiffe sollen blitzblank einlaufen.

Sonntag 3. Mai. Gegen 15 Uhr Land in Sicht. Um 17 Uhr liegen beide Fregatten vor Anker. Erste Vorbesprechungen für das umfangreiche Programm mit dem Verteidigungsattaché. Die Soldaten sollen nur in Gruppen an Land gehen und die Elendsviertel von Favelas meiden.

Montag 4. Mai. Die beiden Versorger stoßen zum Verband. Um 21^{50} Uhr fallen Anker in der Bucht von Rio. Heute sind wir 16 Tage unterwegs und haben etwa 6.000 Seemeilen hinter uns gebracht. Gute Leistungen der Besatzungen, insbesondere der technischen Divisionen, die ihren Dienst bei bis 50 Grad machen mußten.

Dienstag 5. Mai. Ein strahlender Morgen. Vor uns die weltberühmte Copacabana, rechts flankiert vom Zuckerhut, im Hintergrund die alles überragende Christusfigur. Die *Köln* feuert 21 Schuß Landessalut. Plötzlich ein einsamer Schuß auf *Köln*; Nachbrenner einer im Rohr steckender Katusche, die vor Ablauf der Sicherheitszeit von 10 Minuten nicht entladen werden darf. Da ist auch der beste Artillerist machtlos. Um 10 Uhr macht erst die *Köln*, dann *Emden* unter den Klängen einer Militärkapelle fest. Paradieren der Besatzungen im weißen Zeug. Unmittelbar darauf kommt der deutsche Botschafter von Holleben an Bord. Besuch beim Gouverneur des Staates Guanabara, beim Befehlshaber des ersten Marinedistrikts und dem Flottenchef Adm. Jordao. Anschließend Pressekonferenz an Bord.

Mittwoch 6. Mai. Um 10 Uhr Kranzniederlegung am Ehrenmal des Adm. Tamandare, der als Patron der Marine gilt. Abends Cocktailparty an Bord, etwa 200 Gäste.

Donnerstag 7. Mai. (Christi Himmelfahrt) Ein Tag mit drückender Schwüle. Um 13 Uhr Herrenfrühstück in der Residenz des Botschafters. Von 14 – 17 Uhr sind die Schiffe zur Besichtigung freigegeben. Etwa 3.000 Besucher. Offizielle Begrüßung des Verbandes in der deutschen Botschaft.

Freitag 8. Mai. Fahnenschmuck (die sowjetische fehlt) zu Ehren des brasilianischen Expeditionscorps, das ab 1942 auf alliierter Seite kämpfte. Beim Empfang von etwa 900 Gästen in der Botschaft bringt der Bordchor der *Emden* eine gelungene Einlage, die mit Begeisterung aufgenommen wird. Abends großes Fest im Club Germania. Wir kommen mit 200 Mann. Den Höhepunkt bildet das Auftreten der Samba-Schule Magueira. Es sind die Ärmsten der Armen, aber in ihren schönsten Kostümen –.

Samstag 9. Mai. Seetörn Rio de Janeiro – Buenos Aires 1.343 sm. Pünktlich, nach der offiziellen Verabschiedung, legt der Verband um 10 Uhr ab.

Sonntag 10. bis Montag 11. Mai. Die in Rio ermüdeten Knochen werden aufgemuntert.

Dienstag 12. Mai. Entlang der Küste von Uruguay steuern wir die La Plata-Mündung an. Gegen 8 Uhr kommt Montevideo querab. – Unmittelbar vor der Stadt ließ vor 31 Jahren Kp.z.S. Langsdorff sein Panzerschiff *Admiral Graf Spee* versenken, um seine Leute vor dem ihm sinnlos erscheinenden Tod zu bewahren. Viele von ihnen werden wir in Buenos Aires treffen. Sie haben dort eine neue Heimat gefunden. Gegen 10 Uhr Lotsen an Bord. Um 16^{30} Uhr gehen wir eine Meile südlich von Feuerschiff Intersecction vor Anker.

Mittwoch 11. Mai. Ein uralter Marineschlepper bringt um 10^{20} Uhr den Verteidigungsattachè, dessen Gehilfen K.Kp. Ullmann und vier argentinische Verbindungsoffiziere an Bord. Das Programm füllt vier volle Tage aus. Regen und Gewitter bringen die Verschönerungsarbeiten zum Erliegen. Der Schmadding gibt seinen Geist auf!

Donnerstag 14. Mai. 7 Uhr Anker auf. Diesmal gehen die 21 Schuß Salut anstandslos über die Bühne. Punkt 10 Uhr ist *Köln* in Dorsena Norte fest, begrüßt von einer Militärkapelle. Der Botschafter Dr. Werz begrüßte die auf dem Achterdeck angetre-

Der Botschafter Dr. Werz begrüßt die auf dem Achterdeck angetretenen Besatzungen.

tenen Besatzungen und weist auf die Bedeutung des Deutschtums in Argentinien hin. Nach dem Höflichkeitsbesuch mit den Kommandanten beim Chef des Admiralstabes und dem Oberbefehlshaber der Marine, Admiral Gnavi und dem Oberbürgermeister der Stadt, ist um 14 Uhr Pressekonferenz. Um 15 Uhr Kranzniederlegung am Denkmal San Martins, dem Befreier Argentiniens. Der Verband stellt eine Abordnung von 11 Offizieren sowie einen Ehrenzug von 20 Mann. Nach einem feierlichen Trompetensignal lege ich mit dem Kommandanten der *Emden* einen Kranz nieder. Eine Viertelstunde später das gleiche Zeremoniell am Denkmal Adm. Browns, dem Gründer der argentinischen Marine. Um 19 Uhr erwartet der Botschafter 250 Gäste zu einem Empfang: anschließend Herrenessen im Deutschen Club. Strenge Sitten, der 3. Stock ist ausschließlich Herren vorbehalten.

Um 15 Uhr Kranzniederlegung am Grabe San Martins.

Fotos: Marineamt

Freitag 15. Mai. Vormittags Hochbetrieb an Bord. Mehrere Gruppen der argentinischen Marine. Anstatt der 400 angemeldeten Kinder der deutschen Schule erscheinen 800. – Tief Luft holen! Einsatzbesprechungen mit den argentinischen Offizieren für Übungen mit den argentinischen Seestreitkräften. Nachmittags Einkaufsbummel für die Besatzungen unter der Betreuung und Führung von Damen der deutschen Kolonie.

Sonnabend 16. Mai. Heute sind 355 Mann bei verschiedenen Sportvereinen eingeladen. Arbeitsteilung mit Kommandant *Köln*. Herr Bauer lädt mich im Auftrage jüdischer Emigranten ein. Gegen 16 Uhr bin ich in seinem Haus. Das Gespräch mit diesem Mann, der sich trotz allem im Herzen zu Deutschland bekennt, gehört zu den besonderen Erlebnissen dieser Reise.

Sonntag 17. Mai (Pfingstsonntag). Um neun Uhr fahren wir mit einer Abordnung zum deutschen Friedhof. Wir sollen am Ehrenmal für die Toten des Krieges und am Grabe von Kp.z.S. Langsdorff, Kränze niederlegen. Bei einem kurzen Gedenkwort spreche ich aus, daß es einem Seeoffizier wohl anstehe, einen Kameraden zu ehren, der das Leben seiner Soldaten höher bewertete, als sinnloses Heldentum. Starke Teilnahme der deutschen Kolonie, unter ihnen viele ehemalige Besatzungsangehörige der *Graf Spee*. – Wer hätte das erwartet, deutsche Zeitungen in Buenos Aires! Gleich zwei verschiedene Zeitungen in deutscher Sprache erscheinen täglich – auch sonntags – in Buenos Aires. Während der Hafentage wurden sie uns in großen Mengen an Bord gebracht. Der Kameradenkreis der *Graf Spee* war mit 300 Mann vertreten, die alle in Argentinien eine neue Heimat gefunden haben. –

Kapitän Eggers schildert dann in launigen Worten das weitere Geschehen am Sonntag.

»Besucher an Bord – oder das Wunder auf der *Köln*«

Am 17.5. ging ich, mit guten Vorsätzen gewappnet, eine Stunde vor Besichtigungstermin am Oberdeck. Die Pier war schwarz von Menschen. Kurz vor Besichtigungstermin wurde ich gewahr, daß die Menge auf mindestens 5.000 angewachsen war. Die Zusammensetzung dieser schier unabsehbaren Menschenmenge – denn noch immer luden Bus-Karawanen ihren Inhalt – war aber einer Betrachtung wert. Da gab es zunächst Urahnen, Großeltern, Eltern, Kinder und Enkel jeden Alters, darunter viele Mütter mit Säuglingen, die ihre Neugeborenen als so eine Art Rangabzeichen vor sich her trugen. Diese Gruppe stellte den Löwenanteil. Dann kamen die Abgesandten der vielen deutschen Vereine – sie betrachteten das Schiff schon jetzt als ihr persönliches Eigentum. Ein Nonnen-Konvent hatte eine kriegsstarke Abordnung entsandt und auch ein Heim für Gehbehinderte mußte just an diesem Tag abgebrannt sein, denn alle Insassen erschienen und baten um Asyl. Der Leiter der Gruppe war der Cleverste von allen. Als das Gedränge an der Eingangsstelling immer größer wurde, arbeitete er sich, laut um Hilfe rufend und ein Papier schwenkend, nach vorn. Beim WO bat er in bewegten Worten, die keiner richtig verstand, er hätte ein paar bedauernswerte Menschenkinder bei sich, die für ihr Leben gern mal auf ein deutsches Schiff wollten. Man sei extra unter vielen Mühen und Kosten von La Plata angereist. Das Papier, das er schwenkte, war eine einfache Zeitung. Was sollte man tun, wenn derartig an Mitleid appelliert wird? – Die Stelling frei und Platz gemacht. Fünf Seeleute schafften das trotz Fluchen und Schimpfen auf der anderen Seite. Die »bedauernswerten Menschenkinder« saßen sage und schreibe in 35 Rollstühlen und viele humpelten auf Krücken hinterher. Die Zeit, die es kostete, bis sie achtern auf der Schanz standen, kostete uns mindestens 500 »Normalbesucher«. Jedoch will ich das gerne verschmerzen, denn mir war es dadurch vergönnt, das größte Wunder meines Lebens zu sehen. Ich rieb mir die Augen – die behutsam mit Rollstühlen an Deck getragenen Rohlstuhlinsassen nahmen ihr Bett und wandelten. Im Nu waren sie zwischen den anderen Besuchern verschwunden. Die Ereignisse strebten unaufhaltsam ihrem Höhepunkt zu. Als dann der Abschnittsleiter zu mir kam und meldete »Herr Kapitän, jetzt machen die das Schiff seeklar!«, hielt ich den Zeitpunkt für gekommen, dem grausamen Spiel ein Ende zu machen. Auf der Pier hatten sich inzwischen chaotische Zustände entwickelt. Das Gedränge war furchtbar und man ging dazu über, Stammesfehden und Familienzwistigkeiten auszutragen. Die Polizei stand mit friedfertigem Gesicht dabei und schaute zu. Die Größe einer südamerikanischen Familie hatte ich unterschätzt. Hatte ich an einer Stelle den Absperrtampen ziehen lassen, heulten sofort mindestens 100 Personen beleidigt auf, man hätte sie von ihren Angehörigen getrennt. Der WO hatte ein weiches Herz und fügte die Familie – es waren über 50 Mann –, wieder zusammen. Es bekam dafür ganze Salven von herzhaften Küssen der ansehnlichen Töchter. Mich trafen haßerfüllte Blicke, als nun endgültig die Stelling geschlossen wurde. Wir schafften es tatsächlich, eine halbe Stunde später als vorgesehen, das Schiff frei von Besuchern zu machen. Aber wie sah es aus! Unter Einsatz sämtlicher Feuerlöschrohre und Dank der 9 Atü Druck war das Schiff zwei Stunden später einigermaßen klar zum Empfang der Ehrengäste des Kommandeurs zur Cocktailparty. – Die Wache aber wußte, was sie an diesem Tag geleistet hatte.

Seetörn
Buenos Aires – Puerto Belgrano 814 sm

18. Mai. Um 10 Uhr Auslaufen. 3 argentinische Seeoffiziere an Bord. Mit 18 Knoten zu einem RIV Punkt in Höhe Mar del Plata.

Dienstag 19. Mai. Um 8 Uhr erscheint die *Espora*, das Flaggschiff unseres OTC: K.z.S. Alvarez mit dem U-Boot *Santa Fe*. U-Jagd-Übungen, nachmittags mit argentinischen U-Jagd-Flugzeugen. Abends Besprechung der Übungen und Erfahrungsaustausch bei K.z.S. Alvarez.

Mittwoch 20. Mai. Um 6 Uhr Anker auf. An das Casex schließt sich ein AA/C Tracking Exercise an, eine Übung, um anfliegende Düsenjäger zu erfassen. Um 11^{30} Uhr Demonstration der Werfer. Die *Köln* feuert vier, die *Emden* zwei Raketen. Die Gäste sind beeindruckt. Nach Seezielschießen und Turbinenfahrt mit 28 kn. ist die zweitägige Übung beendet.

Donnerstag 21. Mai. Ansteuern der Bucht von Bahia Blanca. Seelotsen bei Tonne 7 an Bord. Für die *Köln* ist Herr Klein bestimmt, der uns mit den Worten begrüßt: »Guten Morgen, mit mir können Sie deutsch reden.« Nach dem Einlaufen die offiziellen Besuche.

Freitag 22. Mai. Um 8 Uhr findet eine kurze Besprechung der abgeschlossenen Übung »Walkiria« statt. – »Asado« – allein das Wort zergeht einem auf der Zunge und erweckt Träume vom Pampa, Gauchos und Lagerfeuer. Aus den 90 Lords, die den Bussen entstiegen, waren Gauchos geworden. Die Angehörigen der deutschen Kolonie erwarteten uns. Der Besitzer der Estancia eröffnete das Asado. Um ein großes Feuer herum, an langen Eisenstangen, die in den Boden gespießt waren, stacken ganze Hammel, Rinderhälften und Keulen. An langen Tischen, im Freien aufgebaut, aßen wir die Köstlichkeiten mit Salat und dazu den schweren Vino Tinto, der die Zungen löste. Es wurde ein herrliches Fest. Der Gesang aus rauhen Seemannskehlen, der mit der »Reeperbahn nachts um halb eins« endete, trieb älteren Damen einige Tränen in die Augen und einige Rinder in die Flucht. Der Abschied war wortreich und lautstark und die letzten Flaschen wurden gelenzt.

Samstag 23. Mai. Während ein Großteil der Besatzungen mit ihren Bussen direkt zur Estancia »Erro Naposta Grande« fuhren, können einige wenige Glückliche zuerst auf Einladung von Frau Wahnschaffe deren Estancia »Reichsmark II« besichtigen. In 10 Jahren aufgebaut, spielt sie heute in der Vollblutzucht des Landes eine große Rolle. Die besten Pferde wurden uns gezeigt. Dann ging es zur »Funke-Stiftung«, einem großen Betrieb, der von seinem letzten Besitzer in eine Stiftung umgewandelt wurde. Im »Funke-Heim« darf nur Deutsch gesprochen werden und immer 50 Deutsche finden dort Erholung.

Seetörn Puerto-Belgrano – Santa-Cruz/Teneriffa 5.070 sm

Sonntag 24. Mai. Um 16 Uhr endgültig »Leinen los« von Südamerika. Die »Alten Kameraden« erklingen und drei Hurras sind unser letzter Gruß an das gastliche Argentinien.

Montag 25. bis Freitag 29. Mai. Ganztägige Übungsprogramme lassen die müden Knochen langsam in Schwung kommen.

Samstag 30. Mai. Windstärke 7 – 8; steile See. Versorgung der Schiffe mit Brennstoff schwierig. Durchführung durch Bug-Heck-Methode. Auf *Köln* innerhalb einer Stunde 230 cbm übernommen.

Sonntag 31. Mai bis Dienstag 2. Juni. Wind abgeflaut. Montag um 6^{27} Uhr Äquator passiert.

Mittwoch 3. Juni. Vormittags Schleppmanöver. *Köln* soll die hilflos treibende *Emden* auf den Haken nehmen. Erst der dritte Anlauf führt zum Ziel, da dauernd Schießleinen brechen.

Donnerstag 4. Juni. Borduhren werden um eine Stunde auf N-Zeit vorgestellt. Wetterverschlechterung. Passat auffrischend auf 7 Bf.

Freitag 5. bis Samstag 6. Juni. Gegen elf Uhr samstags kommt der Pico de Teide in Sicht. Mit 3.700 m hoch die größte Erhebung Teneriffas. Entfernung immer noch ca. 70 sm.

Sonntag 7. bis Montag 8. Juni. Anker auf. Einlaufen. Um 9 Uhr fest am Liegeplatz Muelle Sur. Begrüßung durch Konsul und spanischen Marinekommandanten. Um 10 Uhr stehen die Busse für die Ausflüge bereit. Montag die üblichen Höflichkeitsbesuche.

Dienstag 9. Juni. »Militärputsch in Argentinien – Staatspräsident Ongania abgesetzt«, so lauten die Schlagzeilen. Bei der Einweihung des Marineministeriums machte er noch einen sehr selbstsicheren Eindruck. Um 18 Uhr »Leinen Los« für *Köln* und *Emden*. *Dithmarschen* lief schon um 16 Uhr aus. Nach der letzten Versorgung auf See wird die *Frankenland* von uns verabschiedet. Kapitän Winter und seiner Besatzung Dank und Anerkennung für die hervorragende Versorgung des Verbandes.

Mittwoch 10. bis Freitag 12. Juni. In See entlang der portugiesischen Küste. Cap Finisterre wird in 30 sm Abstand passiert. Die gefürchtete Biscaya zeigt sich als ein Ententeich. Die Funkpresse läßt uns schon am frühen Morgen durch die Nachricht aufschrecken, daß Botschafter von Holleben in Rio entführt worden ist. (Am 17. Juni wurde er von seinen Entführern in Freiheit gesetzt.)

Samstag 13. bis Sonntag 14. Juni. Um 4^{06} Uhr wird Dover-Calais passiert. Um 15 Uhr Durchsage Brücke »An BB-Seite Borkum-Riff Feuerschiff querab.« Um 18^{30} trennt sich der Weg der Fregatten. *Emden* geht elbeaufwärts durch den N-O-Kanal nach Flensburg. Um 21 Uhr ankert *Köln* vor der 4. Einfahrt. Reich mit Schätzen beladen laufen wir am 14. Juni in Wilhelmshaven ein. Die »Gauchos della Mar«, wie uns die Kameraden der »Armada Argentina« scherzhaft zu nennen pflegen, sind nach 15.000 Seemeilen zurückgekehrt. Im Reisegepäck neben vielen seltsamen Dingen aus fernen Ländern vor allem manch wertvolle Erkenntnis der Probleme anderer Völker und der Freuden, Nöte und Sorgen ihrer Menschen, die letztlich doch alle den Wunsch erfüllt sehen möchten, in Frieden auf dieser Welt zu leben. Die ÜAG 104/70 ist zu Ende.

Nach der Rückkehr von dieser großen Fahrt nahm die *Köln* im weiteren Verlauf des Jahres noch an drei größeren Manövern teil: an dem Manöver »Teamex 70« vom 30. Juli bis zum 7. August, das in der Nordsee ablief, weiter am Manöver »Desex 70«, das Flottillen-Admiral Hartwig vom Zerstörer *Mölders* aus leitete und das vom 23. bis zum 31. August dauerte, und schließlich noch an dem NATO-Manöver »Nothern Wedding« vom 14. bis zum 25. September, das in der Nordsee, dem Nordatlantik und vor der norwegischen Küste abgehalten wurde. Vom 18. bis zum 30. Oktober 1970 gehen die drei Fregatten *Augsburg*, *Köln* und *Lübeck*, begleitet von dem bereits bekannten Versorger *Dithmarschen* und dem Betriebsstofftanker *Emsland* noch einmal auf Atlantikreise und besuchen dabei Lissabon und Setubal. Gleich im Januar 1971 ist die *Köln* an einer weiteren Auslandsreise beteiligt, die diesmal ins Mittelmeer führt. Wieder läuft die *Köln* im Verband zusammen mit dem Zerstörer *Schleswig-Holstein*, dem Schwesterschiff *Augsburg* und den beiden bekannten Versorgern *Dithmarschen* und *Frankenland*. Es wurden die Häfen Tanger und Toulon angelaufen. Auf der Rückreise hatte der Verband in der Biscaya einen schweren Orkan zu überstehen, bei dem alle beteiligten Einheiten erneut ihr Hochseetüchtigkeit unter Beweis stellen konnten. Es fällt auf, daß dieses ursprünglich als Geleitboot für den küstennahen Seebereich vorgesehene Schiff in diesem ersten Jahrzehnt seiner Dienstzeit sehr häufig größere Überseereisen durchführt und auch an Manövern teilnimmt, die mehrmals weit in den Atlantik führten.

Im April 1971 ging die *Köln* zu einer Grundüberholung für ein Jahr in die Werft und war ab 2. Mai 1972 wieder einsatzbereit. An größeren Unternehmen ist zu vermerken die Teilnahme am NATO-Manöver »Strang Express« im September 1972 und an einem von Ende Oktober bis Anfang Dezember dauernden Work-Up-Training in Portland. Auch im folgenden Jahr 1973 wechselten Manöverteilnahmen im Atlantik mit den Besuchen ausländischer Häfen ab. Erwähnenswert scheint, daß am 8. Juni 1973 die Fregatten *Karlsruhe* und *Köln* der königlich norwegischen Jacht *Norge* mit König Olav V. an Bord von Kiel bis zur Grenze der deutschen Hoheitsgewässer das Ehrengeleit gaben. Die Jahre 1974 und 1975 verliefen ähnlich.

Immer wieder war die *Köln* an Übungen im NATO-Verband beteiligt. Ab Juni 1975 wurden ein halbes Jahr lang Werftarbeiten durchgeführt, diesmal bei der Hapag-Lloyd-Werft in Bremerhaven, die sich vor allem einen Namen gemacht hat mit der termingerechten Durchführung komplizierter Umbauten großer Kreuzfahrt-Passagierschiffe. Auch die beiden folgenden Jahre brachten wieder den üblichen Dienst: Ausbildung, Manöverteilnahmen, Auslandsbesuche. Von Anfang April bis Anfang Juni

1978 liegt die *Köln* wieder in der Bremerhavener Hapag-Lloyd-Werft, gefolgt von zwei weiteren Jahren intensivem Seedienst, u.a. auch wieder im STANAFORLANT-Verband. Häfen in Kanada, Island und Norwegen wurden während dieser Zeit besucht. Von März bis September 1980 erfolgt die übliche Überholung in der nun schon bekannten Reparatur- und Umbauwerft in Bremerhafen, an die sich dann bis Februar 1981 eine gründliche Überprüfung aller schiffsinternen Funktionen, ein Schiffssicherungslehrgang und Einzelausbildung anschließen. Ende Mai trat die *Köln* wieder in den STANAFORLANT-Verband. Sie nahm an Verbandsübungen teil, die diesmal von Den Helder ausgingen und bis Anfang des Jahres 1981 dauerten.

Dabei lief die *Köln* verschiedene amerikanische Häfen an, u.a. New York, Boston, Norfolk und Baltimore. Nach ihrer Rückkehr in die Heimat mußten Brandschäden im E-Werk VI und ein Schaden an der Rudermaschine beseitigt werden. Ende November 1981 nahm die *Köln* dann noch an der Übung »gerops« in der Nord- und Ostsee teil. Im Frühjahr 1982 erfolgte die letzte größere Ausbildungsreise in den Atlantik und auch noch einmal ins Mittelmeer sowie im Mai die letzte Teilnahme an einem NATO-Manöver, das unter der Bezeichnung »Bright Horizon« lief.

Nach gut zwanzigjähriger ereignisreicher Dienstzeit verholt die *Köln* am 28. Juni 1982 in das Marinearsenal Wilhelmshaven. Zum 1. Juli tritt die *Köln* »Außer Fahrbereitschaft« und am 14. Juli holt der letzte Kommandant der ersten Fregatte *Köln* der Bundesmarine, Fregattenkapitän Volker Hartmann, seinen Kommandantenwimpel nieder und wird von der Besatzung verabschiedet. Kapitänleutnant Seidensticker bereitet als »Chef der Einheit« mit seiner Restbesatzung die endgültige Außerdienststellung vor. Diese wird dann am 17. Dezember 1982 durch den Kommandeur des Geleitgeschwaders, Kapitän zur See Wiarda, vorgenommen.

Die damit außer Dienst gestellte Fregatte *Köln* ist das Kriegsschiff dieses Namens, das seine gesamte Dienstzeit im Frieden ableisten konnte.

Auf ihren zahlreichen Seereisen hat diese *Köln* insgesamt über 300.000 Seemeilen zurückgelegt, manchen Sturm

Die letzten Meilen den Hudson hinauf zu dem Liegeplatz der *Köln* in Manhattan verbrachten die Lords in fast andächtigem Schweigen vor der Kulisse der Wolkenkratzer. Foto: Marineamt

Seit 146 Jahren Amerikas führende und grösste deutschsprachige Zeitung
The oldest and largest German Language Newspaper in America

New Yorker Staats-Zeitung und Herold

Verlag und Redaktion 36-30 37th Street, Long Island City, N.Y. 11101
Telefon: (212) 786-1110 — Classified 937-5696 — Tour Office: 268-2340

Second Class Postage Paid at Long Island City, New York — and at additional Mailing Offices

NEW YORK, 11./12. JULI 1981 | Publication Number 501160 | PREIS 75 CENTS

New York begrüsst die "Köln" und ihre Besatzung

Aktion "Dial-a-Sailor" war ein voller Erfolg

Anlässlich des 1981er New Yorker Hafenfestes hat vom 2. bis zum 8. Juli ein NATO-Flottenverband New York einen Besuch abgestattet. Insgesamt 7 Schiffe aus der Bundesrepublik Deutschland, Grossbritannien, Kanada, den Niederlanden, Portugal, und den USA hatten hier Anker geworfen. Die deutsche Fregatte "Köln", mit einer aus 208 Mann bestehenden Besatzung, war für uns die bei weitem interessanteste.

Mit ihren Schwesterschiffen "Emden", "Augsburg", "Karlsruhe", "Lübeck", und "Braunschweig"; gehört die "Köln" zu einer Serie von 6 Einheiten, die in Deutschland entworfen und gebaut wurden. Diese Schiffe waren die ersten grösseren deutschen Neubauten nach dem Zweiten Weltkrieg, und bilden gemeinsam das zweite in Wilhelmshaven stationierte Geleitgeschwader.

Die Ahnengalerie der heutigen "Köln" geht bis vor den Ersten Weltkrieg zurück. Der leichte Kreuzer "SMS Cöln" war das deutsche Kriegsschiff das diesen Namen trug. Es wurde im Jahre 1911 fertiggestellt und sank am 28. August 1914 in einem Gefecht vor Helgoland mit dem britischen Schlachtkreuzer "Lion".

Noch während des Ersten Weltkrieges wurde die "SMS Cöln" im Juni 1918 in Dienst gestellt. Dieses Schiff wurde nach seiner Internierung in Scapa Flow am 21. Juni 1919 von der eigenen Besatzung versenkt.

Das dritte Schiff gleichen Namens, der kleine Kreuzer "Köln" wurde am 15. Januar 1930 in Dienst gestellt und während des Zweiten Weltkrieges in norwegischen Gewässern und in der Ostsee eingesetzt. Die dritte "Köln" wurde am 30. März 1945 bei der Verteidigung von Wilhelmshaven versenkt.

Die jetzige "Köln", ein Schiff der Fregattenklasse 120, lief am 6. Dezember 1958 vom Stapel und begann ihren NATO-Dienst am 15. April 1961.

Der Flottenverband wurde von Bürgermeister Edward I. Koch begrüsst der dem Flottenkommandeur Leeflang den Schlüssel zur Stadt New York überreicht. Koch bemerkte, dass bis vor einem Jahr — als New York noch unter der Finanzkrise litt — sei dieser symbolisch zugleich der Schlüssel zur städtischen Schatzkammer gewesen. Jetzt allerdings, nachdem die Stadt nun aus den "roten Haushaltszahlen" herauskommen konnte, öffnet er lediglich die Herzen der New Yorker. Was vielleicht viel wichtiger für die Besucher ist . . .

Von Alfred Funk

Gelegenheit sich gastfreundlich zu zeigen hatten New Yorker in reichlichem Masse. Im Rahmen der Aktion "Dial-a-Sailor" konnten sich New Yorker an eine Verwaltungsstelle der US-Marine wenden, um einzelne Besatzungsmitglieder der NATO-Schiffe zu sich nach Hause einzuladen oder Stadtbesichtigungen oder Ausflüge mit ihnen zu unternehmen. Auf diese Weise konnten rund 300 ausländische Seemänner die "Fourth of July" Feiern und Zeremonien der Amerikaner näher kennenlernen. Darunter waren auch 62 Besatzungsmitglieder der "Köln", die Dank eines Aufrufes in der "Staats" bei Deutschamerikanern in New York und Umgebung zu Gast waren, und unter deren Betreuung sie unsere Stadt genauer kennenlernen konnten als Matrosen es sonst bei kurzem Hafenaufenthalt es zu tun pflegen oder können.

Die Aktion "Dial-a-Sailor", als Zeichen der Gastfreundschaft der New Yorker geschätzt, wird von dem Kommandeur der "Köln", Fregattenkapitän Volker Hartmann mit zwei bezeichnenden Worten apostrophiert: "einfach Klasse". Dieser Mann, der Tatkraft, Realitätssinn und Augenmass täglich, ja stündlich unter Beweis stellen muss, macht keinen Hehl daraus, dass Programme wie "Dial-a-Sailor" ausgezeichnet für die Moral seiner Besatzung sind.

Und was haben die wenigen Seemänner die nicht eingeladen wurden, unternommen? Sie haben — manche auch in Paradeuniform — die Sehenswürdigkeiten von New York auf eigene Faust angeschaut. Andere, wie beispielsweise der Gefreite Thomas Etzel, wollen aber wieder nach New York kommen um die Stadt kennenzulernen, denn sie mussten an Bord Wache schieben. Bald wird aber Thomas Gelegenheit haben eine andere amerikanische Stadt zu besichtigen: am 17. Juli ist die "Köln" in Boston.

Die Restbesatzung der *Köln* verabschiedet am 01.07.1982 den letzten Kommandanten FK. Volker Hartmann.

Nach alter Tradition wird dem Kommandanten der Kom. Wimpel übergeben.

abgeritten und sich als leistungsfähiges Seeschiff erwiesen. Während der zwanzig Jahre, die die *Köln* Dienst tat, pflegte die Besatzung aber auch stets lebhafte Kontakte zu ihrer Patenstadt, wie auch umgekehrt die Kölner die Beziehungen zu »Ihrer« Fregatte intensiv gestalteten. Bereits seit 1962 war es üblich geworden, daß kurz vor Weihnachten jeweils eine Abordnung der Besatzung Köln besuchte, zunächst vom jeweiligen Stadtoberhaupt empfangen wurde und dann regelmäßig ein von der Besatzung unterstütztes Kölner Kinderheim besuchte und dabei in der Regel Geschenke im Wert von 2.000,- bis 3.000,- DM überbrachte. Dieses Geld hatte die Besatzung auf vielfältige Art und Weise aus eigener Tasche zusammengebracht, um ihrem Kinderheim alljährlich eine größere Sachspende für die »Spielothek« zukommen zu lassen. Weiter drückte sich der Zusammenhalt zwischen Schiff und Patenstadt in gelegentlichen Besuchen des Kölner Stadtoberhauptes auf der *Köln* aus, und schließlich auch darin, daß das Schiffswappen der ersten Fregatte *Köln* nach ihrer Außerdienststellung den Kölnern zur Verfügung gestellt wurde und einen ehrenvollen Platz an jener Eigelsteintorburg fand, wo bereits die Reste des Kutters der ersten *Cöln* als Mahnmal an den verlustreichen Untergang dieses Kreuzers im Ersten Weltkrieg erinnern.

Ansprache des Geschwaderchefs KzS. Edzard von Wiarda anläßlich der Außerdienststellung der ersten Fregatte *Köln* der Bundesmarine. Fotos: Marineamt

Fregattenkapitän grüßt seine *Köln* zum letzten Mal und wird dann, alter Marinetradition gemäß, von Bord durch den Arsenalhafen an Land gepullt. Auf den Duchten sitzen – auch dies ist Marinetradition – neben anderen Rudergästen Offiziere seines Schiffes. Foto: Marineamt

Das Wappen der ersten Fregatte *Köln* mit einer Gedenktafel an der Eigelsteintorburg in der Nähe des Ebertplatzes in Köln. Foto D.

Fregatte »Köln« – ihre Verbundenheit mit der Patenstadt am Rhein

Im Oktober 1976 besuchte Kölns OB John von Nes Ziegler mit einigen Ratsherren das Patenschiff der Stadt und beobachtete einen Tag lang das Bordleben während einer Fahrt in die südliche Nordsee.
Kölns OB hatte als Einstand für die Besatzung drei Fußbälle und elf Original Trikots des 1. FC Köln mitgebracht. Der Kommandant Freg. Kpt. Reichert sprach in seinen Dankesworten die geschichtsträchtigen Worte »Wir wollen es wenigstens versuchsweise den Kickern aus der Bundesliga gleichtun und möglichst mit unserer Mannschaft niemals verlieren!« Höhepunkt des Törns war ein Versorgungsmanöver in See mit der *Freiburg*. Während die *Köln* an Steuerbord fuhr, übernahm die Fregatte *Lübeck* an Backbord Treibstoffe, von Ortsamtvorstehern aus Hamburg interessiert beobachtet und von einem Fernsehteam gefilmt, das einen Film über die Arbeit der Versorgungsflottille drehte. Foto: Marineamt

Doppelter Anlaß bestand für den Kommandanten der Fregatte *Köln*; Freg. Kptn. Karlheinz Reichert (vom 6.1.76 – 10.5.77), um aus dem Norden in die Domstadt am Rhein zu kommen.
Hauptgrund für die jetzige Reise der Abordnung aus Wilhelmshaven war die Übergabe von DM 2.300,- an ein städtisches Kinderheim, die jedes Jahr vor Weihnachten stattfindet. Die Summe ist von der Besatzung im Laufe des Jahres auf vielfältige Weise für die Spielothek der Kinder zusammengetragen worden. So kostet der bei vielen Philatelisten begehrte Schiffsstempel 5 Pfg Spendenbeitrag.
Der Besuch war aber auch gleichzeitig der Gegenbesuch des Kommandanten. Im Sommer hatte der Oberbürgermeister der Stadt, John van Nes Ziegler und eine Abordnung des Rates, einen Tag in See miterlebt. Die gegenseitigen Besuche sind ein wichtiger Teil der Kontaktpflege zur Patenstadt, mit dem Ziel, das Patenschaftsverhältnis mit Leben zu erfüllen und weiter zu vertiefen. Foto: »Marine« 2/77

Besuch einer Abordnung der Fregatte *Köln* in ihrer Patenstadt am 8.12.1978.
Der Oberbürgermeister John van Nes Ziegler überreicht den Soldaten ein Buch über Köln. Wie jedes Jahr brachte die Abordnung des Schiffes Geschenke für das Sülzer Kinderheim mit.
Foto: Histor. Archiv; Köln Nr. ZSB-5/3147

Im Dezember 1981 wurde im Rahmen eines einwöchigen Besuches eine Abordnung der *Köln* im Rathaus vom Oberbürgermeister Norbert Burger empfangen. Seit Jahren ist es Tradition, daß eine Abordnung der Fregatte jedes Jahr vor Weihnachten in die Patenstadt kommt. Dieser Besuch bedeutete allerdings einen Einschnitt in den Brauch, da die Fregatte im Laufe des nächsten Jahres außer Dienst gestellt wurde. Das Schiff wird dann als »Ersatzteillager« verwendet. Der I.O. der *Köln* sagte dazu: »1982 machen wir noch eine Mittelmeerfahrt als Abschluß. Ende Juli beginnt dann die Stillegung. Eine neue *Köln* ist bereits gekauft und wird weiter Namen und Geschichte Kölns auf Meeren vertreten.« Das Geschenk für den OB war ein »Seemanns-Adventskranz«, aus Tampen (Tauen) gefertigt. Foto: Holubovsky

Fregatte »Köln«, Klasse 120

Indienststellung:	15. April	1961
vorübergehende Außerdienststellung	01. April	1965
Wieder-Indienststellung	31. März	1967
Außerdienststellung	17. Dezember	1982

Kommandant	von – bis
FK Dr. Meyer-Abich	20.02.60-30.09.62
FK Haag	01.10.62-31.12.63
FK Janssen (verstorben)	01.01.64-31.03.65
nicht besetzt	01.04.65-22.02.67
FK Behrens	23.02.67-30.09.67
FK Werth	01.10.67-30.09.69
FK Joas	01.10.69-31.03.70
KK Gröhe	01.04.70-31.03.71
nicht besetzt	01.04.71-31.03.72
FK Döscher	01.04.72-30.09.73
FK Sievert	01.10.73-30.06.75
Depot-Instandsetzung	
FK Reichert	01.01.76-11.05.77
FK Sehrbrock	12.05.77-27.12.78
FK Hartmann	28.12.78-14.07.82

IO	von – bis
KK Grau	16.07.59-15.02.62
KK Wentz	16.02.62-31.03.63
KK Malwitz	01.04.63-31.03.64
KK Hindrichson	01.04.64-14.03.65
nicht besetzt	15.03.65-28.02.67
KK Warnke	01.03.67-03.04.67
KK Lacher	04.04.67-31.01.69
KK Meisner	01.02.69-30.09.69
KK Seyfferth	01.10.69.-31.03.71
KL Woite i.V.	01.04.71-23.11.71
KK Preßler	24.11.71-30.09.73
KK Leonhard	01.10.73-31.10.74
KK Hartmann	01.11.74-30.11.76
FK Sehrbrock	01.12.76-11.05.77
KK Wegner	12.05.77-31.03.79
KK Kirschstein	01.04.79-31.03.81
KK Gehlhaar	01.04.81-30.06.82

Grußwort für die »Köln V«

Als letzter Kommandant der Fregatte *Köln IV* wünsche ich der neuen Namensträgerin allzeit gute Fahrt in friedlichen Gewässern.

Möge Schiff und Besatzung eine gleich glückhafte Zukunft beschieden sein wie ihrer Vorgängerin, der es vergönnt war, 21 Jahre für die Verteidigung unseres Friedens in Freiheit gewappnet zu sein, ohne in kriegerischer Auseinandersetzung gefordert zu werden.

Vorrangig gilt, dem Auftrag der Friedenssicherung gerecht zu werden, darüber hinaus aber auch, das traditionsreiche Erbe der vier Vorgängerinnen mit dem stolzen Namen *Köln* zu verwalten.

Für diese anspruchsvolle, aber auch sehr schöne Aufgabe, wünsche ich Glück und Erfolg!

Volker Hartmann, Fregattenkapitän

Foto: Marineamt

Die Überlegungen zum Bau der Fregatte FK 122

Da die Fregatten der *Köln*-Klasse und die nachgerüsteten 4 Zerstörer der *Hamburg*-Klasse in den achtziger Jahren weit über 20 Jahre alt sind, mußten Überlegungen angestellt werden, diese nach und nach zu ersetzen. Die Untersuchung einer »Ständigen Studiengruppe Überwasserkriegsführung« erbrachte eine taktische Forderung: FK-Fregatte 122. Die Zusammenarbeit mit der NATO NAVAL ARMAMENTS GROUP führte dann zur Aufstellung der MTZ (Militärische-Technische Zielsetzung): NATO-Fregatte 122.
Sie hat eine für die Bundesrepublik und die Niederlande weitgehend übereinstimmende NATO-Fregatte unter Anlehnung an die in den Niederlanden schon im Bau befindlichen 8 Standartfregatten zum Ziel. Nachdem die parlamentarischen Gremien – unter Vorbehalt der Kosten vom Stand 1974 – ihre Zustimmung gaben, wurde der endgültige abschließende Wettbewerb zwei Werftgruppen unter der Führung von Blohm & Voss einerseits und Bremer Vulkan andererseits übertragen. Nach Auswertung der Ausarbeitungen und Angebote wurde der Bauauftrag für zunächst 6 Fregatten Ende 1977 an die Firma Bremer Vulkan als Generalunternehmer gegeben, der vier andere Werften beim Bau zu beteiligen hatte.

Die Marineführung hat dabei in Gemeinschaftsarbeit mit der holländischen Marine den Fregattentyp F 122 ausgearbeitet. Dabei wurden gewisse Abweichungen, die im deutschen und niederländischen Fregattenkonzept bestanden, berücksichtigt. Darüber hinaus sind beide Länder bemüht, eine Standardisierung mit Komponenten im Fregattenbau anderer Bündnispartner zu erreichen. Besonders auf dem Gebiet der Versorgung, der Ausbildung und Materialerhaltung wird eine enge Zusammenarbeit angestrebt.
Die am 28. Januar 1976 im Verteidigungsausschuß des Bundestages durchgesetzten und am 10. März 1976 vom Haushaltsausschuß genehmigten Fregatten 122 sollen nach dem neuesten Stand der Führungs- und Waffentechnik ausgestattet werden und dem Konzept der Bundesmarine entsprechend, den Einsatzbedingungen in dem vorgesehenen Operationsraum angepaßt sein. Es wurde damit eine Anpassung des Kampfwertes der Seekriegsmittel für Nordseeaufgaben angesichts der gestiegenen Bedrohung infolge der maritimen Expansion der UDSSR angestrebt.

Der deutsche Beitrag zur Sicherung der Nordsee ist deshalb von Bedeutung, da die großen NATO-Mächte ihren Beitrag nicht erhöhen können, ohne ihre Aufgaben im Atlantik zu beeinträchtigen.
Die Fregatten F 122 wurden so konzipiert, daß sie ihre Kampfaufgaben auch unter Schlechtwetterbedingungen ausführen können.

Zusammenfassung der technischen Daten

Nach Indienststellung der *Köln* ist das 4. Fregattengeschwader komplett. Fünf deutsche Werften; Blohm & Voss Hamburg; HDW Kiel; Thyssen NSW Emden; A.-G. Weser Bremen und der Bremer Vulkan haben die 6 Einheiten erbaut.
Es handelt sich um Flugkörperfregatten der Klasse 122. Ihr Deplacement wird mit 3.000/3.800 ts angegeben. Länge 128,00 m; Breite 14,40 m; Tiefgang 6,00 m ü.A.
Bewaffnet sind die Schiffe außer mit einer 74-mm-Mehrzweckkanone mit einem Starter für acht HARPOON Seezielraketen im Vierersatz.

Die Harpoon-Lenkwaffen in zwei Vierergruppen an Backbord und Steuerbord. Foto: D.

Achtfachstarter SEA SPARROW Flugabwehrraketen.
RAM (Rolling-Airframe-Missile)-Starter für 24 Flugabwehrraketen.
Vier UTR (U-Boot-Abwehr-Torpedos) ∅ 53,3 cm.
An Bord befinden sich zwei Hubschrauber Typ SEA LYNX zur Erweiterung des Horizonts.

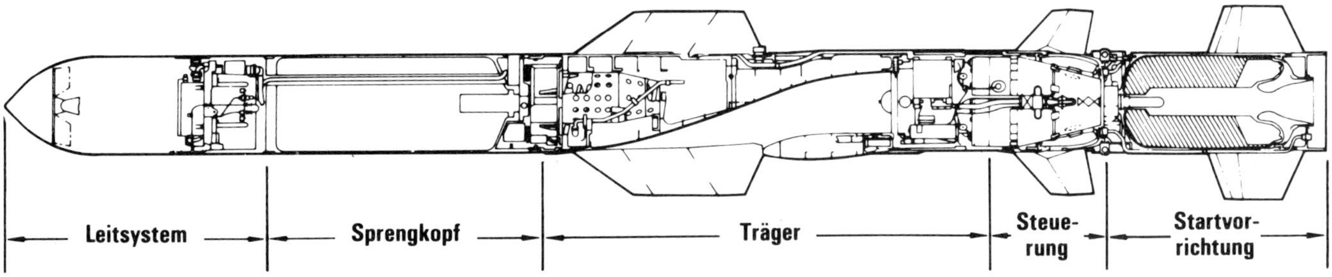

	Zum Abschuß aus der Luft	Zum Abschuß von Schiffen
Länge der Lenkwaffe	3.840 mm	4.628 mm
Durchmesser der Lenkwaffe	343 mm	343 mm
Spannweite der Flügel	914 mm	914 mm
Gewicht der Lenkwaffe	529,8 kg	
✷ ASROC		666,8 kg
✷ Kanister, gekapselt		694,0 kg
✷ TARTAR		694,0 kg

HARPOON Seezielrakete

Elektronik: ein Navigationsradar; Großradar; ein Suchradar (Luft) ein Suchradar (Boden) ein Raketen-Leitradar (Boden-Luft).
Artillerie-Feuerkontrolle SONAR (aktiv/passiv) ECM (elektronische Abwehr) und elektronische Datenübertragung.
Die Schiffe haben zwei Schrauben, die durch zwei MTU-Diesel à 3.825 KW für 20 Kn. Marschfahrt, angetrieben werden. Dazu zwei General-Elektric-Gasturbinen à 19.000 KW für über 30 Kn. Fahrt. Die Fahrstrecke ist auf 4.000 sm/18 Kn. veranschlagt.
Besatzung ca. 200 Mann.

Die Brücke gehört zur ABC-Zitadelle, ist aber wegen ihrer Anfälligkeit für Beschädigungen über Luftschleusen mit dieser verbunden. In der hinteren Ecke auf der Backbordseite ist der Platz des Kommandanten. Hinter ihm sitzt der Maat an seinem Beobachtungsposten mit einem Radarbildschirm, einem Mikrophon für das Bordfunksystem und einer Schalttafel für Navigationslaternen etc. Der mittlere Block der Konsolen besteht (von Backbord nach Steuerbord) aus dem Platz des Rudergängers, dem Bildschirm des Navigationsradars und einem MHS-Terminal. Der Rudergänger hat an seiner Konsole das Steuerrad, Anzei-

Fregatte F 211, *Köln*

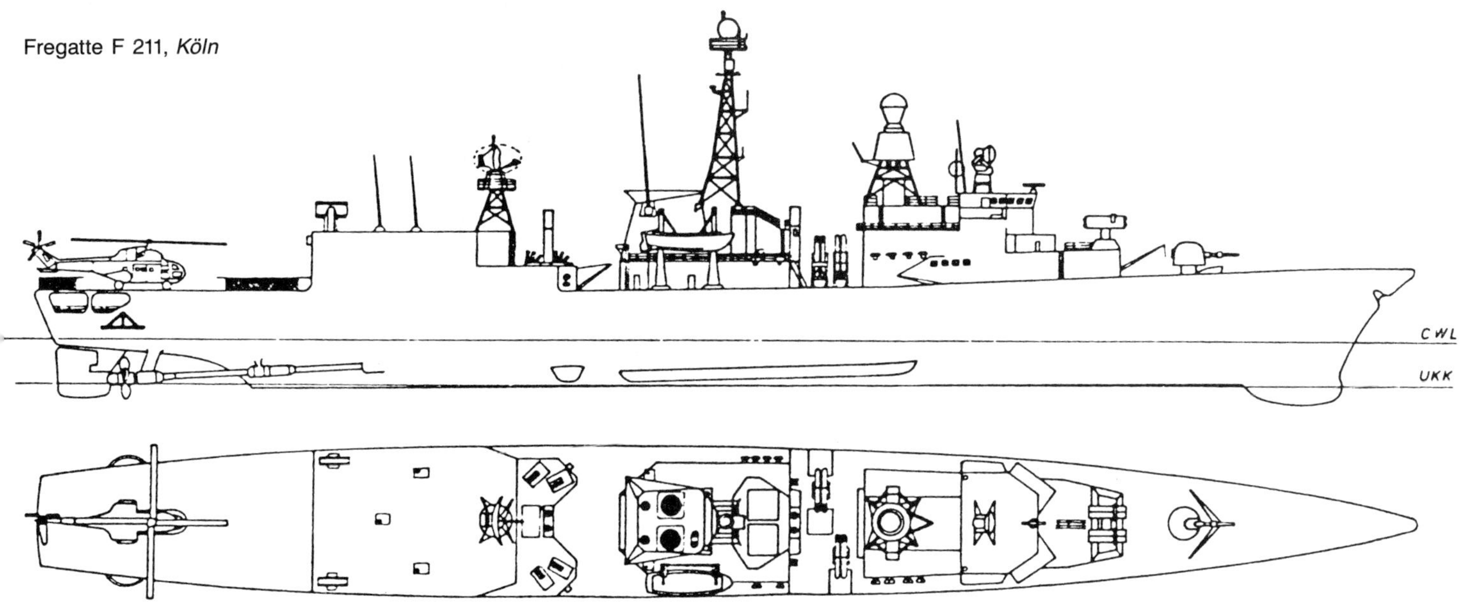

gen für zwei unabhängige Kreiselkompasse, Steuerelemente für den Antrieb und einen Autopiloten. Der Autopilot, der Treibstoff sparen hilft, kann für eine Reihe von Standartmanövern programmiert werden. Wenn die Kursabweichung einen vorher gewählten Wert (zwischen 5° und 25°) übersteigt, ertönt ein Alarm. Die Bugneigung nach vorn und der weit vorne angebrachte Anker – eine Maßnahme zum Schutz des Bugsonardoms mit seinem Gummi-Fenster – ist charakteristisch für den Typ.

Fregatte Klasse 122 »Köln«; Baunummer 1024/912

Generalunternehmer Bremer Vulkan: 1.024.
Bauwerft Blohm & Voss; Hamburg 912.
Zur Endausrüstung wurde das Schiff nach Bremen zum G.U. gebracht.
Baubeginn 16. Juni 1980.
Stapellauf 29. Mai 1981. Indienststellung
Die *Köln* war das fünfte Schiff der 6 Fregatten *Bremen*; *Niedersachsen*; *Rheinland-Pfalz*; *Emden*; *Köln*; und *Karlsruhe*.
Die Planung und Konstruktion lag vorwiegend in den Händen der »Marinetechnik Planungsgesellschaft« Hamburg, welche sich aus den Weftvertretern der Marine und des BWB zusammensetzte.
Bis auf einige Unterschiede waren die Fregatten an der »NATO-Standartfregatte«, der niederländischen KOTRENAER-Klasse orientiert und glichen ihr auch äußerlich. Die deutschen Fregatten erhielten, abweichend von der KORTENAER-Klasse, anstelle der britischen »Rolls-Royce Olympus« Gasturbinen, amerikanische Gasturbinen.
Die Elektronik sind niederländische, amerikanische und deutsche Fabrikate. Die elektrische Ausrüstung ist vorwiegend deutscher Herkunft. Die namhaftesten Firmen wie Siemens; AEG-Telefunken; Hagenuk; MTU und MWM und andere sind daran beteiligt.
Die Schiffe wurden im sogenannten Sektionsverfahren gebaut,, d.h., die einzelnen Sektionen (Module) wurden in Hallen vorgefertigt und auf der Helling zusammengesetzt.

Die Fregatte der Klasse 122, NATO-Nr. F 211 – »Köln«

Die Fregatte *Köln* (1) hatte ausgedient. Sie wurde noch benutzt als Lieferant für Ersatzteile. Aber eine neue *Köln* war schon geplant. Zwar war für den neuen Fregattentayp Klasse 122 nicht mehr eine *Köln* sondern eine *Bremen* das Typschiff, aber der Name *Köln* sollte in der Bundesmarine weiterleben und wurde beim Stapellauf der fünften Einheit des neuen Typs am 29. Mai 1981 erneut vergeben. Vorher freilich hatte es im Rat der Stadt Köln Schwierigkeiten gegeben. Die Fraktion der Grünen, erstmals im Rat der Rheinmetropole vertreten, hatte in einem Dringlichkeitsantrag gefordert, auf diese Namensgebung zu verzichten. Dies wurde indes mit Mehrheit der anderen im Rat vertretenen Parteien abgelehnt. Und so konnte der Kölner Oberbürgermeister erste Kontakte zu einer neuen *Köln*-Besatzung anknüpfen, die sich übrigens in den folgenden Jahren ebenso eng, freundschaftlich und herzlich entwickelte, wie die mit den Besatzungen der Vorgänger. Wie der Dienst – Friedensdienst und Dienst zur Erhaltung – des Friedens in den achtziger Jahren aussieht, soll der ausführliche Auszug aus dem Schiffstagebuch der zweiten Fregatte *Köln* für die ersten fünf Jahre ihres Dienstes in der Bundesmarine zeigen. Den Abschluß bilden dann einige kurze Berichte über weitere Tätigkeiten in den Jahren 1986 und 1987.

Foto: Marineamt

Legende der Fregatten-Klasse 122
(nach Unterlagen der Werften und Firmen und veröffentlichten Daten)

Abmessungen

Leerverdrängung	2.900 t
Einsatzverdrängung	3.800 t
Länge (cwl)	121,8 m
Länge (ü. a)	128,0 m
Breite	14,57 m
Breite (cwl)	14,4 m
Konstruktionstiefgang	4,25 m
Einsatztiefgang	6,0 m
Seitenhöhe	9,0 m

Maschinenanlage CODOG (Combined Diesel or Gas/Dieselmotoren- oder Gasturbinenantrieb)
2 Gasturbinen, General Electric, Typ LM 2500 je 25.000 PS/25.840 PS (18.400 kW/19.018 kW) für Höchstfahrt
2 Dieselmotoren, MTU, Typ 20 V 956 TB 92, Viertakt, 20 Zylinder, je 5.200 PS (3.827 kW) für Marschfahrt
2 fünfflügelige Verstellpropeller, Typ Escher-Wyss, je 4,20 m Durchmesser

Elektrotechnik
4 Dieselmotoren MWM, Typ TBD 602 V 16 K, Viertakt, 16 Zylinder, je 1.096 PS (800 kW)
4 Generatoren je 850 kW

Hilfsmaschinenanlagen
1 Balance-Schweberuder
2 Hilfskessel
Schlingerdämpfungsanlage
Kläranlage
Müllverwertungsanlage

Ausrüstung
12 Rettungsinseln

Schiffskörper
XVI Abteilungen
ABC-Schutzeinrichtung
MES-Anlage

Bewaffnung
1 x 1 76 mm/L 62 OTO Melara in Einzelturm
2 x 4 Starter FK-System HARPOON
1 x 8 Starter FK-System SEA SPARROW
2 x 18 Starter für FK-System Flugzeug/Flugkörpernahabwehr
2 x 3 UTR
1 x Hubschrauber Wessex »LYNX«

Elektronik
STIR-Anlage (Intrigiertes Waffeneinsatz- und Führungssystem)
Waffenleitanlage WM 25
Radaranlage DA 08
FK-Leitanlage AN/SLQ 25 (NIXIE)
FK-Abwehranlage SRBOC Düppelwerfer
U-Abwehranlage SONAR DSQS 21 BZ

Besatzung: 189 Mann

Zum Waffensystem Schiff gehört erstmalig in der deutschen Marinegeschichte ein Bordhubschrauber. Er soll in der Lage sein, U-Jagd zu fliegen, Zieldaten zu übermitteln und Aufklärungsaufgaben unter Tag- und Nachtbedingungen zu erfüllen. Er wird auch für SAR-Einsätze eingesetzt. Das für diese Aufgabe erforderliche Fachpersonal besteht aus einer kleinen Crew. Acht Mann fliegendes und 10 Mann technisches Personal sind für Flug und Wartung der beiden Hubschrauber bei der Stammeinheit Marinefliegergeschwader 3 »Graf Zeppelin« in Nordholz stationiert. Das Hubschrauberpersonal wird vom Fregattten-Geschwaderstab für jeden Einsatz den Fregatten zugeordnet.
Dem Zusammenspiel zwischen Schiff und Hubschrauber kommt dabei eine große Bedeutung zu.
Die sechs Fregatten sind im 4. Fregattengeschwader zusammengefaßt. In Wilhelmshaven ist der Geschwaderstab, der sich aus Kommandeur, S-3-Stabsoffizier, dem Logisitik-Stabsoffizier und dem Offizier für Lufteinsatz zusammensetzt, stationiert.
Das 4. Fregattengeschwader ist die modernste Einheit innerhalb der NATO.
Ursprünglich waren außer den sechs Fregatten noch weitere sechs vorgesehen. Dies mußte aus finanziellen Gründen verschoben werden. Für die 90er Jahre ist daher der Ersatz der Zerstörer 101 A und später der Zerstörer 103 B mit einer Fregatte 90 geplant. Dadurch ist die Möglichkeit gegeben, diesen Bedarf über das NATO-Vorhaben NFR 90 zu decken.
Die massive Wand des achteren Aufbaumoduls (Hangar und Torpedoraum) wird vermutlich die Radarsignatur des Schiffes beträchtlich erhöhen. Die Wände sind um einige Grad nach innen geneigt, so daß die Hangars von zwei längsseit liegenden Schiffen bei rauhem Wetter einander nicht berühren können. Dieser Teil der Aufbauten liegt nicht innerhalb der ABC-geschützten Zitadelle, in der mittels Ventilatoren und Luftschleusen ein Überdruck von 5 bis 7 mbar eingehalten wird.

Der Bordeinweiser gibt das Zeichen zum Aufsetzen des Bordhubschraubers. Im Augenblick des Aufsetzens wird der Hubschrauber mit dem Harpoon-Arretier-System auf dem im Mittelpunkt eingelassenen Gitterrost, dem sogenannten »Landegrill« verbunden und festgehalten.

Blick aus dem Bordhangar über das Flugdeck am Heck.

Die Hubschrauber der »Köln«

In der Fachpresse sprach man von einem »absolutem Novum« in der Marine, als das Typschiff der neuen Mehrzweckfregatte, Bremen, in Dienst gestellt wurde. Jede Fregatte führt zwei bordgestützte SEA LYNX WG 13. Sie erweitern nicht nur die Ortungs- und Bekämpfungsreichweiten der Fregatten, sondern sind auch eine wichtige Teilkraft für die U-Bootsjagd. Sie sind mit zwei zielsuchenden Leichtgewichts-U-Jagd-Torpedos bewaffnet. Der Hubschrauber, gebaut von der britischen Firma Westland Heliocopters Ltd., hat eine Rumpflänge von 11,92 m und einen Rotordurchmesser von 12,80 m. Er hat zwei Rolls-Royce GEM 4-Turbinentriebwerke. Einsatzgeschwindigkeit ca. 222 km/h. Der Hauptrotor ist faltbar, starres Fahrwerk.

Die Führung und der Personalseinsatz der Hubschrauberkomponente sind in der Bordorganisation der Fregatte integriert. Die Unterstützungskomponente für alle Bordhubschrauber ist beim Marinefliegergeschwader Nordholz eingerichtet.

Letzte Anweisungen vor dem Start des Bordhubschraubers.

Fotos: D.

Vom Bug nach achtern: Ankerkette und Winde; Wellenbrecher, dahinter 76-mm-Kanone.

Der Rohrmast dient nur als Trägergestell für Fernsehanlage (Allbereichsanlage) Funksendeempfangsanlage 1-8 UHF; Sendeantenne UHF; Vesta Empfangsantenne (VHF) Bifrequenzanlage für die Funknavigation und die IFF-Anlage (Antwortantenne). Fotos: D.

Die Indienststellung

Am 19. Oktober 1984 wurde die *Köln* um etwa 10^{30} Uhr feierlich in Wilhelmshaven in Dienst gestellt.
Die *Köln* wurde als Baunummer 1024 bei der Werft Blohm & Voss in Hamburg gebaut und befand sich seit dem 19.12.84 zur Endfertigung und zur Erfüllung ihres Funktionsnachweises in den Händen der Werft Bremer Vulkan.
Am 26.9.84 wurde das Schiff an das Bundesamt für Wehrtechnik und Beschaffung (BWB) übergeben.
Vor der *Köln* hatte das Musikkorps Nordsee um 9^{15} Uhr auf der Pier Aufstellung genommen und begrüßte die

Hinteres Hangarteil mit darauf errichtetem Luft-See-Radar, einer Rundsuchradaranlage (DAO 8). Nach vorne Schornstein und Rohrmast.

Antennen-System
Die kombinierte Rundsuch- und Feuerleitanlage. Fotos: D.

Auf dem vorderen Oberdeck des Hangars die Radaranlage, davor der große Lüfter für die Maschine. Rechts Achterkante Schornstein.

ankommenden Gäste mit einem Platzkonzert. Die Besatzung trat um 9^{30} Uhr an. Um 9^{45} Uhr begaben sich die geladenen Gäste an Bord.

Stapellauf der Fregatte F 221 *Köln*. Nach dieser Aufnahme wurden die letzten Keile weggeschlagen und das Schiff gleitet in sein nasses Element. Foto: Blohm & Voss, Hamburg

Um 10 Uhr machte der Kommandant, Freg. Kptn. Klaus Kinast, Meldung an den Staatssekretär beim (BMVg) Bundesministerium für Verteidigung, Herrn Prof. Dr. Manfred Timmermann. – Der Staatssekretär, der Flottenchef, Vizeadmiral Fromm, der Oberbürgermeister der Stadt Köln, Herr Norbert Burger und der Kommandant schritten die Front der Besatzung ab.

Stapellauf
»Majestätisch gleitet das Schiff in das nasse Element, seine eigentliche Heimat« – wie ein Poet es ausdrückt.
Nüchtern betrachtet, erfordert ein Stapellauf genaue Präzisionsarbeit, ehe es auf dem Schlitten abwärts gleitet.
Foto: Blohm & Voss, Hamburg

Stapellauf und Taufe der Fregatte *Köln* am 29. Mai 1981. Verteidigungsminister Apel und die Taufpatin Frau Marianne Burger, Gattin des amtierenden Kölner Oberbürgermeisters Norbert Burger.

Der Kölner Oberbürgermeister Burger bei seiner Ansprache auf der kleinen Kanzel auf dem Achterdeck. Im Hintergrund einer der »Sealynx« Bordhubschrauber.

Mit dem Oberbürgermeister waren die Ratsherren Horst Winkler (SPD), Horst Siefen (SPD), Adolf Hellmich (CDU) und Werner Goecke (CDU) als Ehrengäste eingeladen. Vorher hatte es noch Schwierigkeiten im Kölner Rat gegeben: Die Fraktion der Grünen hatte beantragt, an der Indienststellung der Fregatte *Köln* sollten Vertreter des Kölner Rates nicht teilnehmen und der Name Kölns sollte nicht für »Kriegswerkzeuge« mißbraucht werden. Die 81 Stadtverordneten von SPD und CDU lehnten diesen Dringlichkeitsantrag der Grünen-Faktion ab.

Der Kölner Oberbürgermeister mit Frau Annemarie. Daneben der Flottenchef mit Gattin; bei der Ansprache des Kommandanten.

Der Kommandant Freg. Kptn. Klaus Kinast bei seiner Ansprache.
Fotos: Marineamt

Erprobungsfahrten in Norwegen unter der Regie der Bauwerft. Foto: Vulkan-Werft

Im Dock; das Heck mit den beiden fünfflügeligen Schrauben und dem Ruder. Die *Köln* hat ein Spiegelheck und Wulstbug.
Das Schiff befand sich seit dem 19.12.84 zur Endfertigung und zur Erfüllung ihres Funktionsnachweises in den Händen des Generalunternehmens »Bremer Vulkan«. Am 26.9.84 wurde das Schiff an das Bundesamt für Wehrtechnik und Beschaffung (BWB) übergeben.
Foto: Blohm & Voss, Hamburg

Flaggenwechsel vom Heck aus gesehen. Schiffsnummer »F 211«.
Die Bundesdienstflagge wird eingeholt; die Kriegsflagge wird gehißt.
Foto: Marineamt

»Stillgestanden! Front zur Flagge! Heiß die Flagge!« Foto: Marineamt

Anschließend hielt der Staatssekretär eine Ansprache, dem der Oberbürgermeister Kölns mit einem Grußwort an die Besatzung und Schiff folgte.

Der Vorstandsvorsitzende der Bremer Vulkan, Dr. Henke, übergab das Schiff an die Marine, und anschließend sprach der Befehlshaber der Flotte, Vizeadmiral Fromm, der um 10^{30} Uhr dem Kommandanten befahl, das Schiff in Dienst zu stellen.

Es folgten dann der Flaggenwechsel, das Kommando »Heiß Flagge«, die Nationalhymne wurde gespielt, und dann sprach der Kommandant zu den Gästen und seiner Besatzung. Anschließend gab der Befehlshaber der Flotte einen Empfang und gegen 11^{00} Uhr gingen der Staatssekretär und der Kölner Oberbürgermeister von Bord.

Die Konstruktion aus Stahlrohr anstelle des herkömmlichen Mastes ist für die Stabilität des Schiffes von Vorteil und wirkt auch nicht mehr fahrthemmend. Foto: D.

Schiffstagebuch der Fregatte »Köln« von September 1983 bis Juni 1986

1983

Sept./Okt. Die ersten Besatzungsmitglieder beginnen die verschiedenen Lehrgänge auf den entsprechenden Schulen der Marine. Als erster Kommandant wurde Freg. Kpt. Klaus Kinast benannt. Das Schiff liegt am Ausrüstungskai des Bremer Vulkan und macht einen wenig einladenden Eindruck. Kabel und Leitungen hängen ihm wie Nabelschnüre aus dem Bauch.

1984

2.1. Nach viermonatiger Ausbildung treffen die ersten Besatzungsmitglieder von der Technischen Marineschule, Kiel, in der Wilhelms-Kaisen-Kaserne in Bremen-Lesum ein. Zu den ersten gehören: STO (KL Trapp), SSO (KL Hartmann), ANO (KL Reche), EO (OL Aly) sowie 9 PUO und einige Unteroffz. der Ausbildungsreihe 42/43. Später kommen Wachtmeister, Rechnungsführer u.a. hinzu. Die Stammbesatzung bekommt einige Unterkunftsgebäude zugewiesen und der »Bordbetrieb« wird aufgenommen.

1.2. Weitere Besatzungsangehörige kommen hinzu und wir beginnen uns von der Marinestütztpunkt-Kompanie abzunabeln.

28.–29.2. Das Schiff fährt zum ersten Male mit eigener Kraft zur See. Unter Werftbesatzung dürfen 8 Mann der Marine als Zuschauer diesem Ereignis beiwohnen. Alle techn. Systeme arbeiten gut.

26.3. Der Kommandant, FK Kinast und der 1. Offizier, KK Dröge, sind eingetroffen.

30.3. 80 Mann der Besatzung steigen an Bord ein. Unser Status ist der einer »militärischen Fahrmannschaft« auf einem zivilen Schiff. Während Kombüse, San.-Bereich und Kantine von uns sofort auf Werftrechnung übernommen werden, darf die techn. Truppe die Verantwortung erst nach einer Übergangszeit von ca. 3 Wochen übernehmen. Wartung und Pflege werden weiterhin vom Werftpersonal durchgeführt.

2.4. 09.00 h auslaufen zur mehrmonatigen Erprobung.

6.4. Nach 3 Tagen Funktionserprobung läuft die *Köln* zum ersten Male im zukünftigen Heimathafen Wilhelmshaven ein.

9.4. 11.00 h auslaufen zu weiteren Erprobungen. Das Wetter ist schlecht und die geforderten Flugzeuge kommen nicht. Damit muß die gesamte Zieldarstellung wiederholt werden.

13.4. W'haven fest.

24.4. Mit dem heutigen Datum endet die erste Phase der Funktionserprobung. Mit der Erklärung des Präsidenten des BwB bekam die Fregatte *Köln* die Zulassung zur Teilnahme am Seeverkehr für Probefahrten unter einem militärischen Schiffsführer.

Das bedeutet, daß die wesentlichen Dinge wie Nautik und Technik von der Marine verantwortlich gefahren werden. Gleichzeitig zog die Werft einen großen Teil ihrer Leute ab. Dafür stieg mehr Personal des BwB zur Erprobung ein (manche machten wohl auch nur eine schöne Dienstreise mit Seefahrt).

Als äußeres Zeichen wurde die Bundesflagge niedergeholt und die Bundesdienstflagge gesetzt.

Um 11.00 h auslaufen. Die Werft sollte zwar laut Vertrag die notwendigen Wartungsarbeiten durchführen, aber viel bleibt liegen und so arbeiten wir in Eigenregie und die Werft stellt das Werkzeug.

26.4 Der Kommandant hat die erste Fahrt als »militärischer Schiffsführer« hinter sich. Alles verläuft z.Zt. planmäßig. Das Umstellen von Hafen- auf Seebetrieb und umgekehrt geht noch etwas holperig, aber auch das bekommen wir mit der Zeit in Griff.

27.–6.5. Hafenbetrieb in WHV

7.5. 11.00 h auslaufen zur Erprobung in norwegischen Gewässern.

8.5. Nachts erwischt uns eine Schlechtwetterfront mit Wind 6 – 7 Bf. direkt von vorn. Da unsere Zeit knapp war, liefen wir mit 20 Kn. gegen die langlaufende Dünung, was wiederum starke Stampfbewegungen zur Folge hatte. Eine überkommende See schlägt uns nachts den 76-mm-Turm ein und reißt Stücke aus der Kunststoff-Turmverkleidung. Wasser dringt in die Munitions-Umladekammer und die Wassermelder springen an. Also beidrehen und den Turm mit dem Lecksegel notdürftig verpacken. Nun ging es mit 15 Kn. langsamer voran. Mit 5 Stunden Verspätung im Bokna-Fjord bei Stavanger vor Anker. Nun wurde der Turm besichtigt. Das Glasfasergewebe des Turms hat sich – weil offenbar schlecht verarbeitet – schichtweise abgelöst. Oto-Milara, italienische Wertarbeit. Ähnliche Schäden hatten andere Fregatten auch schon. Eine neuer verstärkter Turm soll demnächst aufgesetzt werden. Das kostet Vater Staat wieder ein paar Tausender.

9.5. Das Wetter ist richtig sommerlich. Ruhige See, gute Sicht auf die noch verschneiten Berge in der Ferne. Das gute Essen an Bord (Handelsschiff-Satz von DM 14,60 pro Tag) tut ein übriges, um die Tage zu genießen. Tägliche Messungen in der Meile.

12.5. Bei herrlichem Sonnenschein in Stavanger eingelaufen.

14.5. Auslaufen, weiter Messungen mit *Wilhelm Bürkner*, einem U-Boot und Tanker *Eifel*. Wir fahren das erste RAS, 250 m^3 Kraftstoff werden übernommen. Dank der Frischwassererzeuger mit einer tägl. L. von 70 m^3 fallen die so beliebten Wasserzeiten weg. Der Unterschied zwischen alter und neuer Fregatte ist schon gewaltig.

15.5. U-Boot entlassen, Wetter wird schlechter.

16.5. Nach Abschluß der Meßfahrten fahren wir einen mehrstündigen Törn durch den herrlichen Lyse-Fjord. 600 m hohe Felswände begleiten uns, das Schiff scheint mitten in den Bergen zu stehen. Alle Foto-Freunde kommen auf ihre Kosten. Der Tag wird vor Anker mit einem »Spitzenessen« abgeschlossen.

17.5. Das Feiern nimmt kein Ende. Heute tritt die Marine gegen eine Werftauswahl an. »Fjord-Olympiade« – Sägen, Kutterpullen, Tischtennis, Knobel und Balkennageln stehen auf dem Programm. Abends wieder Grillplatte und Bier bis zum Abwinken.

18.5. Rückfahrt nach WHV. Es regnet.

20.5. Geschützturm wird gewechselt.

4.6. Deutsche Bucht.

8.–11.6. Einlaufen in WHV.

12.6. Auslaufen mit Gästen aus dem Rüstungsbereich. Gäste in Brunsbüttel ausgeschifft und bei schönem Wetter durch den Kanal in 6 h 28 min gelaufen. In Aschau, Eckernförder Bucht, vor Anker.

13.6. Geräuschvermessungen. Schlechtes Wetter, aber die so beliebten Grillabende lockern das enge Zusammenleben an Bord auf.

16.–17.6. Flensburg. Der Kmdt. stellt sein Schiff vor. Gäste aus dem Flottenkommando an Bord. Es regnet in Strömen.

18.6. Wieder vor Aschau.

20.6. In Kiel zur Kieler Woche.

21.–23.6. Div. Gäste an Bord, Gästefahrt in See.

24.–27.6. Auslaufen Kiel zur Fahrt um Skagen nach WHV. Stürmische See mit Wind 7 – 8 Bf. Bei 30 Kn. liegt das Schiff ausgezeichnet in der See. Wegen des Seegangs fiel allerdings die 30-stündige Höchstfahrterprobung aus. Das dafür eingeschiffte Personal machte wieder einmal eine Bäderfahrt.

28.6. WHV. Zahlreiche Monteure kommen an Bord und belecken unsere Wunden.

29.6. Unser Bordhubschrauber landet zum ersten Male an Bord, um die dafür notwendigen Anlagen zu testen. Alles lief bestens. Leider werden wir auf die Maschinen noch einige Zeit verzichten müssen, das Material ist da, aber es fehlen die Piloten. Wer hat da wohl bei der Ausbildungsplanung geschlafen?

2.7. Der letzte Monat der Funktionserprobung beginnt. Zur ELOKA-Erprob. in der Deutschen Bucht.

4.7. Admiral Marineausbildung, KAdm. Geffers, per Hubschrauber an Bord, dazu wie üblich div. Herren des Vulkan und der AEG. Der Grund war die »FL 1800«, die wir als erstes Schiff der Marine funktionsfähig an Bord haben.

5.7. Nachmittags in WHV fest.

9.7. Seeklar. Nach Reparatur der Stb-Flosse durch unsere Taucher doch noch 10 Stunden Höchstfahrt bei ruhiger See.

10.7. WHV fest.

16.7. Seeklar zum Anschießen des neuen Turms bei schlechter Sicht.

17.7. Resterprobung, anschließend einlaufen in Bremen. 18.15 h beim Bremer Vulkan wieder fest. Das Schiff wird sofort eingedockt. Wir machen ein Resteessen d.h. eine zünftige Abschlußfete.

18.7. Besatzung zieht wieder in die Kaserne ein. Urlaubstörn.

19.–3.9. Kasernenleben – Gammeldienst. Die noch fehlenden Besatzungsmitglieder treffen ein.

3.9. Besatzung zieht nun endgültig an Bord ein. Die techn. Sicherheit bleibt noch in den Händen der Werft.

24.9. Die uns einschränkende Werftzeit ist beendet. 09.00 h seeklar mit reiner Marine-Besatzung. Drei Hurras auf Werft und ihre Belegschaft und bei Nebel geht es weserabwärts Richtung Helgoland.

29.9. Vor Anker bei Helgoland.

26.9. Im Heimathafen fest. Abgabe des Schiffes vom Generalunternehmer, Bremer Vulkan, an den Auftraggeber, das BwB.

27.9. Abgabe der Einheit vom BwB an die Marine, Marineamt Abt. Rüstung. Nun sind wir ein »Marineschiff«, aber gehören noch nicht zur Flotte. Alles klar?

2.10 Ab heute ist die Besatzung komplett.

3.–18.10. Liegezeit in WHV. Restausrüstung, Munitionsübernahme, Raketen- und Torpedos kommen an Bord. Gleichzeitig läuft die Bordausbildung der Besatzung an. Der eigene Hubschrauber kommt zur Indienststellung wieder an Bord.

19.10. Heute ist die Indienststellung der Fregatte *Köln*, der fünften Marineeinheit mit diesem Namen. Dazu ist eine große Anzahl Gäste an Bord, ein spezielles Programm läuft ab. Das Marine-Musikcorps spielt, wie schon bei unserer Vorgängerin, den »Holländischen Ehrenmarsch«. Zur Nationalhymne wird die Flagge der Seestreitkräfte gesetzt. Der festliche Tag wurde abends mit einem Bordfest im Gorch-Fock-Haus fortgesetzt. Das kalte Bufett unseres Smuts fand besonders großen Anklang. Der Kölner Musikzug »Die Domstädter« mit Tänzerinnen und Tänzern waren die Attraktion des Abends.

20.10. Gästefahrt in See. Aber Bf. Windstärken von 8 – 9 waren für viele kein rechtes Vergnügen. Bei Wangerooge wurde beigedreht. Nach dem Einlaufen gab es noch einmal eine Vorstellung der »Domstädter« und dazu reichlich Kölsch einer Brauerei.
Besatzungsstärke z.Zt. 20 Offz., 37 PUO, 65 Uffz. und 58 Mannsch.

22.–28.10. Letzte Vorbereitungen für die kommende Seefahrt, Stellproben, Rollendienst, Kraftstoffübernahme. Verpflegung und Kantinenwaren kommen an Bord.

29.10. 09.00 h auslaufen. Das Wetter ist der Jahreszeit entsprechend neblig. Die ersten Schritte in See werden behutsam getan, um unsere jungen Kameraden an Seefahrt und Seeroutine zu gewöhnen. Abends vor Anker.

30.10. Morgens Anker auf. Rollendienst, WO-Fahrübungen, Wrackuntersuchungen. Abends vor Anker.

31.10 Dienst wie gehabt.

1.11. Anker auf und Marsch zu unserem ersten Auslandshafen New Castle. Das Wetter ist gut, in Norddeutschland 20 ° C.

2.–4.11. Morgens gegen 9.30 h stehen wir vor der Tyne-Mündung. Lotsenübernahme. Mit Schlepperhilfe geht es den Tyne aufwärts, vorbei an mehr oder weniger gut erhaltenen ehemaligen Werft- und Industrieanlagen. Kurz vor New Castle wurden wir gedreht und rückwärts ging es in den Hafen direkt in der Stadt. Die Begeisterung der Bevölkerung hielt sich in Grenzen, zmal es leicht regnete. Das übliche Auslandsprogramm erwartete uns.

5.11. 10.30 h auslaufen Richtung Jade.

6.11. 08.00 h Versorger *Freiburg* auf der Außenjade längseits. Unter Aufsicht des Kdo. Truppenversuche wurden Raketen von der *Freiburg* übernommen und übergeben, um das neue Geschirr zu testen.

7.11. Der Test ging weiter. Bei ruhiger See war das schon eine umständliche Angelegenheit. Wie soll das erst bei Wind auf hoher See werden?
Das folgende See- und Luftzielschießen war dafür mit den neuen Anlagen ein voller Erfolg. Abends vor Anker bei Helgoland.

8.11. Abwurf einer am Fallschirm angebrachten neuen Gleitflugbombe auf *Köln*. Leider wurde das Ziel von unseren Radaranlagen nicht aufgefaßt und konnte mit einer Rakete nicht abgeschossen werden. CWJ-Anlage defekt. Schade.

9.11. Der nächste Versuch ging auch schief, da die Anlage von unseren Leuten nicht ausreichend repariert werden konnte. Nachmittags Marsch um Skagen nach Kiel. Wind 7 – 8, im Schiff riecht es leicht säuerlich, denn so richtig sind die Seebeine noch nicht gewachsen.

10.–15.11. Kiel. MES-Vervessung und Muni-Übernahme in Jägersberg (Torpedo)

16.–18.11. Nach Rückmarsch Wochenende in WHV.

19.11. Seeklar für Manöver DESEX. Kriegsmarschroutine.

23.–25.11. Wochenende mit anderen Einheiten in Rosyth/Schottland.

26.–29.11. Auslaufen, das Manöver geht weiter. Zurück zur Deutschen Bucht, dabei reiten wir einen kräftigen Sturm ab.

30.11. 09.00 h W'haven fest.

31.–4.12. W'haven.

5.12. Funkbeschickung.

6.12. Morgens auslaufen nach Neustadt/Holstein mit einem Wochenende in Flensburg.

10.–14.12. Vor Neustadt auf Reede. Die Ausbilder der Schiffsicherungsschule kommen täglich per Boot an Bord. Die div. Übungen laufen den ganzen Tag und sind für die meisten an Bord Neuland.

15.–31.12. Um Skagen geht es zurück nach W'haven. Hier liegen wir nun bis zum nächsten Jahr fest.

1985

1.1.–13.1. WHV, Hafenbetrieb. Es ist bitterkalt geworden. Der Hafen wird ständig durch fahrende Schlepper »bewegt«, damit sich keine feste Eisdecke bilden kann.

14.1. Bei der herrschenden Kälte von ca. –14° C friert nicht nur der Vorhafen zu. Auch die Frischwasserzellen fangen an zu stocken und an den nicht isolierten Wänden im Schiff bilden sich dicke Eiskristalle. Nach ein paar Schuß aus der 76-mm-Kanone waren durch die Wasserkühlung die Züge im Lauf eingefroren. Man sollte uns im Winter nach Lissabon legen.

16.1. WHV fest. Nur mit Mühe haben uns die Schlepper gegen die Eisdecke an die Pier geschoben. Durch das Eis waren ständig die Seekästen zu und wir hatten Mühe, die E-Diesel bei Laune zu halten. Schwarzes Licht wäre jetzt nicht angebracht.

17.1.–20.1. WHV. 18.1. Kommandeurswechsel. Kpt. z. S. Weigel geht nach Bonn und Kpt. z. S. von der Planitz übernimmt das Geschwader.

21.1. Auslaufen nach Norwegen zur (NATO Naval Forces Sensor and Weapons Accursey Check Site) in Stavanger-Ulsnes. In Norwegen lag Eis und Schnee, die Sicht war schlecht, aber die durchgeführten Messungen brauchbar.

28.1. 09.00 h Stavanger ausgelaufen. Starker Wind, schlechte Sicht.

29.1. Morgens 10.00 h WHV eingelaufen. Eine Schülergruppe übernommen und abends an einen Schlepper wieder übergeben – Öffentlichkeitsarbeit –. Wir bleiben draußen und ankern.

30.1. Morgens im Schießgebiet bei Helgoland eine Sea-Sparrow-Rakete auf einen Zielballon geschossen. Einlaufen WHV 17.00 h.

1.–4.2. Hafenliegezeit WHV.

5.–6.2. Seeklarbesichtigung durch den Kdr. 4. Fregattengeschwader mit Stab.

7.–11.2. Hafenliegezeit.

12 –13.2. Luft- und Seezielschießen im Schießgebiet Helgoland.

14.–24.2. Hafenliegezeit WHV. Vorbereitungen für die kommende Garantieliegezeit laufen an. Es laufen doch einige Anlagen nicht so, wie einige Herren sich das vorgestellt haben. Der Vorhafen ist noch immer dicht mit Eis bedeckt.
Langsam verdichten sich Gerüchte, daß die *Köln* im kommenden Januar für ca. 4 Monate in die Karibik fahren soll. Warten wir also ab.

25.2. 11.00 h zur 14-tägigen Übung nach Brest ausgelaufen. Dichter Nebel liegt über der gesamten Nordsee. Bei ruhiger See geht es dem engl. Kanal entgegen.

26.2. 11.45 h Linie Dover – Calais passiert. Jetzt gibt es 50% mehr Bordzulage. Immer noch dichter Nebel.

27.2. 07.30 h A-Head Portland passiert. Die Searider kommen an Bord, wir laufen wieder aus und üben mit britischen Einheiten und der im Portland-Training befindlichen *Schleswig-Holstein*.

28.2. Wie am Vortage. Abends abgelaufen nach Brest.

1.–3.3. Morgens um 10.00 h Brest eingelaufen. Der Empfang war sehr herzlich. Viele Einladungen seitens der französischen Marine. Leider war das Wetter in Brest nicht so schön. Es regnete viel und der Himmel war ständig bezogen.

4.3.–8.3. Wie immer beim Auslaufen aus verregneten Auslandshäfen war auch heute herrlicher Sonnenschien. Übungen mit franz. Marineeinheiten. 6.3. abends vor Helgoland wieder der bekannte Nebel. An das beabsichtigte Sea-Sparrow-Schießen ist nicht zu denken. Wir stehen im Schießgebiet auf und ab. Am 8.2. 15.00 h ohne Schuß eingelaufen.

9.–24.3. Hafenliegezeit in WHV. Werftvorbereitungen. Muni-Abgabe, Krst.-Abgabe. Eine Woche im MArs, wo der Sea-Sparrow-Launcher abgebaut wurde. Wir werden später eine moderne Ausführung bekommen.

25.3. Morgens 09.00 h Verlegungsfahrt nach Bremen-Blumenthal.
17.45 h fest. Mit einer zünftigen Fete im Hangar beschlossen wir unseren ersten Seefahrtsabschnitt nach der Indienststellung.

1.4. Der SEO, KL Hepperlein, verläßt als erster Offizier das Schiff. Er geht nach Bremerhaven zur Werft.
Die Werftzeit beginnt mit den üblichen Unannehmlichkeiten, Stromausfall, Wasser abgestellt, Toiletten gelegentlich gesperrt und überall im Schiff Kabel, Schläuche usw. Muß das eigentlich eine Besatzung hinnehmen?

2.4. Bei der Dockbesichtigung wurden Risse in der Gummihaut des Sonardomes entdeckt. Das bedeutet eine umfangreiche Instandsetzung und damit eine Verlängerung der Werftzeit in Bremen um ca. drei Wochen.

16.–19.5. 10 Mann der Besatzung besuchten unter der Führung des Kommandanten die Patenstadt Köln. Es war ein interessantes aber auch anstrengendes »Wochenende der Marine« in Köln. Stadt, Marinekameradschaft und andere Beteiligte haben sich viel Mühe gemacht, um uns den Aufenthalt angenehm zu gestalten.

4.6. Schiff ausgedockt und zum Liegeplatz verholt. Die Arbeiten gehen zwar zügig voran, aber durch Feststellen immer neuer Schäden vergrößert sich der Arbeitsumfang laufend. Die Werft hat sich im Zeitbedarf offenbar verkalkuliert.

13.6. Schiff läuft zur Werftprobefahrt aus.

14.6. Werfterprobung in See. Manche Anlagen laufen noch nicht zu unserer Zufriedenheit. 12.00 h im Stützpunkt W'haven fest.

15.6.–18.7. Restarbeiten in WHV, Urlaubsabwicklung und Ausbildung der am 1.7. neu zu uns versetzten Soldaten.

19.7. *Köln* ist Einsatzschiff Nordsee und muß in den nördlichen Atlantik laufen, um einen großen sowjetischen Flottenverband zu beschatten. 20.00 h seeklar, Marsch Richtung Farör.

21.7. Nach Versorgung in See mit Tanker *Rhön* wird gegen Mittag die *Schleswig-Holstein* abgelöst, die schon seit mehreren Tagen am Verband steht. Die sowjetische Flotte läuft mit südöstlichem Kurs in Richtung Süd-Norwegen. Auf der Brücke und in der OPZ herrscht bei uns gespannte Aufmerksamkeit. Kurse, Funk- und Radarsignale werden mitgeplattet und verfolgt.

26.7. Mittags in W'haven fest.

27.7.–11.8. Liegezeit in W'haven. Vorbereitung auf das Portland-Training.

12.8.–15.8. Auslaufen zur Erprobung ins Schießgebiet bei Helgoland.

16.8. Morgens 6.30 h seeklar zur Fahrt nach Hamburg mit vielen Gästen der Patenstdt u.a. 15.00 h Hamburg Überseebrücke fest.

17.– 18.8. »Wochenende bei der Marine« in Hamburg. Rund 4.600 Besucher kamen zu den »Open-Ship«-Zeiten am Samstag/Sonntag. Leider war das Wetter schlecht.

19.8. Hamburg ausgelaufen in die Deutsche Bucht, Erprobung und Einzelausbildung mit *Karlsruhe*, Flugzeugen und anderen Einheiten.

23.8. 10.00 h W'haven fest.

24.8. Morgens um 11.00 h auslaufen zur »Familienfahrt«. 17.00 h fest, anschließend Grillabend im Hangar mit Angehörigen und Gästen.

26.8. Auslaufen 09.00 h zum Luftzielschießen im Schießgebiet Helgoland.

27.–28.8. Rollendienst, Schießübungen, abends W'haven fest.

29.8.–6.9. W'haven, ausrüsten und Vorbereitungen für das BOST-Training in Portland/Dorset.

7.9. 10.00 h nach Portland ausgelaufen (BOST = Basic operational sea training). Über der Nordsee tobt ein schwerer Sturm, den wir mit 4 – 5 m hohen Wellen abzureiten haben.

8.9. Der Sturm blieb uns bis zum Kanal treu, dann wurde es ruhiger. Ca. 40% der Besatzung war ausgefallen, dadurch blieben viele Arbeiten liegen. Der Dienst ging daher – am Sonntag – bis 22.00 h weiter. Ab 16.00 h lagen wir vor Anker (Portland-Reede).

9.9. Nun gings los. 09.00 h Staff-Sea-Check, 16.00 h einlaufen Portland. Die erste Hafenwoche beginnt. Der »Seacheck« war umfangreich, aber hatte für uns ein durchaus befriedigendes Ergebnis. Im Hafen laufen verschiedene Übungen, abends ist aber immer noch Zeit für Bier in den gemütlichen englischen Pubs. Am Wochenende finden Ausflugsfahrten in die Umgebung und nach London statt.

Ein typischer Portland-Befehl

Fregatte *Köln*
-Erster Offizier-

Portland, 16.09.85

Tagesbefehl für Dienstag, 17.09.85

1. **Schiff vor Anker:** Paortland Harbour; M 1
2. **Bereitschaftszustand:** Ankerseewache
3. **Tageswache:** Stb-Kriegswache/Stb 2-Seewache
4. **See-WaUT** OBBm. Lanzrath **See UwD** OMt Meier
5. **Dienst:** gem. Tagesroutine Portland/See

04.30	UvD/Grp.v.D. wecken (x)
04.50	Meldung See-WaD und See-UvD beim WO auf der Brücke (x)
05.00	**Rise, Rise, Aufstehen!** Grp. v.D. auf Station (x)
05.20	**Backen und Banken**
05.45	Bootmannsgruppe Reling umlegen
05.45	Neue Ankerwache sich klarmachen
05.55	Neue Ankerwache Musterung
06.00	**Besatzung HA-weise heraustreten zum Dienst**
06.10	Schiff seefest machen; Reinschiff mit Schwerpunkt Müllabgabe; Nassräume; Messen; Pantrien; Cafeteria; Decks; Kammern (x)
	Beginn DSOT
06.30	**Müll auf das RAS-Deck** (evtl. früher gem. Durchsage Brücke)
06.30	Beginn SOC (von OPZ koordiniert) (x)
07.00	Ankermanöverpersonal sich klarmachen.
07.10	Ankermanöverpersonal auf Station.
	Stb.-Kriegswache (Brücke) sich klarmachen
07.20	Stb.-Kriegswache (Brücke) Musterung
07.20	**Ausscheiden mit Reinschiff** (Ronde durch WM/See-WaD)
	Klarmachen zum Dienst
07.25	Boot an Bb-Seite wahrnehmen
07.30	**Heraustreten zum Dienst**
07.40	Anker Kurzstag (x)
07.45	Anker auf (x)
07.50	Beginn Übungsprogramm

6. **Übungszeiten** (außer Fernmelde- und Eloka-Übungen)

07.45	Anker auf/auslaufen
07.45–08.50	WO-Fahrübungen
08.30–09.00	Luftziel-Trackübung
09.00–09.45	RAS (Highline) KOE annehmendes Schiff
10.00–12.00	Hubschrauberbetrieb mit 772 S DN
	anschl. Einlaufen, Austausch mit Sea Rider
13.45–15.15	Flugkörperabwehr
15.45	HELO-Transfer, Austausch Sea Rider
16.15–16.45	CASEX E 1/U-Jagdübung
16.45–19.15	CASEX A 2/U-Jagdübung
03.00–07.30	Nachtmarsch
07.30	Einlaufen, Einschiffung Sea Rider
07.45	Auslaufen

7. **Hubschrauberbetrieb**

10.00–12.00	FLYLIX
15.45	SOOTAX
16.45–19.15	CASEX A 2/U-Jagdübung.

16.–20.9. Die erste Seewoche beginnt. Täglich 05.00 h wecken und Dienst bis 22.00 h.

21.–22.9. Wochenende im Hafen und Zeit zum Ausschlafen. Wieder Fahrten nach London und Bath.

23.–27.9. Zweite Seewoche wieder mit Übungen bis spät in die Nacht hinein.

28.–29.9. WE im Hafen.

30.9.–6.10. Zweite Hafenwoche. Was in der ersten nicht klappte, muß noch einmal wiederholt werden. Das »Große Hafenfeuer« ging wieder daneben. Dafür liefen die Übungen »Kampfschwimmerabwehr« und die große Katastrophen-Übung im Gelände besser.

7.–11.10. Das große Üben in See geht weiter.

12.–13.10. WE im Hafen, es ist das letzte vor dem Auslaufen.

14.–16.10. Die letzte Seewoche wird wieder anstrengend. «Hilfeleistung in Seenot« sowie das Aufbringen einer Prise und natürlich die «Final-Inspection« liegen vor uns. Letztlich wird alles gut überstanden. Die Stimmung war manchmal tief unten, denn nicht alles lief so, wie von uns erwartet. So waren z.B. die SSich-Übungen alle nur ein »Bello« (below standart), aber insgesamt haben wir mit einem »voll befriedigend« with some good aspects abgeschnitten.
Nach der Final-Inspection kurzes Einlaufen, Abschlußmusterung und um 16.00 h ging es heimwärts. HMS *Rothesay* begleitet uns ein Stück, denn sie ist auch fertig. Insgesamt muß man wohl sagen, daß die Briten durch Falkland eine ganze Menge gelernt haben, wir aber unsere Organisation nicht so schnell umstellen konnten. Das heißt aber auch, etwas gelernt zu haben.

18.10. 17.00 h W'haven fest. Urlaubstörn und Instandsetzungen. Vorbereitungen für das am 18.11. beginnende SEF-Manöver. Schiff verholt ins Marinearsenal, um die MArs-Arbeitszeiten besser zu nutzen.

14.11. Nach Fertigstellung der wichtigsten Arbeiten verholt das Schiff wieder in die 4. Einfahrt, um nun die restlichen optischen und elektronischen Vermessungen durchzuführen.

18.11. 08.00 h auslaufen. Das SEF-Manöver beginnt mit einem Schießabschnitt im Schießgebiet bei Helgoland. Die Besatzung fährt im Kriegsmarsch-Zustand. Aus Nordost weht ein kalter Wind, der sich in der Deutschen Bucht zum ausgewachsenen Sturm mausert. Die ersten Übungen fallen daher aus. Auf dem Marsch nach Skagen wird es etwas ruhiger.

21.11. 01.00 h im Rosfjord in Südnorwegen zur Kraftstoffübernahme längsseits *Rhön*. 03.00 h wieder im Skagerak. Zwischen 08.00 und 21.00 h ständiges Wechseln zwischen Kriegsmarsch- und Gefechtstation. Luftabwehr und Mehrfachbedrohung. Ab 21.00 h Marsch nach Rosyth/Edinburg.

22.–24.11. In Rosyth 10.00 h fest (längsseits *Schleswig-Holstein*). Hier trafen wir alte Bekannte aus der Portland-Zeit – HMS *Rothesay* lag im Heimathafen.

25.11. 08.00 h ausgelaufen. Unsere Aufgabe ist es nun, einen Geleitzug bestehend aus *Glücksburg* und *Harz* unter ständiger U-Boot-, S-Boot- und Luftbedrohung sicher nach Esbjerg zu bringen. Diese Übung dauert bis zum 28.11. 01.00 h, danach traten wir den Marsch nach Kiel an. Hier nehmen wird an der Schiffsparade anläßlich des 30. Jahrestag der Bundeswehr teil.

29.11. 13.00 h Kieler Förde vor Anker. Besatzung hatte vor Friedrichsort Passieraufstellung genommen. Zerstörer *Schleswig-Holstein* schießt 21 Schuß Landessalut. Rund 20 Einheiten liegen in der Kieler Förde vor Anker. Leider ist das Wetter unfreundlich. Es liegt Schnee, ist kalt und nebelig.

30.11. Großer Flaggenschmuck, Besatzung auf Passieraufstellung, 14.30 h schießen alle salutfähigen Einheiten 21 Schuß zu Ehren der Bundesrepublik Deutschland. Die Vorbeifahrt des Flottenchefs fällt wegen Nebel aus. Ab 15.00 h einlaufen in den Kieler Hafen. *Köln* liegt an der Tirpitzmole. Abends Lichterkette.

1.12. Schiff für Besucher freigegeben. Der Stab SEF unter KzS Laudin steigt auf *Köln* ein.

2.12. SEF-Einheiten laufen 08.00 h in die östliche Ostsee aus. Das Manöver geht weiter. Bei Bornholm wird U-Jagd geübt und später bei Fehmarn ein Landungsmanöver geschützt.

5.12. 01.00 h ist das Manöver beendet. Alle Einheiten laufen zur Abschlußbesprechung nach Kiel.
Köln macht um 09.00 h in Kiel, Tirpitzmole, bis zum Montag fest.

6.12.–8.12. Wochenendroutine in Kiel.

9.12. 08.00 h seeklar zum Fahren der MES-Vermessung in Friedrichsort. Abends wieder in Kiel-Wik fest.

10.12. 08.00 h erneut Schleifenfahrt in Friedrichsort. Nachmittags in den Nord-Ostsee-Kanal eingeschleust. Fahrt nach W'haven.

12.12. W'haven fest.

13.–31.12. Hafendienst, Instandsetzung, Urlaubstörn. Wie in jedem Jahr, so fuhr auch in diesem eine Abordnung in Stärke von 5 Mann unter Führung des 1 O, KK Dröge, zur Patenstadt, um der Stadt einen Scheck von 1.500,- DM für bedürftige Mitbürger zu überreichen. Die Stadt übergab uns 1.000,- DM für neue Sportartikel sowie eine neue Stadtflagge für die bevorstehende AAG.

1986

1.–15.1. Ausrüsten und Vorbereitungen für die Auslandsreise. Hinzu kommt ein Stellenwechsel, der zusätzlichen Unterricht und Belehrungen erfordert und so das ohnehin knappe Personal beaufschlagt.
Schiff verholt zur Ausreise an die Westmole, damit es die sicher zahlreichen Zuschauer leichter haben und den Weg über die Schleusen nicht antreten müssen. Alle Einheiten der AAG (Ausbildung in ausländischen Gewässern) *Emden*, *Köln* und Versorger *Freiburg* liegen an einer Pier. Am 15.1. weht ein starker Nordwest, der uns etwas nachdenklich macht, denn wir haben eine ziemliche Anzahl neuer Soldaten an Bord, die noch keine »Seebeine« haben.
Musterung durch den Kommandanten der AAG, Kpt. z. S. Kossyk. Man erwartet wie üblich Einsatz und mustergültiges Auftreten im Ausland.
Am 4.–5.1. war eine Abordnung der Marinekameradschaft Köln von 1891 an Bord. Sie überreichte uns eine Bücherkiste für die Bordbücherei. Gleichzeitig erhielten wir von der Bergischen Löwenbrauerei durch Herrn Vais einen Satz Gläser mit speziellem Köln-Aufdruck.

16.1.86 (Do) Pünktlich 07.30 h Dienstbeginn, denn letzte Vorbereitungen sind noch zu treffen. Ersatzteile kommen an Bord und – ebenso wichtig – ein LKW Toilettenpapier.
09.30 h Angehörige an Bord und Ansprache des Kommandanten, FregKap.Kinast, 10.00 h ablegen, das Musikcorps spielt, aber die Stimmung ist gedrückt. Nach wenigen Minuten haben wir die Molenköpfe passiert.
Die Jade empfängt uns grau in grau, der Himmel ist bedeckt. Hinter uns legen *Emden* als Führerschiff des CTG und Versorger *Freiburg* ab. Das Wetter ist noch ruhig. Lufttemp. ca. + 2,0° C, Wasser + 4,0° C.
Auf Schilling-Reede bis 13.30 h Funkbeschickung, dann laufen wir dem Verband hinterher. Die Jade verabschiedet uns mit einem kräftigen Schneeschauer.
An Bord ist der ev. Militär-Pfarrer, Herr Fuchs.

Anläßlich des 30jährigen Jubiläums der Bundeswehr fand in Kiel eine Flottenparade statt, an der auch die *Köln* teilnahm. Im Bild vorne links liegt das stolze Schiff – über die Toppen geflaggt. Foto: Marineamt

Der Verband bei Fahrübungen vor den Azoren, in Dwarslinie fahrend.
Von links nach rechts Fregatte *Köln*; Zerstörer *Rommel*; Versorger *Freiburg*; Fregatte *Emden*. Foto: Freg. *Köln* K.K. Bock

17.1. (Fr) Nach stürmischer Nacht in der »südlichen Nordsee« wird es morgens ruhiger. Die Temperaturen steigen langsam an. 09.37 h Linie Dover – Calais passiert. Nun gibt es 50% Bord- und Maschinenzulage mehr (Pro Tag nun 6,75 DM). Nachmittags Rollendienst. 17.00 h Uhren auf Z-Zeit zurückgestellt. Lufttemp. 7,3°, Wasser 9,5° C.

18.1. (Sa) Wir stehen in der Biscaya und haben unruhige See querab. Highline-Manöver mit *Freiburg*. Lufttemp. 13,3°, Wasser 12,2°C.

19.1. (So) Es weht ein steifer Nordwest 7 – 8 Bf. Oberdeck darf nicht mehr betreten werden, die See kommt rüber. Sonntagsroutine – lesen in der Koje, mit durchaus gewolltem Zuklappen der Augendeckel. Lufttemp. 15,5°, Wasser 14° C.

20.1. (Mo) Der Wind hat nachgelassen, aber die Dünung steht. Abschnittsdienst und Rollendienst. Wir stehen ca. 400 sm westl. der spanischen Grenze auf 41°50′ Breite. Gegen 19.00 h Stb-Wellenlager hinter AnDiMot Stb ausgleaufen. Welle muß festgesetzt werden und mit Bb-Turbine auf einer Welle weiterlaufen. Instandsetzung per Funk in Punta Delgada gefordert.

21.1. (Di) Uhren wieder zurückgestellt. Ruhige See, aber bedeckt. Lufttemp. 15,0°, Wasser 16,0° C. Auf *Emden* und *Rommel*« zeigen sie schon Khaki-Uniform.

22.1. (Mi) Morgens 09.00 h in Punta Delgada – Azoren – eingelaufen. Die angeforderten Monteure sind pünktlich zur Stelle. Ab 12.00 h ist für die wachfreie Besatzung Landgang. Für viele der erste Auslandshafen, entsprechend war die Stimmung. Hier ist es bereits Frühling, bei 20° C Lufttemp. kommen die ersten kurzärmligen Hemden heraus. Die Arbeiten am Lager laufen ohne Schwierigkeiten.

23.1. (Do) Das neue Lager ist eingebaut, Probelauf um 15.00 h, 17.00 h angelegt. Die MPA, die die Monteure brachte, zog noch zweimal über uns hinweg, um dann Richtung Heimat zu verschwinden. Mit südwestlichem Kurs geht es weiter.

24.1. (Fr) Gegen mittags meldet der Brückenausguck den ersten Hai – oder war's ein Tümmler? Noch 1.500 sm bis zu den Bermudas.

25.1. (Sa) Wieder ein Wochenende in See. Auf dem Schiff wird es nun warm. Die Besatzung hat seit Punta Delgada Khaki an. In See sind dazu kurze Hosen und Sandalen erlaubt, nur das Masch. Personal schwitzt in blauem Arbeitszeug. Uhren eine Stunde zurückgestellt. Nach einem kräftigen Regenguß ist das Oberdeck ohne Decksmeisters Zutun gewaschen worden. Also keine Wochenendroutine, sondern pönen steht auf dem Dienstplan.

26.1. (So) Um 09.00 h sind wir wieder beim Verband, der vor uns aus Punta Delgada ausgelaufen war. Wieder Uhren um eine Stunde zurückstellen. Lufttemp. 20°, Wasser 19,5° (in W'haven wir geheizt).

27.1. (Mo) Ausbildung an den Anlagen, Seeroutine.

28.1. (Di) Wieder starke Dünung Stb-querab. Die bestellte amerikanische MPA kommt nicht. Heute morgen nach dem Start ist die amerikanische Raumfähre Challenger in der Luft explodiert, die Gründe sind uns nicht bekannt. Ausbildung fällt aus, Schiff rollt stark und die Schlingerdämpfungsanlage ist Stb. defekt (seit Monaten).

29.1. (Mi) 06.00 h meldet die Brücke, daß die Bermudas in Sicht sind. Das Wetter ist besser geworden. Zum Einlaufen in den Stützpunkt HMS »Malaba« ist Khaki, kurzes Hemd befohlen. Dafür soll Ausgang in blauer Uniform sein.

Mayport/Florida.
Alles ist hier riesig. Die Entfernungen, die Flugzeugträger u.s.w. Die Fregatten und Zerstörer liegen im Päckchen, wie bei uns die U-Boote.

Mayport/Florida.
Im Vordergrund der U-S-Flugzeugträger *Kennedy*. Links davon der Zerstörer *Rommel*. Aufnahme von der *Köln* aus. Fotos: Wiezorek

29.1. (Mi) Mein Vorschlag dazu kurze Hose weiß kam nicht gut an. Per Telex kamen einige Einladungen an Bord. Das Wasser ist herrlich türkisblau und lädt zum Baden ein. Aber rechtzeitig ist die Sonne wieder verschwunden. Beim Passieren der langen Inselküste bekommen wir die ersten Eindrücke. Pastellfarbene Häuser mit Kunststoffdächern – offenbar zum Wasserauffangen –. In der Stadt Hamilton schöne Geschäfte mit ebensolchen Preisen.

30.1. (Do) Ab 10.00 h dienstfrei. Besichtigungen und Stadtbummel.

31.1. (Fr) 10.00 h ausgelaufen, dabei hat der Marineanzugteufel wieder einmal zugeschlagen. Auslaufanzug: Khaki, kurzärml. Hemd, Parka und blaues Schiffchen. Es gibt Kombinationen, die traumhaft sind.
Draußen wieder kräftige Dünung. Von der *Rommel* sind einige Besatzungsmitglieder mit unseren Leuten ausgetauscht worden. Sie fahren bis Mayport mit.

1.2. (Sa) Normaler Werktagsdienst bis 16.00 h. Bis Mayport sind es 600 sm.

2.2. (So) Ruhige See, Lufttemp. 21 °, Wasser 20,0 ° C. Gottesdienst auf *Rommel*, dazu Kutterroutine. Dafür gibt es auf *Köln* den Kirchencocktail mit Kölsch und Softdrinks. Dabei wird für die Erdbebenopfer in Mexico gesammelt. Die Uffz. haben sich etwas einfallen lassen: sie putzen Schuhe für jeden, das Paar 2,- DM, zwei Paar 3,- DM. Gute Idee.

3.2. (Mo) Wir passieren den Golfstrom, morgens Nebel. Wassertemp. hielt nur noch 14,0 ° C, Luft aber 22,0 °. 11.00 h in Mayport festgemacht. Alles ist hier riesig. Die Entfernungen, die Flugzeugträger usw. Die Fregatten und Zerstörer liegen im Päckchen, wie bei uns die U-Boote. Die Besatzungen haben Gelegenheit, das weitläufige Gelände zu erkunden und in der Exchange ein paar Einkäufe zu machen.

Übungen im Verband mit der amerikanischen Flotte. Das amerikanische Führungsschiff *U.S.S. Balknap*. Es soll ab Mitte 1986 Flaggschiff der 6. Flotte im Mittelmeer werden.

4.2. (Di) Heute fuhr ein großer Teil der Besatzungen in das etwa 250 km südwärts liegende Disney-Land und EPCOT. Es war eine perfekte Show, nicht ganz billig (ca. 75,- DM), aber eine riesige Illusion. Abends gegen 22.00 h alles wieder an Bord.

5.2. (Mi) 10.00 h auslaufen Mayport. Es geht entlang der Küste Floridas der Karibik entgegen. 1 1/2 Tage Amerika sind einfach zu wenig. Übungen mit amerikanischen Flugzeugen. Schlechte Koordination.

6.2. (Do) Es wird wieder warm. In der Mittagspause sonnt sich die Freiwache. Die Luftfeuchtigkeit nimmt zu. Zu allem Überfluß fällt auch noch die Kühlung im Schiff aus. Temperaturen und Luftfeuchtigkeit steigen schnell an. Nach 2 Std. Reparatur alles wieder klar.

7.2. (Fr) Die Südspitze Floridas ist umrundet. Es geht durch die Floridastraße in den Golf von Mexico. Lufttemp. 28°, Wasser 26° C. Das Schwimmbecken auf dem Achterdeck wird viel benutzt.

8.2. (Sa) Mangels einer Äquatorüberquerung wird eine »Karibik-Taufe« vorbereitet. Wüste Beschimpfungen der Ungetauften kommen über die SLA. Nachmittags Taufe der Trabanten. Abends Kino im Hangar.

9.2. (So) Nachmittags die Taufe. Es war eine wilde Wasserschlacht, aber es war auch viel Spaß dabei. Abends gemeinsames Essen im Hangar – Salat, Fleisch, Folienkartoffeln reichlich. Dazu einige Faß Bier.

10.2. (Mo) Rosenmontag in See, nördlich der Halbinsel Yucatan. Abends Beecall, die PUO laden die Offiziere ein. Sonst das schon gewohnte Bild: Blauer Himmel, ruhige See. RAS-Übungen, Mann über Bord usw.

11.2. (Di) Leider ist das schöne Wetter vorbei. Das Schiff schaukelt wieder und es ist kälter geworden. 24° Lufttemp. werden schon als kalt empfunden.

12.2. (Mi) Alles wie gehabt, nur das Wetter ist wie in W'haven. Grau in grau gibt sich der Golf von Mexico. Zum Einlaufen das Einlaufquiz. Wer war wo was?

13.2. (Do) 10.00 h einlaufen in Vera Cruz. Passieraufstellung, weiße Uniform mit Jacke. Nieselregen. Abends Pflichtveranstaltung für Offiziere auf der *Emden* – die Einlaufparty. Bei strömendem Regen trat eine mexikanische Tanzgruppe auf.

14.2. (Fr) Nun wieder herrliches Wetter. Bei strahlendem Sonnenschein gehen viele an den Strand Playa Mocambo. Abends ist auf der Plazza Stimmung bis zum frühen Morgen. Die Besatzung hat für Mexico-City 5.600,- DM gesammelt, aus verschiedenen Kassen kommt noch etwas dazu, so daß letztlich 8.500,- DM an den deutschen Pfarrer aus Mexico-City übergeben werden. Von der Besatzung fahren drei Offiziere und der Bordpfarrer mit nach M.-City. Die dortige Gemeinde hatte offenbar mehr Leute erwartet, aber die deutsche Botschaft arbeitet streng bürokratisch, so daß keine Pässe zum Verlassen der Provinz Vera Cruz – so etwas benötigt man hier – klar sind.

15./16.2. (Sa/So) Ausflüge in die Umgebung bis nach El Tajin (Maya-Bauten).

17.2. (Mo) 10.00 h auslaufen, sehr herzlicher Abschied von den Angehörigen der dortigen Marine. Hasta la vista, Vera Cruz.

18.2. (Di) Wir treiben und erledigen Oberdecks- und Farbarbeiten. Abends wieder Fahrt aufgenommen.

19.2. (Mi) Die üblichen Spielchen in See, Flottenballett, RAS mit *Freiburg*.

20. – 21.2. (Do/Fr) Hilfeleistung in See, *Freiburg* brennt zur Übung. Unter südlicher Sonne ist das Tragen von Atemgeräten besonders schön, aber was solls? Uhren wieder eine Stunde zurückgestellt. Pönarbeiten.

22./23.2. (Sa/So) Sonntagsroutine, Karibik-Sportfest (Tauziehen, Puddingessen, Wassertragen, Hindernislauf usw.) Trostpreise waren einige Packungen Präservative. Schiffsarzt-Erfahrungen? Caiman-Islands uns später Jamaica querab.

24.2. (Mo) CTG (Commander Task Group) Kpt. z. S. Kossyk nimmt am Dienst teil. Rollendienst mit einigen »Türken«. Der Bord-Frisör hat seinen Dienst aufgenommen.

25.2. (Di) Wetter wie im Bilderbuch für Marinewerbung. Querab Haiti. Die Funkpresse sagt uns, daß in W'haven -25,0° C sind. Das ist ja schlimm, wie halten die das aus? Nachmittags Handwaffenschießen auf dem Flugdeck.

»Am 13.2. liefen wir in Vera Cruz, der wichtigsten Hafenstadt an der Ostküste Mexikos ein.«
Die *Köln* hatte einen guten Liegeplatz direkt an der »Main Street«.
Vera Cruz wurde 1519 als erste spanische Stadt durch Cortez gegründet.
Foto: Wiezorek

26.2. (Mi) Langsam bekommen wir Schwierigkeiten mit der Klimatisierung, bei 27° Wassertemperatur spielen die für die Nordsee konstruierten Anlagen nicht mehr so richtig mit. Also »Tricksen«. Übungen im Verband. Übrigens ist die *Rommel* in Mayport geblieben, denn sie hat dort einige Punkte nach der Modernisierung zu erledigen. Danach fährt sie nach Guantanamo zu weiteren Übungen mit der amerikanischen Marine.

27.2. (Do) Morgens ca. 800 m vor der Hafeneinfahrt in Rio Ozamar geankert.
Von der Botschaft erhalten wir Info-Material über St. Domingo. Abends »Abessen« des 1. Offiziers, KK Dröge, der uns in Domingo verläßt. Er geht nach Bonn zur P-Abteilung. Nachfolger noch nicht in Sicht, daher wird der 1 SEO mit der Aufgabe betraut. 2 SEO (KL Zielke) wird somit 1 SEO. Das Essen war hervorragend. Einlaufquiz St. Domingo (siehe 12.2.)

28.2. (Fr) 08.00 h einlaufen in St. Domingo. Längsseits *Emden* festgemacht. Wir kommen zur rechten Zeit, es läuft gerade der Karneval. Überall Merenque-Musik, hübsche Mädchen und viel Trubel.
Wieder das übliche Hafenprogramm, Einladungen, Empfänge, Partys, Ausflüge in die Umgebung.

1.3. (Sa) Heute bei der Kommandantenmusterung wird der 1. O offiziell abgelöst. An Land wurden einige Lords überfallen, Geld, Uhr, Ausweise weg. Also Landgang nur in Gruppen, aber wer weiß das nach einigen Piña Coladas noch?
Kranzniederlegung durch die Kommandanten der Schiffe, Ehrenzug der Besatzungen angetreten.
Besichtigungen in der hervorragend restaurierten Altstadt aus der Columbuszeit. Einkaufsbummel, schwarze Korallen, Bernstein, naive Malerei, Tonfiguren.

2.3. (So) Hafenroutine. Bei einigen Besatzungsmitgliedern hat sich Montzumas Rache eingestellt – Durchfall nach dem Genuß von Eis oder frischem Salat.

3.3. (Mo) Empfang beim deutschen Botschafter in seiner Residenz. Mangels Kenntnisse im Spanischen auf deutscher Seite und im Englischen auf der spanischen blieben beide Parteien stumm und unter sich, eigentlich schade. Man dreht sich im Kreise.

4.3. (Di) 10.00 h auslaufen St. Domingo. Übungen wie gehabt. Vorbereiten auf das Einlaufen in Roosevelt Roads, Puerto Rico. Einlaufquiz (siehe 27.2.)

5.3. (Mi) 07.30 h in Roosevelt Roads festgemacht. Ein riesiger Stützpunkt der US-Navy in Puerto Rico. Cocktailparty an Bord *Köln*. Die von Deutschland angereisten Damen der Besatzung erwarteten uns bereits.
Besichtigungsfahrten in den Regenwald und nach San Juan für die Besatzungen.

6.–13.3. Übungen mit der US-Navy. Tägliches aus- und einlaufen in die Übungsgebiete. Nach vergeblichen Versuchen am 10.3. klappte das Raketenschießen (Sea-Sparrow) auf ferngesteuerte Drohnen am 11.3. bestens. Täglich schießen mit der 76-mm-Kanone auf Flugziele.
Hervorragende See- und Wetterbedingungen erleichtern die Übngen.

14.3. (Fr) Die Damen sind wieder abgereist. Wir laufen um 08.00 h aus zum Torpedoschießen vor der Insel St. Croix (Virginislands). 16.00 h dort in Fredrichsted festgemacht. Ehemals dänische Insel mit hübschen Häusern und Straßen. Viel Sonne und Meer. Das Wasser ist so klar, daß man den Kiel der Schiffe im Hafen sehen kann.

15.–17.3. Hafenroutine. Besuch von Willemsted ca. 20 km auf der anderen Seite der Insel. 07.00 h auslaufen, zwei Torpedos auf von Land gesteuerte Ziele geschossen. Nachmittags wieder FK-Schießen. 17.00 h RORO einlaufen.

18.3. (Di)– Täglich ausgelaufen. Luftzielschießen, SSich-Übungen,
29.3. (Do) Proviantübernahme vom Versorger *Freiburg*. Die *Rommel* ist auch wieder bei uns.

21.3. (Fr) 10.00 h RoRo, Puerto Rico, verlassen. Transit nach St. Thomas (US-Virgin islands). 15.00 h in Charlotte Amalie eingelaufen. Wie St. Croix ehemals dänischer Besitz. Fremdenverkehr, viele Kreuzfahrer, Seglerparadies. Viele Einkaufsmöglichkeiten (zollfrei) aber leider auf Dollarbasis. Bei einem Kurs von 2,40 DM pro US-Dollar muß man rechnen.
22.3. Empfang bei der US-Navyleague in einer wunderschön gelegenen Villa am Berghang in kühler Luft. Die Damen und Herren (leider alle etwas älter) haben sich große Mühe gegeben.

Einsatzbesprechung für Übungen vor Guantanamo mit amerikanischen Streitkräften. Luftzielschießen und Evolutionieren.

Foto: Wiezorek

21.3. (Fr.) 24.3. 06.00 h St. Thomas ausgelaufen. Alle etwas müde, denn der gute Rum hat auch seine Wirkung. Noch einmal Übungen im Seegebiet vor RoRo.
Leider hatte das Flugzeug den Luftsack vergessen, so daß das Schießen zum Kalibrierschießen umfunktioniert wurde. Manchmal hatten wir das Gefühl, daß uns die Amis nicht ganz für voll nehmen. 19.30 h abgelaufen und die 10.000 sm der Reise gefahren.

25.–26.3. Übungen mit *Freiburg* und *Emden*. Zerstörer *Rommel* ist nach Guantanamo gelaufen. Einlaufquiz Venezuela (siehe 4.3.).

27.3. (Do) Entgegen der Planung und wahrscheinlich wegen der Osterfeiertage laufen wir schon heute in Maracaibo, Venezuela, ein. Die Skyline zeigt eine südamerikanische Großstadt mit Hochhäusern und einer langgezogenen Küste. Wir machen im offenbar neu erstellten Handelshafen fest. Mit uns liegt eine Fregatte der venezuelanischen Marine im Hafen. Erste Verbindungen werden geknüpft. Consul, Dr. Nagel von Jess, und der Verbindungsoffizier an Bord. Landgang, Empfang für deutsche Gäste an Bord *Emden*.
Wegen der Feiertage kommt keine Post aus Deutschland an Bord.

28.–31.3. (Ostern) Landgang in die Alt- und Neustadt Maracaibos. Für unsere Verhältnisse ist alles sehr preisgünstig. (z.B. Fischessen mit Bier ca. 3,70 DM), aber das ist bei dem Einkommen der Bevölkerung kein Wunder. In der Altstadt viel Armut. Viele Einladungen von Deutschen oder deutschstämmigen an die Besatzung. Große Fete im Deutschen Club. Sehr freundliche Aufnahme. Zwei neue Besatzungsmitglieder kommen an Bord. OlzS Sinner und LtzS Löw. Sinner löst den FTO (KL Lieberwirt) u. Löw den WTO (OltS Schuh) ab. Beide gehen aber erst in W'hafen von Bord. Empfang beim Consul.

1.4. (Di) 10.00 h auslaufen Maracaibo. Zum Abschied spielt eine Heeresband flotte Rumbaweisen. Botschafter, Consul und viele Deutsche auf der Pier.
In See Übungen mit der Fregatte *General Salom* (italienische Lupusklasse). 17.10 h Übungen mit Steampast beendet. Dazu reichlich DM-12 und Leuchtraketen verschossen. Die hohen Luft- und Wassertemperaturen im Maracaibosee gehen wieder runter. Luft 30°. Wasser 29° C.

2.4. Uhren noch einmal eine Stunde zurückgestellt, Zeitdifferenz zwischen uns und Deutschland nun 7 Std. U-Jagdübungen, SSich-Übungen.

3.4. (Do) 09.00 h in die Bahia de Cartagena eingelaufen und geankert. In der Ferne wieder die bekannte Skyline von Cartagena, Kolumbien. Von den um die Bahia liegenden Petrol-Werken dringt penetranter Ölgestank herüber. Bei dem alten spanischen Fort Fuerte San Fernando wird der Lotse übernommen. Das Wasser ist hier nicht so, wie wir es von der Karibik gewohnt sind. Viel Schmutz und Unrat treiben vorbei. Umweltschutz ist hier noch ein Fremdwort. Das zeigte sich schon in St. Domingo, wo der LKW unseren Müll für viel Geld abholte und ihn in Sichtweite ablud und verbrannte.

4.4. (Fr) 10.00 h in Cartagena, Kolumbien, eingelaufen. Das übliche Einkaufszeremoniell läuft ab. Verteidigungsattache (ein Oberstltn. der Luftwaffe) an Bord. Zum Glück spielt sich das offizielle Zeremoniell immer auf dem Führerschiff *Emden* ab. Wir liegen wieder mit dem Verband etwas abseits der Stadt im Handelshafen. Der erste Eindruck ist wenig einladend.
Wieder die üblichen Warnungen vor Überfällen, Betrügereien usw.

5.–6.4. Landgang, viele Besichtigungen in der schönen Umgebung und in der Altstadt. Allerdings liegen die Preise hier deutlich über denen in Venezuela. Der vorwiegend von Amerikanern beherrschte Fremdenverkehr macht sich bemerkbar. Man mag die Amis nicht und unser Problem ist es, den Leuten rechtzeitig klar zu machen, daß wir keine sind. Trotzdem wieder einige Überfälle auf Besatzungsmitglieder. Das in Deutschland gesammelte Spielzeug für Kinder wird von Ordensschwestern dankbar entgegengenommen. Hinter den reichen Fassaden stehen die Hütten der Slumbewohner. Trotz Petrodollars ist noch viel Armut im Land. Leider wird das gerne übersehen.

7.4. (Mo) 10.00 h Cartagena ausgelaufen. Die Militärkapelle spielte südamerikanische Rhythmen und wie schon in Venezuela war auch hier der Abschied sehr herzlich. Nach Passieren der Lotsenstation bei Fuerte San Fernando wehte eine frische Seebrise und brachte etwas Kühlung. Die Meinung der meisten Besatzungsmitglieder: Es war ein schöner Hafen.

Am 11.4. machen wir längsseits *Emden* im amerikanischen Stützpunkt Guantanamo Bay auf Kuba fest, nachdem wir zwei Tage etwa 80 sm vor der kubanischen Küste mit amerikanischen Kriegsschiffen Tag- und Nachtübungen gefahren haben. Foto: Wiezorek

8.–10.4. Übungen in See. Mit einer Vormarschgeschwindigkeit von ca. 6,25 Kn »rasen« wir Kuba entgegen. Schleppen und geschleppt werden mit *Freiburg*, ABC-Übung, RAS. Am 10.4. stehen wir ca. 80 sm vor Kuba. Übungen mit USS *V. Pratt* (Zerstörer) und USS *Saipan* (Träger), nachts Einsatz von Leuchtbomben gegen Seeziele durch Flugzeuge, Leuchtgranatenschießen.

11.4. (Fr) 09.30 h längsseits *Emden* in US-Stützpunkt Guantanamo Bay fest. Abends Beercall an Bord *Köln*. Zunächst lassen die Gäste auf sich warten, kommen aber gegen 21.30 h in größeren Gebinden. In der Messe wird bis morgens gefeiert. Hervorragende Betreuung durch die US-Navy. Durch den Verbindungsoffizier bekommen wir entsprechendes Info-Material an Bord. Strände mit herrlichem Wasser, Grillplätzen usw. stehen uns zur Verfügung.

12.–16.4. Einladungen bei Amerikanern u.a. zum »Springwine«-Fest. Ein Fest der deutschstämmigen Amerikaner, das auch das Deutschlandbild der Amerikaner zeigt. Alle Deutschen tragen Lederhosen und Dirndel, trinken Bier und Wein. Trotzdem eine runde Sache, sie haben sich sehr viel Mühe gegeben. Das kalte und warme Büffet war prima, leider war der Wein eine – für uns – nur schwer zu genießende Flüssigkeit. In Steinflaschen und sehr süß. In Gitmo (wie die Amis sagen) trafen wir die *Rommel* wieder, die hier ihr Training absolviert. Für uns standen viele Übungen auf dem Programm. Zeitiges Auslaufen und ein enges Übungsprogramm bestimmen den Tagesablauf. Am Ende wurde es dann etwas gemütlicher, da das erwartete Flugzeug nicht oder z.B. ohne Luftsack kam.

17.4. (Do) Ab 09.00 h dienstfrei für die Freiwache zum letzten Einkaufen in der Exchange. 13.00 h Dienstbeginn, 17.45 h auslaufen Guantanamo Bay mit Kurs auf Martinique. *Rommel* ist auch fertig und fährt nach Jamaika.

18.–20.4. Die Manöver in See gehen wie gewohnt weiter, die geplanten Übungen mit Fregatten aus Venezuela fallen aus. Irgend jemand muß etwas falsch verstanden haben. Also geht es alleine weiter. Stationierungsübungen mit Amerikanern. Am Wochenende erreichen wir die Südspitze Haitis. Aber die erhoffte Sonntagsroutine fällt aus. Ersatz: Gefechtsdienst, großer Hubschraubercrash an Deck zur Übung. Der CTG gab ein »Bravo Zulu«. Am Sonntag gehen 150 Kisten Cola auf die *Freiburg*, dafür kommt dann das lange vermißte Schwarzbrot an Bord. Nachmittags dann doch dienstfrei.

21.4. (Mo) 08.00 h einlaufen in Fort de France, Martinique. Ab 10.30 h Landgang. Hier sind wir fast zuhause, denn Martinique ist – da Frankreich – EG-Land. Musikalisch ist die Insel wohl nach Haiti ausgerichtet, denn überall erklingen die bekannten Marenque-Rhythmen. Es gab wieder das übliche Hafenzeremoniell.

22.–23.4. Besichtigungen, Fahrten in die schöne Umgebung zum Mt. Pele usw. stehen für viele Lords auf dem Programm. Die Aufnahme durch die Franzosen war sehr herzlich, viele sprechen schon ein wenig Deutsch oder Englisch. so daß auch alle sich relativ gut verständigen konnten. Die Einladung beim deutschen Consul (ein Franzose) auf seiner Privatinsel für die Offiziere war Klasse. Martinique war ein schöner Abschluß unserer Karibik-Reise.

24.4. (Do) 10.00 h auslaufen. 2.511 sm liegen nun vor uns. Der Atlantik begrüßt uns mit einer sanften Dünung, die aber bald stärker wird. Lufttemp. 29°, Wasser 28,5° C. Aber ab nun wird es kühler.

25.–30.4. Die bekannten Übungspunkte werden schon routinemäßig abgehandelt. Gefechtsdienst , OPZ-Übungen auf den Plottbord und das so beliebte RAS. Die Temperaturen fallen und der Aufenthalt an Oberdeck ist wieder angenehm.

Am 21.4. um acht Uhr Einlaufen in Fort de France; Martinique. Nun sind wir wieder in einem EG-Land. Foto: Wiezorek

25.–30.4. Die Manöver mit einer US-Maschine (Orion-Typ) fallen wieder aus. Letzte »Proviantübernahme« von *Freiburg*, die leeren Bierfässer gehen rüber und volle kommen zurück. Der Tanz in den Mai fällt aus. Die Khakishorts verschwinden langsam in den Spinden. Lufttemp. 24 °, Wasser nur noch 21 ° C.

1.5. Erster Mai an Bord auf See. Auf dem Achterdeck haben die PUO's die in Guantanamo heimlich organisierte ca. 3 m große Palme zum Maibaum ? mit Maikranz aufgestellt. Beim Singen des Liedes »Der Mai ist gekommen ...« ging uns allerdings nur die erste Strophe flüssig über die Lippen, der Rest war »la, la..« und wurde gesummt. Ein Glas Kölsch half uns über diese Schlappe schnell hinweg.
Es ist so kalt geworden, daß man es nur noch hinter dem Windschutz der Reling aushalten kann.

2.5. Morgens in Punta Delgada eingelaufen. *Rommel* muß bunkern, wir, die Fregatten kommen so über den Teich. Der letzte Auslandshafen für uns auf dieser Reise.

2.5. (Sa) 10.00 h ausgelaufen. Sonntagsroutine bei Lufttemp. von 19 ° und 15 ° Wasser, der Himmel ist bedeckt und man könnte meinen, die »südliche« Nordsee hat uns wieder.

3.–6.5. Übungen im Geschwader, RAS, U-Jagd. Die Biscaya ist erreicht. See kommt seitlich querab und schaukelt uns wieder auf. Die defekte Stb.-Flosse fehlt manchmal doch. Übungen mit Flugzeug der französischen Marine.

7.5. Morgens den Kanal erreicht, an Sb-Seite liegt Cornwall. Ab 14.45 bis 20.00 h PASSEX in Portland und Übungen mit der englischen Marine. Vormittags wurden *Rommel* nach Kiel und *Freiburg* zur Weiterfahrt mit einem Steampast verabschiedet. Alle Besatzungen traten in mehr oder weniger bunten Anzügen an Oberdeck an. *Köln* zeigte die Anzugvielfalt unserer Marine. Offiziere: weiße Uniform mit Jackett, PUO: Khaki lang, U-Offiziere: HA 100 Blau mit Mantel, HA 200 AGA mit Jacke, HA 300 2. Garnitur Blau, HA 400 Khaki kurze Hose und die 11er Wetterschutzbekleidung, dazu ein Teil in blauer Hose und weißer Bluse. Auf den anderen Einheiten waren sie als Mexikaner o.ä. angetreten.
Dabei wurde reichlich geballert.
18.00 h kamen zwei engl. Seaking-Hubschrauber zum Take off, damit der Flugdeckmeister seine Lizenz behält.

8.5. (Do) »Vatertag« in See und daher Sonntagsroutine. Die Uhren wurden ein letztes Mal auf deutsche Zeit umgestellt. Morgens gegen 05.20 h die Linie Dover – Calais passiert. Die Nordsee hat uns wieder. Bei Sonnenschein, ruhiger See und guter Sicht morgens Ostende/Belgien querab.
Bei Texel/Vlieland wird es wieder kalt Luft 13 ° und Wasser 7,5 ° und das im Mai. Nun beginnen einige die Stunden zu zählen.

9.5. (Fr) 10.00 h mit schönem Wetter in W'haven eingelaufen. An der Ostmole viele Sehleute, Presse, Musik und Angehörige. Nach dem Zurückmelden der Schiffe durch Kommandeur und Komandanten ist um 11.30 h die Stelling für unsere Angehörigen freigegeben. Hinter uns liegen 17.798,2 Seemeilen, insgesamt war es eine schöne und interessante Fahrt. Sie wird für viele der an Bord der Einheiten fahrenden wehrpflichtigen Kameraden der Höhepunkt ihrer Dienstzeit in der Marine bleiben, aber auch die Zeit- und Berufssoldaten werden eine so lange Reise nicht oft machen. Es wird eine Zeit dauern, bis die Eindrücke verarbeitet sind und beim Betrachten der Bilder werden viele – hoffentlich angenehme – Erinnerungen wach werden.

10.5.–8.6. Das Schiff liegt an der Ostmole. Hafendienst und der nun verdiente Urlaub wird abgewickelt. Nebenbei bleiben für die an Bord gebliebenen eine Mende Dinge übrig. Die Reise hat doch an den Anlagen und Geräten ihre Spuren hinterlassen, so daß umfangreiche Instandsetzungen mit Werft- und Arsenalhilfe durchgeführt werden müssen. Nebenbei werden die Anlagen der FL 1.800 modifiziert bzw. instandgesetzt, damit eine Überprüfung und Erprobung in der Ostsee erfolgen kann.
Am 13.5. »Abessen« für die beiden versetzten Offiziere, Kl. Lieberwirt (geht nach Neustadt/Ostsee als ELO-Offz. auf den Turm Pelzerhagen) und LtzS Schuh (Hörsaalleiter Marine-Artillerieschule Ellenberg) im O-Heim mit Damen.

Fregatte *Köln* verläßt ihren Stützpunkt Wilhelmshaven. Foto: Marineamt

Die »Köln«
im NATO-Manöver »Northern Wedding« 1986

Die Teilnahme der Einheiten der Zerstörerflottille an diesem nur alle 4 Jahre stattfindenden größten NATO-Seemanöver war in Form einer GERMAN TASK GROUP, der »TG 501.0« vorgesehen.
Sie setzte sich aus den Zerstörern *Rommel*, *Schleswig-Holstein*, *Hessen*, sowie den Fregatten *Köln* und der dänischen Fregatte *Peder Skram* zusammen. Unterstützt wurde dieser Verband durch den Versorger *Freiburg* und den Tanker *Rhön*. Die Führung lag in den Händen des Kommandeurs der Zerstörerflottille, Flottillenadmiral Konrad Ehrensberger, der sich mit seinem Stab auf der Fregatte *Bremen* eingeschifft hatte. Für die Fregatte *Köln* griffen Leutnant z.S. Röhr und Oberfähnrich z.S. (San.O.A.) Subramanian, die als Truppenpraktikanten auf die *Köln* kommandiert waren, zur Feder.«Es war ein kühler Freitagnachmittag im August, als die Fregatte *Niedersachsen* vom 4. Freg.-Geschw. in Wilhelmshaven zum NATO-Manöver NORTHERN WEDDING auslief. Schiff und Besatzung sahen dem erwartungsvollen Einsatz entgegen, doch bereits am Samstag zwangen technische Schwierigkeiten im Antriebbereich die *Niedersachsen* zur Umkehr nach Schlicktau. Nun hieß es umdenken. Die Fregatte *Köln* war zum Wochenende der Marine in Borkum eingelaufen. Einige Gäste der Kölner Marinekameradschaft waren zum Wochenende an Bord.
Nach einer Woche Einzelausbildung erreichte die Schiffsführung der Befehl, für die *Niedersachsen* in die Bresche zu springen und an der »NORTHERN WEDDING« teilzunehmen. Der Schaden auf der *Niedersachsen* hatte sich als gravierender herausgestellt, als zunächst abzusehen. So hieß es bereits am Sonntag »Leinen los« nach Wilhelmshaven. Dort wurde für die bevorstehenden Manöverwochen ausgerüstet. Ungefähr 30 Besatzungsmitglieder der *Niedersachsen* wechselten auf das Schwesterschiff.

Dies hatte seinen Grund darin, daß für die *Köln* eine seefahrtsfreie Zeit eingeplant worden war und ein Teil der Besatzung die Möglichkeit hatte, in Jahresurlaub zu gehen – kurz, es traf alle recht unvorbereitet.
So fanden wir uns am Montagnachmittag auf dem Flugzeugdeck der Fregatte *Köln* zur Auslaufmusterung wieder, wo der Kommandant, Fregattenkapitän Kinast, seine Mannen und die Neuen begrüßte und für die bevorstehenden Wochen aufzumuntern versuchte. Bereits um 20.00 Uhr warf die *Köln* ihre Leinen wieder los, um an »NORTHERN WEDDING« teilzunehmen, begleitet von den guten Wünschen der Geschwaderführung. Zurück blieben winkende Frauen, Kinder und Bräute auf der Pier.

Zum Manöver: »NORTHERN WEDDING« ist ein groß angelegtes NATO-Manöver mit teilnehmenden Einheiten aus den Vereinigten Staaten, Kanada, Frankreich, Großbritannien, Holland, Dänemark, Norwegen. Die deutsche Marine hatte ca. 150 Schiffe und Flugzeuge für dieses Manöver abgestellt. Im Laufe der Übung fanden umfangreiche Geleitschutzübungen, Landungsunternehmen, sowie Luft-, See- und U-Jagdoperationen statt, wobei die Fregatte *Köln* gemäß ihrer Konzeption spezialisiert für die U-Jagd ist.
Diese Aufgabe erfüllt sie in wesentlichen Teilen durch den an Bord stationierten Hubschrauber SEA LYNX. Dieser ist mit einem leistungsfähigen Sonarsystem ausgerüstet und hat die Möglichkeit, gesammelte Daten in das Rechensystem des Schiffes einzuspeisen.
Zunächst allerdings patroullierte die *Köln* zusammen mit *Peder Skram* und *Jakob van Heemskerg* im Skagerak.

Doch dann kam Abwechslung, sozusagen das ersehnte Bonbon. Die *Köln* wurde abgeteilt, zusammen mit dem Schlachtschiff *Iowa* im Skagerak zu patroullieren. Als sich die beiden Schiffe trafen, konnte mancher es kaum fassen. Da lag das 58.000 t verdrängende Riesenschiff, bestückt unter anderem mit drei Drillingstürmen vom Kaliber 40-cm vor uns im Fjord. So ein Koloss aus Eisen und Stahl schwamm tatsächlich! Eine Zeit lang hörte man auf der *Köln* nur das Klicken der Photoapparate. Dann ging es los: Zwei Tage und Nächte überwachte die »first German/US Battle Group« gemeinsam das Skagerak. Und es wurde noch einmal spannend; die Fregatte *Köln* und das Schlachtschiff *Iowa* führten ein Schießen durch. Manches Herz begann schneller zu schlagen. Auch die Augen des Kommandanten der *Köln*, Kinast, glänzten, als die mächtigen Geschütze der *Iowa* brüllten, schließlich ist er Artillerist.

Doch bald fing der Manöveralltag Mannschaft und Schiff wieder ein. Es ging zurück nach Larvik, patroullieren zur Sicherung der Kampfhandlung an der Küste. Nachdem die Landung erfolgreich abgeschlagen war, ging es nach

Esbjerg an Dänemarks Westküste, wo eine weitere Landung stattfinden sollte. Am 18. September wurde die *Köln* und die mit ihr operierenden deutschen Einheiten in Richtung Jade entlassen, um dort an der Flottenparade zur Verabschiedung des Inspekteurs der Marine vor Wilhelmshaven teilzunehmen. Von dort aus ging es nach Amsterdam, wo sich die Manövereinheiten vier Tage lang zur Abschlußbesprechung trafen. – Es bleibt zu sagen, das Manöver war mal abwechslungsreich und spannend, mal langweilig, aber immer anstrengend. Für die *Köln* und ihre Besatzung bestand eine besondere Situation. Unvorbereitet und mit einer teilweise zusammengewürfelten Besatzung wurde das Schiff ins Manöver befohlen. Es bleibt für uns der Eindruck, eine Besatzung und ein Schiff kennengelernt zu haben, die ihre Sache trotz widriger Umstände gut gemacht haben.«

Kieler Woche vom 21. – 29. Juni 1986

Der Name *Köln* war bei der Internationalen Kieler Woche in aller Munde. Die Fregatte *Köln*, das Patenschiff der Domstadt hatte die Funktion des Flaggschiffes für die rund 30 teilnehmenden Einheiten der Bundesmarine übernommen und war dadurch Schauplatz zahlreicher offizieller Empfänge. – Unter anderem konnten der Flottenbefehlshaber, der Generalinspekteur der Bundeswehr, der Landtagspräsident von Schleswig-Holstein und der Kieler Oberbürgrmeister begrüßt werden.

Für die Gäste gab es natürlich Souvenirs der Patenstadt, Schallplatten, Krawatten mit dem Kölner Wappen u.s.w. Die Bergische Löwen-Brauerei, seit Jahren Mäzen der Fregatte *Köln*, hatte eigens für die Kieler Woche Sonder-Gläser als Erinnerungsgeschenke für Besatzung und Besucher anfertigen lassen und versorgte die Gäste auch noch mit 20 Hektolitern »Gilden-Kölsch«.

Am 26. Juni war der große Final-Tag bei den Kieler-Woche-Marine-Kutter-Regatten auf der Innenförde.
Die Ergebnisse in der Internationalen Klasse nach fünf Wettfahrten waren 1. Deutschland III (Fregatte *Köln*) 2. Deutschland I (U-Flottille) 3. mit Vorbehalt Frankreich. Der Skipper des *Köln*-Kutters war Hauptbootsmann Paul Greiffendorf. Die Crew hatte bisher nie zusammen gesegelt. Und als die *Köln*, aus der Karibik kommend, in ihrem Heimathafen Wilhelmshaven festmachte, waren die Kutter schon in Kiel. Das Training mußte deshalb ausfallen, was blieb, war ein kurzes Kennenlernen im Kutter am Wochenende. –
Mannschaften aus Finnland, Norwegen, England, den USA, der Marinewaffenschule Ellenberg und von der Fregatte *Köln* nahmen am 24. Juni beim 75. Internationalen Kieler-Woche-Schießen der Brunswiker Schützengilde von 1638 teil.
Rund 100 Schützen kämpften in den Disziplinen Kleinkaliber und Pistole auf dem Schießstand Kopperpahler Teich. Die Mannschaft der Fregatte *Köln* kam im Pistolenschießen auf den zweiten Platz nach der Marinewaffenschule Ellenberg. Alles in Allem hat die *Köln* gut abgeschnitten.
– Bei der Siegerehrung konnte der Kutterskipper der *Köln* den Ehrenpreis als bestem Steuermann der Regatta, den »goldenen Belegnagel« im Empfang nehmen.

Splitter vom Programm in der »Kieler Woche«

»Kölsch kühlt die Kicker«
WM-Revanche mit deutschen und französischen Portepee-Unteroffizieren im Marinestützpunkt, überschreiben die Kieler Nachrichten am 28.6. den launigen Artikel über ein Fußball-Freundschaftsspiel.
Die Revanche war noch am Mittwochabend auf dem Flaggschiff der Kieler Woche, der *Köln*, besiegelt worden – zuerst mit »Gilden-Kölsch« und dann mit französischem Rotwein. Nachdem die PUO's der deutschen Fregatte und des französischen Zerstörers *La Galissoniere* gemeinsam den deutschen Fußballsieg verfolgt hatten, sorgten sie gestern für eine »Verlängerung« auf dem grünen Rasen des Marinestützpunktes.
Für das ungewöhnliche Spiel galten natürlich auch außergewöhnliche Regeln, gespielt wurde fünf mal 15 Minuten. Weil's alte Herren sind, hieß die offiziell Begründung. Bei soviel Pausen konnten sie sich fünfmal am Kölschfaß erfrischen. Als Schiedsrichter war ein Mariner des französischen Zerstörers abkommandiert. Er mußte zwar viel laufen, doch nur selten eingreifen. Vor allem das erste Drittel konnten die Torhüter mit ruhigem Gewissen zu einem Sonnenbad nutzen.

Rechtzeitig zur Hälfte der Spielzeit wollten es die Franzosen dann doch wissen und fuhren schwerstes Geschütz auf: Einen bretonischen Dudelsackpfeiffer vom Marine-Musikverband. Es dauerte nicht lange, da schoß Claude Ramounet das erste Tor, kurz darauf verlängerte Daniel Peyran auf 2:0. Dermaßen angespornt, glichen in den letzten Minuten Ralf Nass und Olav Thiede noch zum 2:2 aus. Das Handspiel beim letzten Tor übersah der Schiedsrichter und machte dem sprichwörtlichen französischen Charme alle Ehre. Umarmungen und Verbrüderungen bei einem letzten Glas Kölsch.
Nur ihre Trikots wollten die *Köln*er partout nicht tauschen. Kein Wunder, es sind Original-Trikots, für die *Köln* spendiert vom 1. F.C. Köln.

Die »AAG 102/87«
(AAG = Kurzform für Ausbildungsfahrt in ausländischen Gewässern)

Am 26. Januar liefen der Zerstörer *Hamburg*, die Fregatte *Köln* und der Tanker *Spessart* zu einer Ausbildungsfahrt in außerheimischen Gewässern aus Wilhelmshaven aus. In der Nordsee trafen sich die Wilhelmshavener Einheiten mit dem Zerstörer *Rommel* und dem Versorger *Coburg*, um gemeinsam in südlichen Gewässern zu üben und als Botschafter in Blau in afrikanischen Häfen aufzutreten.
Während in der Nordsee und auch noch in der Biscaya steife Winde den Marsch nach Süden zu einem schwankenden Erlebnis machten, das vor allem die Neulinge an Bord nicht immer glücklich dreinschauen ließ, hellten die Mienen doch merklich auf, als wir etwa auf der Höhe Portugals gemäßigtere Klimazonen erreichten. Die Wilhelmshavener Einheiten steuerten zunächst Funchal auf Madeira an, während die beiden Schiffe aus Kiel der portugiesischen Hauptstadt, Lissabon, einen Besuch abstatteten, eine willkommene Unterbrechung nach zwei Wochen Seefahrt. Empfangen und aufmerksam betreut durch die Honorarkonsulin in Funchal, Frau Gesche, hatten die Lords aus Wilhelmshaven an drei Tagen Gelegenheit, die Insel im Atlantik durch organisierte Busfahrten oder auf eigene Faust mit gemieteten PKW zu erkunden. Abends traf man die Seefahrer in den Bars der großen Hotels, in Discos oder in den kleinen, gemütlichen Restaurants und Weinstuben der Altstadt. Vor allem deutsche und britische Urlauber nutzten die Chance, die Schiffe im Hafen zu besichtigen.
Mit Madeirawein gestärkt und beeindruckt von den Schönheiten der Insel ging es wieder hinaus auf See, weiter Richtung Süden. Vorbei an den Kanarischen und Capverdischen Inseln steuerten die Einheiten des Verbandes nun verschiedene afrikanische Häfen an. Für die Fregatte *Köln* und den Zerstörer *Rommel* war dies Lagos, die Hauptstadt Nigerias. In den Hafen geleitet von der in Deutschland gebauten nigerianischen Fregatte *Aradu*, bereiteten die deutsche Kolonie und die in Logos ansässigen deutschen Firmen den Besatzungen einen überwältigenden Empfang. Die Einladungen in Familien oder zu speziell organisierten Veranstaltungen in Clubs oder an Stränden waren zahlreich und herzlich. Auf Fahrten durch die Millionenstadt und ins Landesinnere gewannen die Soldaten tiefe Eindrücke von Land und Leuten im schwarzen Erdteil. Erstaunlich war auch das Echo, das der Besuch in der Presse ausgelöst hatte.
Nach drei erlebnisreichen Tagen verließen die Schiffe ihre Häfen und trafen sich wieder am Äquator, wo mit großem Zeremoniell Neptun mit seinem Gefolge an Bord kam, um sicherzustellen, daß nur getaufte Seeleute die magische Linie überquerten. Nachdem dies sichergestellt war, erteilte er großmütig die Genehmigung, in die Gewässer der Süfhalbkugel einzulaufen.
Nach einem letzten Hafenaufenthalt in Dakar, Senegal, werden die Schiffe am 20. März ihren Heimathafen, Wilhelmshaven, wieder erreichen.

Bordstempel der Fregatte *Köln* — Baum-Archiv

Fregatte »Köln«
– Navigation –

Logbuchauszug der Fregatte *Köln* vom 01.01.1987 bis 30.11.1987

von	bis	Ort	
01.01.87	18.01.87	Hafenliegezeit Wilhelmshaven	
19.01.87	05.02.87	In See	
06.02.87	08.02.87	Hafenliegezeit Funchal (Madeira)	
09.02.87	18.02.87	In See	
19.02.87	21.02.87	Hafenliegezeit Lagos (Nigeria)	
22.02.87	01.03.87	In See	AAG
02.03.87	04.03.87	Hafenliegezeit Dakar (Senegal)	102/87
05.03.87	19.03.87	In See	Afrika
20.03.87	26.04.87	Wilhelmshafen	
27.04.87	30.04.87	In See	
01.05.87	03.05.87	Hafenliegezeit Wilhelmshaven	
04.05.87	14.05.87	In See	
15.05.87	31.05.87	Hafenliegezeit Wilhelmshaven	
01.06.87	04.06.87	In See	
05.06.87	08.06.87	Hafenliegezeit Wilhelmshaven	
09.06.87	12.06.87	In See	
13.06.87	23.06.87	Hafenliegezeit Wilhelmshaven	
24.06.87	26.06.87	In See	
27.06.87	09.08.87	Hafenliegezeit Wilhelmshaven	
10.08.87	14.08.87	In See	AAG
15.08.87	16.08.87	Hafenliegezeit Bergen (Norwegen)	142/87
17.08.87	18.08.87	In See	Norwegen
19.08.87	06.09.87	Hafenliegezeit Wilhelmshaven	
07.09.87		In See	
08.09.87	10.11.87	Werftliegezeit Bremen (Werft Bremer Vulkan)	
11.11.87		Werftprobefahrt	
12.11.87	30.11.87	Hafenliegezeit Wilhelmhaven	

Fregatte *Köln*
Werftliegezeit 1987 Fotos: Werftfotos

FK. Rips, der neue Kommandant der *Köln*.
Foto: Bildstelle der Marine in Wilhelmshaven

Der neue Kommandant Fregattenkapitän Hans-Christian Rips (vorne Mitte) hat das Schiff übernommen.

Kommandantenwechsel im Oktober 1987
Während der Werftliegezeit findet der Kommandantenwechsel statt. Fregattenkapitän Kinast übergibt die *Köln* dem Geschwaderkommandeur. Fotos: Horn

Matrosen der Marine helfen Behinderten

Delegation der Fregatte *Köln* in der Domstadt

Nicht nur der Name verbindet die Fregatte *Köln* der Bundesmarine mit der Domstadt. Die 200 Mann starke Besatzung hat seit Jahren enge Beziehungen zu ihrer Patenstadt Köln – und bei der »Äquatortaufe«, so verrät der Erste Offizier Michael Hintze, fließt natürlich Kölsch.
Der neue Kommandant des Kriegsschiffes, Fregattenkapitän Hans-Christian Rips, kam am Wochenende mit zehn weiteren Besatzungsmitgliedern nach Köln. Die Fregatte selbst wird zur Zeit in Wilhelmshaven generalüberholt.
Im Historischen Rathaus wurde die Delegation am Samstagnachmittag von Oberbürgermeister Norbert Burger empfangen. Rips und Burger waren sich einig in der Hoffnung, »daß das Schiff in 20 Jahren wieder abgewrackt wird, ohne daß seine Waffen jemals wirklich zum Einsatz kommen.«
Die 1984 in Dienst genommene Fregatte ist mittlerweile schon das fünfte Schiff mit diesem Namen. Das erste Kriegsschiff namens *Köln* wurde im Jahre 1914 bei Helgoland von den Engländern versenkt.
Als Gastgeschenk spendeten die Marinesoldaten 1500 Mark an den Kölner Verein »Segeln für Behinderte«.
Vorsitzender Hajo Adam, der den Scheck entgegennahm, will das Geld für die Jugendarbeit verwenden: Auf acht eigenen Booten fördert der Verein den Kontakt zwischen Nichtbehinderten, Behinderten und sozial Benachteiligten – eine in der Bundesrepublik bislang einzigartige Einrichtung.
Gemeinsam mit Oberbürgermeister Burger fuhren die Gäste anschließend zum traditionellen Labskausessen der »Marinekameradschaft Köln von 1891«. Die Kameradschaft, die dabei mit ihrem »Shanty-Chor« für Seemannsstimmung sorgte, füllt die Schiffsbücherei der Fregatte ständig mit neuen Büchern auf.
Während der langen Fahrten, zuletzt in der Karibik und vor der Küste Afrikas, kommt an Bord gelegentlich Langeweile auf. »Wir sind froh, wenn wir Landgang haben«, gibt einer der jungen Matrosen offen zu. Und auf die Frage, wie lange sein Militärdienst noch dauert, kommt es wie aus der Pistole geschossen: »Noch 102 Tage.« lam

Die an Bord geführten Stadtfarben unterstreichen auch auf hoher See die Verbundenheit der *Köln* mit ihrer Patenstadt. Foto: D.

Schnappschuß von der Back: Vorschiff mit Ankergeschirr Foto: D.

Fregatte »Köln« im Katastropheneinsatz

Am Abend des 6. Juli 1988 kam es auf der britischen Ölbohrinsel »Piper Alpha«, die etwa 200 Kilometer nordöstlich von Aberdeen vor der Ostküste Schottlands im Meer stand, zu einer großen und einer Reihe kleinerer Explosionen, die die Plattform mit den hier installierten Einrichtungen in Brand setzte. 1976 war diese Plattform im britischen Teil der Nordsee in Betrieb genommen worden. Die meisten der 227 Besatzungsmitglieder wurden von dem tobenden Flammeninferno im Schlaf überrascht. Für sie gab es keine Fluchtmöglichkeit. Es blieb auch keine Zeit, Rettungsboote zu Wasser zu lassen. So hatten nur wenige die Möglichkeit, von dem 34.000 Tonnen schweren und insgesamt fast 200 m hohen Stahlkoloß davon zu kommen. Die wenigen, zum Teil schwer- und schwerstverletzten Überlebenden, wurden entweder durch die Explosionen von der Bohrinsel ins Wasser geschleudert, oder sie wagten von sich aus den über dreißig Meter tiefen Sprung in die Nordsee. Allererste Hilfe leistete das Versorgungsschiff *Tharos*, das sich glücklicherweise noch in der Nähe der Bohrinsel aufhielt. Die *Tharos* gab auch den ersten Notruf, der die Rettungsmaßnahmen in Gang setzte. Bereits nach knapp einer Stunde erschienen die ersten Rettungshubschrauber der Royal Air Force, die noch etwa sechzig Kilometer vom Katastrophenplatz entfernt, bereits eine riesige Rauchsäule sahen. Beim Näherkommen wurde dann der kompakte Feuerball sichtbar, in den sich die Plattform verwandelt hatte. Neben elf Hubschraubern waren auch bald zwanzig Schiffe an der Unglücksstelle, die zu retten versuchten, was zu retten war. Zu den Schiffen zählten auch die rund einhundert Kilometer vom Unglücksort operierenden Einheiten der ständigen NATO-Flotte Nordsee. Zu diesem Verband gehörte seit dem 26. April 1988 auch die deutsche Fregatte *Köln*, der im Rahmen der von einem US-Schiff aus geleiteten Such- und Rettungsaktion wichtige Koordinationsaufgaben gestellt waren. Leider war diesem Bemühen nur wenig Erfolg beschieden. Insgesamt konnten nur 64 Besatzungsmitglieder durch Hubschrauber und von den Schiffen geborgen werden.

Für die Fregatte *Köln*, die bei der Flottenausbildung in Portland (Großbritannien) vom 14. Februar bis zum 24. März 1988 das beste Ergebnis eines deutschen Schiffes seit Bestehen der Bundesmarine erreichte, ist dies der erste Einsatz in dem NATO-Verband Nordsee. Die Teilnahme an den Übungen endet für die *Köln* am 30. August 1988.

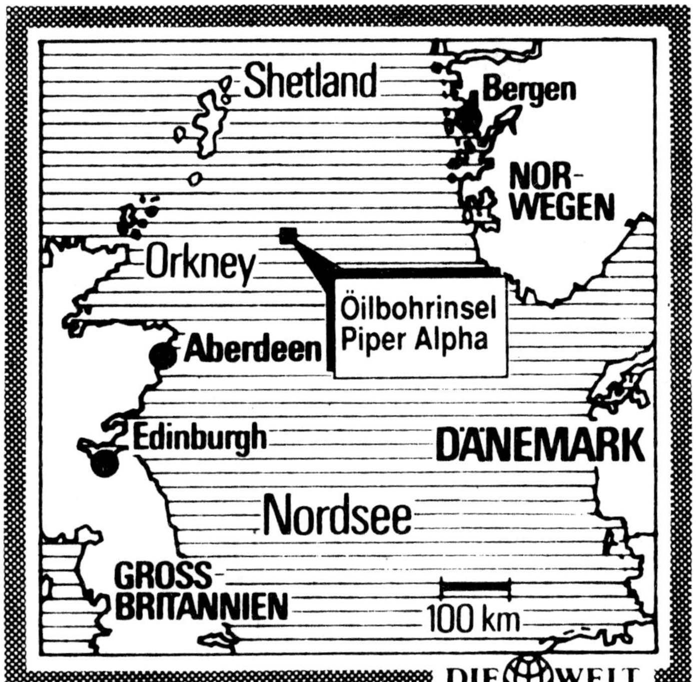

Nr. 157
vom 8. Juli 1988

Umweltschutz auch bei der Bundeswehr

An Bord der Fregatten der *Bremen*-Klasse wird der Müll verbrannt

Daß auch bei der Bundeswehr ein hoher Grad von Sensibilität für die Umwelt, und zwar nicht zuletzt für die arg gebeutelte Nordsee und die Hohe See vorhanden ist, zeigt sich u.a. darin, daß die neuen Fregatten der Bundesmarine, darunter auch unsere *Köln*, mit Müllverbrennungsanlagen ausgerüstet sind. Immerhin fahren über 200 Mann an Bord dieser Fregatten, und so ist die *Köln* nicht nur ein schwimmendes Waffensystem, sondern auch »ein Großhaushalt, eine Großküche und ein Großbetrieb« mit entsprechendem Abfallanfall. Große Mengen von Festmüll, Küchenabfällen, Abwässer und ölhaltiges Wasser fallen an. Würde dies alles einfach auf hoher See ins Meer entsorgt, die Umweltschädigung wäre beträchtlich.

Doch das passiert nicht; denn auf den Fregatten, also auch auf der *Köln*, gibt es eine technologisch hochgerüstete schwimmende Müllbeseitigungsanlage. Von außen freilich ist davon nichts zu sehen. Und selbst an Bord stolpert man nicht direkt über diese Anlage, vielmehr muß man schon über enge Leitern tief in das Schiff hinabsteigen, um den Müllverbrennungsofen rumoren und die Abwasseraufbereitungsanlage gluckern zu hören. Das Abwasser verläßt demnach die *Köln* schließlich in einem Zustand, den sich manche Stadtverwaltung und manches Industrieunternehmen zur Ehre anrechnen würde. Hauptproblem auf den Schiffen sind jedoch weniger die Küchenabfälle und das Duschwasser der Matrosen. Die meiste Sorge bereitet das sogenannte Bilgewasser. Diese Mixtur aus allerlei Schmier-, Hydraulik- und Dieselöl, aus Reinigungsmitteln, Rost sowie Abrieb von Farbe und Isolieranstrichen, versetzt mit See- und Kondenswasser, sammelt sich am Boden der Betriebsräume. Dies ist das Bilgewasser, das ständig abgepumpt werden muß; denn stiege es in den Betriebsräumen an, würde es die Maschinenanlagen gefährden. Es darf aber nur bis zu einer Grenze von 15 Millilitern Öl pro Liter Wasser nach außen abgegeben werden.

Die Entöler, die dafür bislang eingesetzt werden, erfüllten nicht immer die Erwartungen der Marine. Deshalb wurden Öl-Monitore eingebaut, die den Abpumpvorgang in dem Augenblick unterbrechen, in dem der Grenzwert überschritten wird.

Auf der *Köln* und auf den fünf anderen Schiffen der *Bremen*-Klasse wird neben dem Festmüll auch das abge-

Die Fregatte *Köln* in Wilhelmshaven.
Foto: D.

trennte Schmutzöl aus dem Bilgewasser den Verbrennungsöfen zugeführt. Auch der Klärschlamm aus der Wasseraufbereitungsanlage wird dort verbrannt. Das macht die *Köln* unabhängig von Entsorgungsmöglichkeiten an Land.

Die Ortungsanlage der Fregatte *Köln*. Foto: D.

Und immer, wenn Gäste aus Köln zu Besuch an Bord sind, wird die Flagge der Patenstadt gesetzt. Foto: D.

Anhang

Die erste Besatzung der zweiten Fregatte *Köln* der Bundemarine

KOMMANDANT: Fkpt Klaus Kinast

HA 100 SCHIFFSEINSATZ:

KptLt	Rainer Hepperlin
KptLt	Joachim Zielke
OLzS	Frank-Joachim Frey
OlzS	Bernhard Wiegmann
OLzS	Ronald Harms
LtzS	Martin Karrasch
OFhrzS	Bernhard Porten
OFhrzS	Frank Kluwe
HBtsm	Hubert Wiezorrek
OBtsm	Wolfgang Härtl
OBtsm	Heinz Schröder
OBtsm	Peter Kucharcyk
OBtsm	Erich Nacken
OBtsm	Ernst-Rainer Linden
Btsm	Michael Stummvoll
Btsm	Armin Gerspach
Btsm	Hans-Hubert Schanz
Btsm	Olaf Thiede
Btsm	Christian Jacob
Btsm	Wilfried Meier
Btsm	Ralf Deckers
OMt	Rainer Kipfmüller
OMt	Wulf-Peter Wohlrabe
OMt	Dirk Steinmann
OMt	Rolf Kück
Mt	Thomas Reichenbach
Mt	Dirk Mentges
Mt	Volker Zimmermann
Mt	Manfred Maus
Mt	Joachim Noack
Mt	Ralf Zabel
Mt	Ralf Wiechern
Mt	Frank Tischer
Mt	Rolf Schnittger
Mt	Immo-Eilhard Aden
Mt	Joachim Heinrich
Mt	Carsten Heise
Mt	Frank Döhn
Mt	Kay Antorski
Mt	Jörg Bornschier
Mt	Uwe Büngener
Mt	Michael Neubert
Mt	Marc Passenecker
Mat	Ralph Schlüter
Gefr	Jörg Dorn
Gefr	Jürgen Gerbig
Gefr	Lothar Hartwig
Gefr	Thorsten Rook
Gefr	Sven Witt
Gefr	Diethelm Geilker
Gefr	Frank Günther
Matr	Uwe Merfert
Matr	Tobias Locke
Matr	Bruno Knitter
Matr	Ralf Kaiser
Matr	Michael Czerlitzki
Matr	Harald Schwab
Matr	Georg Brincks
Matr	Stefan Bergheim
Matr	Cai-Christian Otto
Matr	Jens Kavace

HA 200 SCHIFFTECHNIK:

KptLt	Horst Trapp
KptLt	Klaus-Peter Hartmann
KptLt	Friedrich Reche
OLtzS	Herbert Aly
HBtsm	Herbert Gebhard
HBtsm	Peter Oltmanns
OBtsm	Peter Schilling
OBtsm	Jürgen v. Sondern
Btsm	Armin Eberlein
Btsm	Michael Eicke
Btsm	Christian Zimmermann
Btsm	Siegfried Penzlin
Btsm	Georg Christmann
OMt	Eberhard Bonk
OMt	Michael Hoya
OMt	Peter Lindner
OMt	Volker Müller
OMt	Andreas Mull
OMt	Uwe Sander
OMt	Matthias Skubbe
OMt	Knut Risch
Mt	Bernd Gehlhaar
Mt	Lothar Hecker
Mt	Christian Nichting
Mt	Wolfgang Koch
Mt	Jürgen Oetjen
Mt	Lutz Ogiba
Mt	Jürgen Richter
Mt	Uwe Schild
Mt	Andreas Theophiel
OGuA	Andreas Kaiser
OGuA	Udo Köppe
OGefr	Holger Dierksen
Gefr	Jochen Lippert
Gefr	Ralf Münstermann
Gefr	Ludger Handschuh
Gefr	Jens Höppner
Matr	Stephan Adam
Matr	Wilfried Douwes
Matr	Dieter Dorra
Matr	Andreas Eichler
Matr	Jürgen Hundeck
Matr	Harri Jezowski
Matr	Andreas Klein
Matr	Martin Knappmann
Matr	Gert Neukirch
Matr	Arnd Rellmann
Matr	Jochen Schmidt
Matr	Rainer Schreglmann
Matr	Andreas Thien
Matr	Peter Ullrich de Figueiredo e Sila
Matr	Helmut Walle

ERSTER OFFIZIER:
Korvettenkapitän Karl-Eckard Dröge

HA 300 FÜHRUNGSMITTEL- UND WAFFENTECHNIK:

KKpt	Burkhard Bock
KptLt	Uwe Lieberwirth
LtzS	Joachim Schuh
HBtsm	Ferdinand Titlbach
OBtsm	Manfred Dähmlow
OBtsm	Friedhelm Lanzrath
OBtsm	Paul Greiffendorf
Btsm	Ralf Naß
Btsm	Rainer Wendt
Btsm	Detlef Klauk
Btsm	Eckard Meyer
Btsm	Mario Weber
OMt	Gerd Dehnel
OMt	Hugo Hopp
OMt	Gunther Meyer
OMt	Peter Sasse
OMt	Friedrich Riekmann
Mt	Thorsten Schwedka
Mt	Christopher Müller
Mt	Kurt Strauch
Mt	Alexander Rasper
Mt	Carsten Pfeiff
Mt	Torsten Hastedt
Mt	Harald Beier
Mt	Hauke Janzen
Mt	Frank Peltzer

HA 400 ZENTRALE DIENSTE:

KptLt	Wolfgang Röth
LtzS	Uwe Lind
SA	Hans-Joachim Müller
HBtsm	Horst Figger
HBtsm	Roland Fiks
Btsm	Thomas Baumstark
Btsm	Hans-Jürgen Kostrewa
OBtsm	Wolfgang Schelling
Btsm	Axel Teske
OMt	Stefan Spandl
OMt	Ingo Treybig
Mt	Erik Brummack
Mt	Hans-Jörg Langner
Mt	Wolfgang Mehmen
Mt	Volker Meier
Mt	Michael Meindl
Mt	Wilfried Prass
Mt	Christof Richter
Mt	Jens Klenke
HGefr	Lothar Horn
OGefr	Peter Breuer
Gefr	Wolfgang Baars
Gefr	Thomas Friedrich
Gefr	Alfred Krakow
Gefr	Andreas Lonken
Gefr	Oliver Lotz
Gefr	Michael Riedl
Gefr	Stefan Bruns
Gefr	Michael Burtscheidt
Gefr	Thoams Steinmetz
Gefr	Andreas Zydek
Gefr	Alfons Neubauer
Matr	Heiko Wilski
Matr	Rainer Keppner
Matr	Axel Brünger
Matr	Peter Sturm
Matr	Stefan Wüst
Matr	Holger Schneider

Die Besatzungsstärke Der *Köln (V)* betrug im Juli 1985 198 Mann. Davon sind 35 Soldaten Wehrpflichtige.
Aus Köln sind 3 Soldaten und aus dem Raum Köln-Bonn weitere 4.

Literaturverzeichnis und Quellenhinweise

Bongartz, Heinz: Seemacht Deutschland. 1. Band Essen 1941, 2. Band Essen 1944.

Busch, Fritz Otto: Das Gefecht bei Helgoland, 28. August 1914. Berlin/Leipzig/Wien 1936.

ders.: Leichter Kreuzer *Köln*, Ein Wappen – drei Schicksale. München o.J. (SOS – Heft Nr. 24).

Busch/Forstner (Hrsg.): Unsere Marine im Weltkrieg. Berlin o.J. (1934).

Busch/Ramlow: Traditionshandbuch der Kriegsmarine. München/Berlin 1937.

Busch, Fritz Otto: Kampf um Norwegens Fjorde – Fall Weserübung Nord. Preetz/Holst. 1964.

Ciupa, Heinz: Die deutschen Kriegsschiffe, Flotteneinheiten 1939–1945. Rastatt/Baden 1979.

Fuchs, Hans: Heimkehr ins Dritte Reich / Weltreise des Kreuzers *Köln*. Dresden 1934.

George, S.C.: Vom Skagerak nach Scapa Flow. Stuttgart 1975.

Giese, Fritz E.: Die deutsche Marine 1920–1945. Frankfurt a.M. 1956.

ders.: Kleine Geschichte der deutschen Flotte. Berlin 1966.

Gröner, Erich: Die deutschen Kriegsschiffe 1815–1936. München/Berlin 1937.

ders.: Die deutschen Kriegsschiffe 1815–1945, Band 1. München 1966.

Gröner/Jung/Maas: Die deutschen Kriegsschiffe 1815–1945, Band 1. München 1982.

v. Hase, Georg (Hrsg.): Die Kriegsmarine erobert Norwegens Fjorde, Erlebnissberichte von Mitkämpfern. Leipzig o.J.

Hildebrand/Röhr/Steinmetz: Die deutschen Kriegsschiffe – Biographien, Band 2, Herford 1980. Band 4, Herford 1981. Band 7, Herford 1983.

Hubatsch, Walther: »Weserübung« Die deutsche Besetzung von Dänemark und Norwegen 1940. Göttingen . Berlin . Frankfurt a.M. 1960, 2. Auflage.

Jacobsen, Hans-Adolf: 1939–1945 Der Zweite Weltkrieg in Chronik und Dokumenten. Darmstadt 1960, 3. Auslage.

Jelicoe: Lord Jellicoe's Erinnerungen / Englands Flotte im Weltkrieg. Berlin 1938.

Krosche-Steindorff: Die deutsche Marine 1955–1985, Schiffe und Flugzeuge. München 1985.

Kirchhoff, Hermann: Seekriegsgeschichte / Sechster Teil, Von 1910–1920. Hannover 1921.

Koop, Gerhard: *Emden* Ein Name – fünf Schiffe, Wehrtechnik im Bild. Herausgegeben von der Bibliothek für Zeitgeschichte, Stuttgart. München 1983.

Lochner, R.K.: Als das Eis brach – Der Krieg zur See um Norwegen 1940. München 1983.

Mantey, Eberhard v.: Auf See unbesiegt – Erlebnisse im Seekrieg erzählt von Mitkämpfern. 1. Band München 1922.

Marine-Archiv (Hrsg.): Der Krieg zur See 1914–1918. Der Krieg in der Nordsee. Bearbeitet von Otto Groos. 1. Band Von Kriegsbeginn bis Anfang September 1914. Berlin 1922.

Marinewerft (Hrsg.): 75 Jahre Marinewerft Wilhelmshaven 1856–1931. Wilhelmshaven o.J..

Meurer, Alexander: Seekriegsgeschichte in Umrissen. Leipzig 1943.

Nagel, Alfred: Geschichte deutscher Kriegsschiffe Band 9, Drei Kreuzer *Köln*. Berlin 1932.

NAUTICUS – Jahrbuch für Deutschlands Seeinteressen, ab 10. Jahrgang ff. Berlin 1908 ff. und 25. Jahrgang Berlin 1941.

Pemsel, Helmut: Von Salamis bis Okinawa – Seeschlachten von der Antike bis zur Gegenwart. München 1975.

Prochnow, Günter: Deutsche Kriegsschiffe in zwei Jahrhunderten, Band II Leichte Kreuzer Schwere Kreuzer. Preetz/Holst. 1965.

Raeder, Erich: Mein Leben – Bis zum Flottenabkommen mit England 1935. Tübingen-Neckar 1956.

Scheer, R.: Deutschlands Hochseeflotte im Weltkrieg. Berlin 1919.

Teutsch-Lerchenfeld, Bernhard: Deutschland zur See. Leipzig 1913.

Tirpitz, Alfred: Politische Dokumente – Deutsche Ohnmachtspolitik im Weltkrieg. Hamburg und Berlin 1926.

Toeche-Mittler, Dr. Siegfried: Die deutsche Kriegsflotte. 1./2./3. Jahrgang, Berlin 1912/1913/1914.

Weyers Flottentaschenbuch. München 1960 ff.

Weyers Taschenbuch der Kriegsflotten ab 10. Jahrgang. München 1909 ff.

Whitley, M.J.: German Cruisers of World War Two. London 1985.

Weiter gilt unser Dank folgenden Institutionen und Personen:
Militärisches Archiv, Freiburg
Bundesarchiv, Koblenz
Herrn Dr. Hofmann und Herrn Nilgen von der Marinekameradschaft von 1891 zu Köln
Von der Fregatte *Köln* (die erste der Bundesmarine), vierter Namensträger:
Herrn Kapitänleutnant Peter Hartmann
Fregattenkapitän Gröhe, 1970 Kommandant der *Köln*
Kapitän z. See Eggers, 1970 Geschwaderkommandant bei der Südamerikafahrt
Von der Fregatte *Köln* (der zweiten der Bundesmarine), fünfter Namensträger:
Herrn Kapitänleutnant Klaus Peter Hartmann, für die Zurverfügungstellung des Schiffstagebuches der *Köln* (V)
Herrn Kapitän z. See Klaus Kinast, Kommandant der Fregatte F 211 *Köln*
Herr Fregattenkapitän Hans-Christian Rips, Kommandant der *Köln* seit dem 25. September 1987

Weiter wurden benutzt Berichte in verschiedenen Tageszeitungen über die beiden Fregatten der Bundesmarine

Fotos im Buch wurden zur Verfügung gestellt:
vom Bundesarchiv Koblenz Bezeichnung BAK bzw. BA
vom Marineamt; Bildstelle Bezeichnung MA bzw. Mar.Amt
von privaten Stellen, zum größten Teil von ehemaligen Besatzungsangehörigen der *Köln*-Schiffe:
Dollhoff Bezeichnung mit D
Kroll Bezeichnung mit KR
R. Matthes Bezeichnung mit RM
J. Schmitz Bezeichnung mit SCH
Alle anderen Bilder sind mit dem Namen des Fotographen bezeichnet

Jürgen Bruns
Ebertstr. 16
26382 Wilhelmshaven
Tel 04421/41946

Kreuzer KÖLN

Takelriß

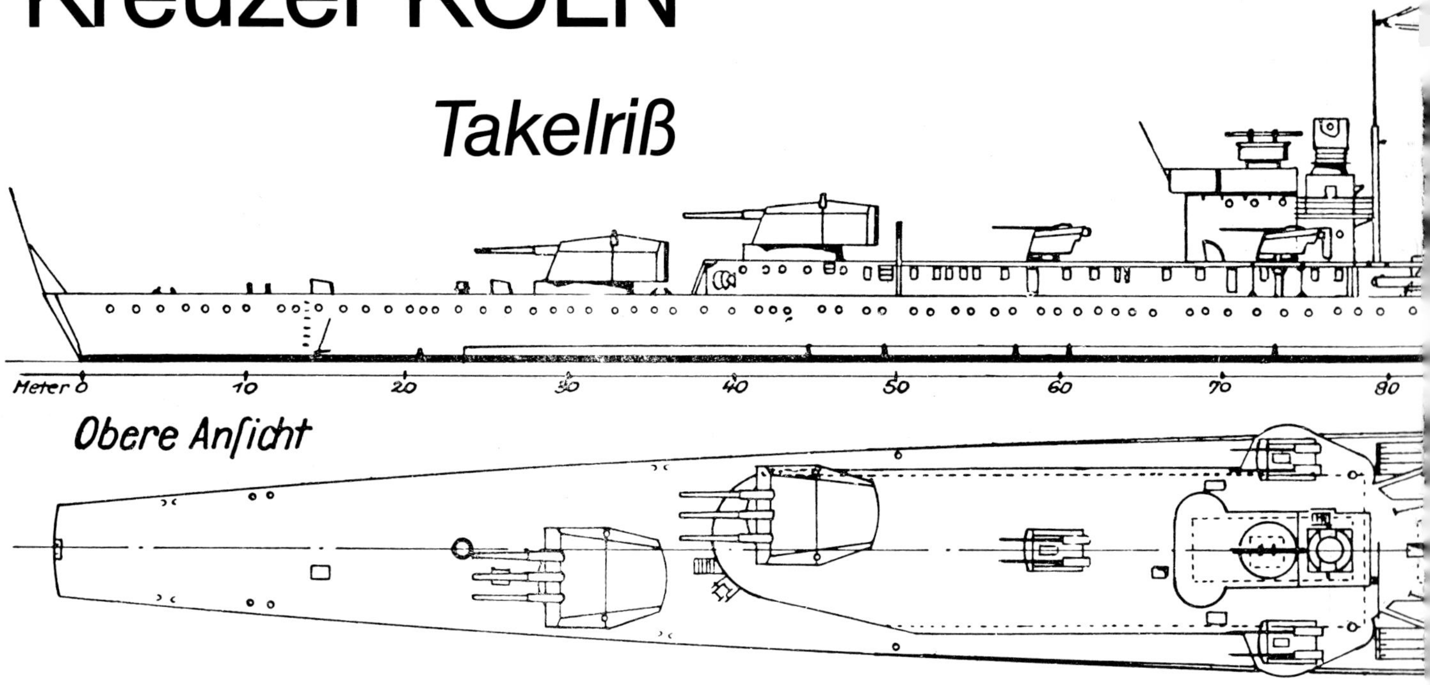

Der Kreuzer lief am 23. 5. 1928 bei der Kriegsmarinewerft in Wilhelmshaven von Stapel.

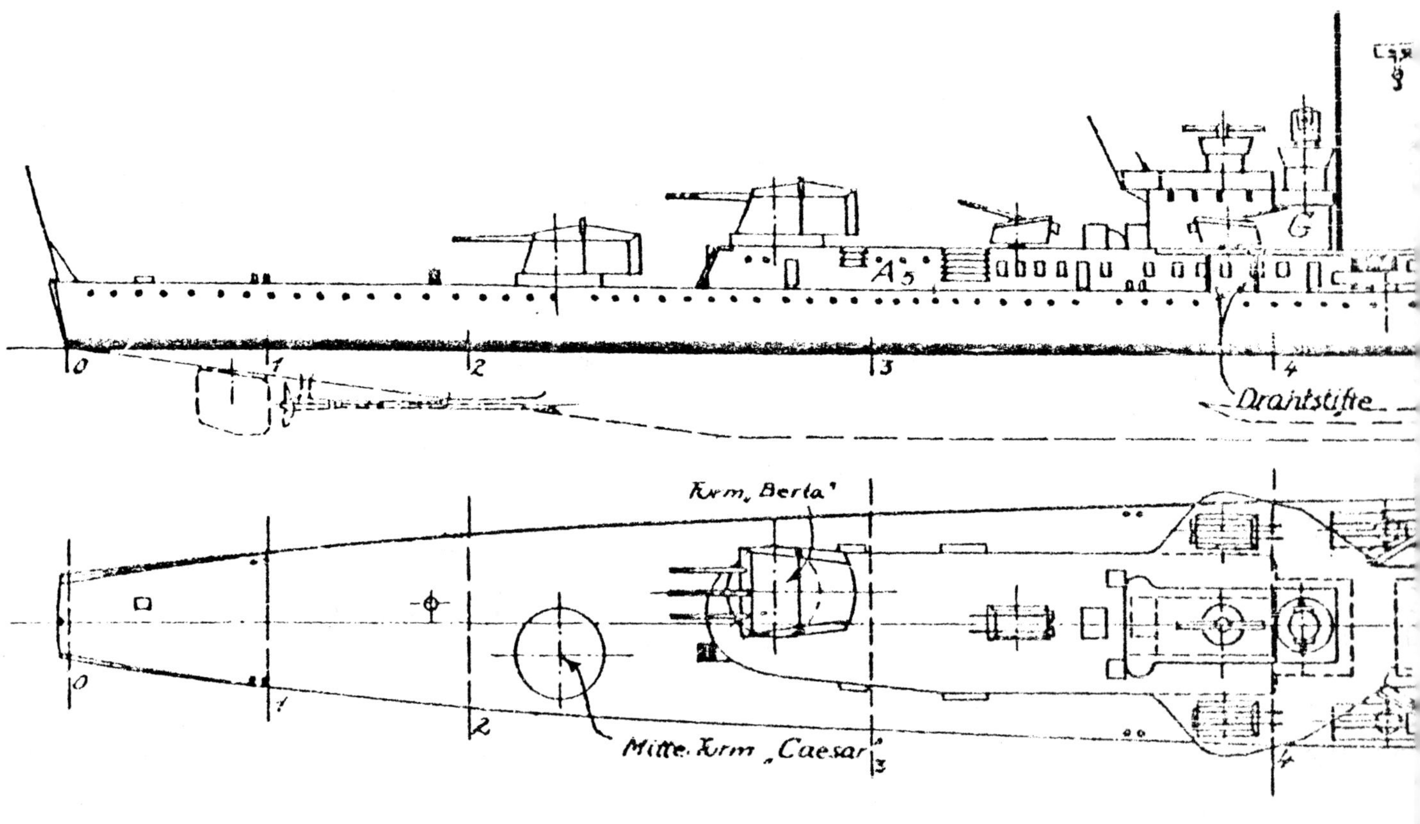